Peter Dyckhoff

Geheimnis des Rosenkranzes

Peter Dyckhoff

Geheimnis des Rosenkranzes

mit 85 Abbildungen

Bibliografische Information: Deutsche Nationalbibliothek.
Die Deutsche Nationalbibliothek verzeichnet diese Publikation in der Deutschen Nationalbibliografie; detaillierte bibliografische Daten sind im Internet über http://dnb.de abrufbar.

1. Auflage 2022

Hauptstr. 22, D-88353 Kißlegg
www.fe-medien.de

ISBN 978-3-86357-337-9

Satz: SATZstudio Josef Pieper, Bedburg-Hau
Umschlaggestaltung: Finken & Bumiller, Stuttgart
Druck: Pustet, Regensburg
Printed in Germany

Inhalt

Hinführung

Gebete zu wiederholen und sie an Steinchen, Körnern oder Perlen abzuzählen, gibt es in vielen Weltreligionen; nicht nur im Christentum. Besonders verbreitet ist die Gebetsschnur in Indien. Hier ist sie seit dem 1. Jahrhundert nach Christus nachweisbar. Im Hinduismus wird die Gebetsschnur bei Anrufungen der Götter verwendet. Auch der Buddhismus kennt die Gebetsschnur. Im Islam ist sie seit dem 9. Jahrhundert nach Christus gebräuchlich, und das vor allem im Sufismus, der Mystik des Islam. Die Gebetsschnur soll es dem Beter erleichtern, bei den Anrufungen Allahs keinen von seinen 99 Namen zu übersehen.

Der Rosenkranz, den wir im Christentum verwenden, besteht aus sechs großen und 53 kleinen Perlen mit einem Kreuz – auf einer Kette oder Schnur aufgereiht. Der Rosenkranz – die genaue Gebetsweise wird am Ende der Einleitung erklärt – geht auf die »Paternoster-Schnur« aus dem 13. Jahrhundert zurück. Die Schnur mit aneinandergereihten Kugeln oder Perlen dient zur Zählung der Gebete. Die Wiederholung von Gebeten und sie mit den Perlen abzuzählen, entspringt einem praktischen Bedürfnis. Das zehnmal wiederholte Gesätz dient der Beruhigung, dem Abschalten profaner Gedanken, dem Innehalten und der Entfaltung der Innerlichkeit und entspricht der menschlichen Natur.

Die Zahl Zehn hat eine starke Symbolkraft: die Zehn Gebote, der Zehnt, eine Abgabe aus dem bäuerlichen Jahresertrag an die Ortsheiligtümer, zehn Brüder Josefs, David spielt für den Herrn auf einer zehnsaitigen Harfe, das Gleichnis von den zehn Jungfrauen, eine Frau hat zehn Drachmen und verliert eine davon, zehn Aussätzige kamen Jesus entgegen, der Herr rief zehn seiner Diener zu sich und verteilte unter sie zehn Minen, die Zahl der Engel war zehntausendmal zehntausend.

Johannes Cassian (360–435), der durch seine Aufzeichnungen das Ruhegebet tradiert hat, schreibt: »Nahm ein Wüstenvater eine Gruppe von Schülern auf, um sie in das Geheimnis des schweigenden Betens einzuführen, waren es niemals mehr als zehn.« Er hielt sich damit an die von Mose gegebene Anweisung: *Mose wählte sich tüchtige Männer in ganz Israel aus und setzte sie als Hauptleute über das Volk ein, als Vorsteher für je tausend, hundert, fünfzig und zehn* (Exodus 18,25).

Die Symbolkraft der Zehn spiegelt ein abgewogenes Maß und eine geistliche Fülle wider. Dies kommt auch beim Rosenkranzgebet in besonderer Weise zum Ausdruck.

Der Rosenkranz ist eine außerliturgische Gebetsart im Christentum zu Ehren der Mutter Gottes, die sowohl von Einzelnen als auch in Gemeinschaft gebetet wird. Romano Guardini (1885–1968) schreibt: »Dieses Gebet bedeutet das Verweilen in der Lebenssphäre Mariens, deren Inhalt Christus ist.«

Während des Betens des Rosenkranzes wird immer neu ein Übergang geschaffen vom mündlichen zum betrachtenden Gebet. Dazu möchte dieses Buch beitragen, indem zu jedem Gesätz ein Kommentar gegeben wird, der sowohl das aufgezeigte Bild als auch vornehmlich den Glauben vertiefen möchte. Auf diese Weise wird der Rosenkranz zu einer Schule größerer Verinnerlichung.

Das jährliche Rosenkranzfest am siebten Oktober ist leider zum Gedenktag herabgestuft. Bedauerlicherweise kommt noch hinzu, dass unter den rationalistischen Tendenzen der neuen Zeit das Rosenkranzgebet weniger angenommen und von jungen Menschen kaum noch gebetet wird. Der siebte Oktober stellt kein Gedenken an den Rosenkranz dar, sondern Maria wird als Königin des heiligen Rosenkranzes angesprochen. Gerade dieses Gebet stellt die intensivste Form der Marienverehrung durch seine Schlichtheit und Gedankentiefe dar. Es lädt ein, zu verweilen, um das Glaubensgeschehen intensiver zu erfahren. Das Zentrum des Rosenkranzgebetes jedoch ist und bleibt die Heilstat Jesu Christi, die sich in den Geheimnissen seines irdischen wie seines himmlischen Lebens entfaltet. Dies geschieht unter besonderer Einbeziehung der Gottesmutter.

Die Gebete des Rosenkranzes zeigen die hohe christologische Bedeutung dieser Gebetsweise, indem es die Kindheit Jesu, seine Lehre, seine Passion, seinen Tod und seine Auferstehung, die Geistsendung und die Verherrlichung Mariens einbezieht. Im Rosenkranzgebet ist die gesamte Lebensbewegung Christi, sein irdisches Dasein und seine Postexistenz beim Vater enthalten, das heißt, die geschichtliche wie auch die kosmische Dimension des Erlösungsgeschehens. Maria, die Mutter Jesu kommt uns dabei entgegen, indem sie uns in das reale Geheimnis Christi auf wunderbare Weise einführt. So stellt das Rosenkranzgebet einen hervorragenden Abriss des gesamten Evangeliums dar. »Folge mir nach«, heißt die innere Konsequenz.

Geschichte des Rosenkranzes im Christentum

Der Rosenkranz kann auch die Bezeichnung für das Rosenkranzgebet selbst sein. Dieses Gebet ist die am weitesten verbreitete katholische Gebetsform. Sie verbindet eine Marienverehrung und eine Christusfrömmigkeit, die Jesus Christus in seinem Leben, seinem Leiden und in seiner Auferstehung und Wiederkunft betrachtet. Ein Vaterunser, zehn Ave Maria und ein »Ehre sei dem Vater« bilden ein Gesätz.

Woher stammt für diese Gebetskette der Name »Rosenkranz?« Das Wort Rosenkranz leitet sich vom lateinischen Wort »Rosarium« ab und bedeutet eine Rosenhecke, einen Rosengarten oder einen Kranz aus Rosen. In der christlichen Bildkunst symbolisieren Rosengewächse Maria, die Mutter Jesu. Auf vielen Bildern trägt Maria einen Kranz aus Rosen auf ihrem Kopf. In der Lauretanischen Litanei wird Maria als »Rosa mystica« (»geheimnisvolle Rose«) bezeichnet. Marienverehrer pflegten Marienstatuen mit einem Blumen- bzw. Kranz aus Rosen zu schmücken. Das Rosarium aus wirklichen Rosen wurde durch häufiges Beten des Ave Maria abgelöst, das ebenfalls »Rosenkranz« genannt wurde. Ab dem 15. Jahrhundert erhielt die Gebetskette dann den Namen »Rosenkranz«.

Im 11. Jahrhundert schuf Petrus Damiani (um 1006–1092) die Form des Ave Maria, wobei er den Engelsgruß aus dem Lukasevangelium übernahm. Der Zisterzienserabt Stephan von Sallay (gest. 1252) stellte die ersten Geheimisse zusammen. Dominikus von Preußen (gest. 1460), ein Kartäusermönch aus Trier, gab fünfzig Sätze aus dem Leben Jesu heraus, die der Kartäuser Adolf von Essen dann später auf fünfzehn verkürzte. Dass die Gesätze auf fünfzehn reduziert wurden, war die entscheidende Voraussetzung dafür, dass der Rosenkranz zum Volksgebet werden würde.

Die traditionellen fünfzehn Geheimnisse – die freudenreichen, die schmerzhaften und die glorreichen Geheimnisse – gehen zurück auf Louis-Marie Grignion de Montfort (1673–1716), der sie dem Evangelium entnahm. Diesen fünfzehn Geheimnissen fügte Papst Johannes Paul II. im Oktober 2002 anlässlich des 24. Jahrestages seiner Wahl zum Papst mit dem apostolischen Schreiben »Rosarium Virginis Mariae« eine weitere Fünfergruppe von Geheimnissen des Rosenkranzes, die lichtreichen Geheimnisse, hinzu. Außerdem ist es möglich, eigene Rosenkranzgeheimnisse zu formulieren. Ein Beispiel bietet das katholische Gebet- und Gesangbuch »Gotteslob« (Nr. 4, Abschnitt 8, Seite 40, Ausgabe 2014) mit den trostreichen Geheimnissen, die die

Wiederkunft Christi und das kommende Gottesreich betrachten.

Papst Pius X. (1835–1914) führte den »Gedenktag der allerseligsten Jungfrau Maria vom Rosenkranz« ein und legte ihn auf den 7. Oktober. Seit 1960 wird dieser Tag als Gedenktag »Unserer Lieben Frau vom Rosenkranz« begangen.

Im Rosenkranzgebet wird das gesamte Heilsmysterium von der Schöpfung in Christus über seine Menschwerdung, sein Kreuz und Leiden, seine Erhöhung beim Vater bis zu seiner Parusie preisend bedacht. Nicht erst das Sprechen des Rosenkranzgebetes, sondern bereits das Tragen des Rosenkranzes ist mit Gnadenzuwendungen verbunden. Es ist gut, wenn nach dem Beten der Gesätze die Betrachtung des jeweiligen Geheimnisses folgt. Dieses Buch »Geheimnis des Rosenkranzes« möchte zu einer solchen Glaubensvertiefung beitragen. Beim privaten Gebet ist das möglich, nicht aber beim gemeinsamen Gebet. Der Leben-Jesu-Rosenkranz ist auch nach seiner Entstehung vor fünfhundert Jahren immer noch das verbreitetste katholische Volksgebet, obwohl er oft innerkirchlicher Kritik ausgesetzt war.

Persönliche Begegnung mit dem Rosenkranz

Als ich mit siebzehn Jahren infolge eines Unfalls an der Wirbelsäule in der Universitätsklinik in Köln-Lindenthal operiert werden sollte, musste ich, trotz der Aufforderung, mich bereit zu halten, noch lange warten, bis ich in den Operationssaal gefahren wurde. Ich hatte innere Not und Angst und griff zu meinem Rosenkranz, der auf meinem Nachttisch lag und den ich sonst immer in meiner Hosentasche trug. Vielleicht auch als Folge der Beruhigungsspritze war ich nicht in der Lage, folgerichtig zu beten. Aber den Rosenkranz mit seinem Kreuz in meinen Händen zu halten, gab mir etwas mehr Ruhe und Vertrauen. Als ich dann endlich abgeholt wurde, hielt ich ihn in meiner rechten Hand fest umschlossen.

Nach gut überstandener Operation wachte ich auf und fühlte den Rosenkranz immer noch in meiner Hand. Aus dem Gefühl der Dankbarkeit und des Freiseins von Schmerzen, unter denen ich zu Hause gelitten hatte, liefen mir Tränen aus den Augen und ich betete den Rosenkranz. Die nicht ganz einfache Operation war geglückt, die Narkose mit Curare überstanden und ich befand mich am Beginn eines neuen Lebensabschnittes. Der Rosenkranz, wenn er auch nicht immer gebetet wurde, befand sich in meiner Tasche.

Ich möchte gern noch berichten, wie ein achtjähriger Junge in den Besitz eines Rosenkranzes kommt, den er immer bei sich trägt und beizeiten auch betet. Ich sagte niemandem etwas davon, um von meinen Klassenkameraden nicht verlacht zu werden. Dass ein kleiner Junge an einem Rosenkranz hängt, muss wohl außergewöhnlich gewesen sein.

Da mein Elternhaus durch Bomben unbewohnbar war, zogen wir 1945 in das Haus meiner Großeltern, die infolge der Wohnungsnot sowieso zusätzliche Mieter in ihr Haus aufnehmen mussten. Es war ein geräumiges Haus, das in früheren Zeiten durch meine Großeltern, ihre sechs Kinder und eine Erzieherin voll genutzt wurde. Fräulein Anna Kromeich aus Montabaur war seit ewigen Zeiten in unserer Familie tätig. Den Endpunkt ihrer pädagogischen Arbeit bildete ich, worüber ich sehr froh und dankbar war, da meine Eltern mit den Aufräum- und Aufbauarbeiten alle Hände voll zu tun hatten.

Ich war Tante Kromeich täglich, außer sonntags, ab vier Uhr zum Lernen zugeteilt. Doch bestand die Zeit, die ich mit ihr verbrachte, nicht nur im Erledigen der Schulaufgaben, sondern sie versuchte – da sie selbst eine sehr religiöse Frau war –, auch bei mir den christlich katholischen Glauben zu wecken, ihn zu vertiefen und immer wieder zu erneuern. Es blieb nicht aus, dass sie mich auch durch gemeinsames Beten in das

Rosenkranzgebet einführte und mir einen in meinen Augen sehr kostbaren Rosenkranz schenkte. Ihn, wie auch das damit verbundene Gebet, gewann ich lieb – eine Erwiderung auf die von ihr geschenkte Liebe.

Der Rosenkranz stellte eine geheime Verbindung zwischen Tante Kromeich und mir her und ich sagte niemandem etwas davon. Ich trug ihn bei mir in allen Lebenssituationen und betete ihn ganz besonders in Bedrängnis. Ich erinnere mich, wie ich mich einmal seiner schämte, als er mir in der Sportstunde aus der Turnhose fiel und Mitschüler es bemerkten. Für kein Geld in der Welt hätte ich ihn hergegeben. Die Zeit verging und Tante Kromeich war längst im Himmel, doch ihr wunderschöner Rosenkranz war immer noch bei mir und erinnerte mich an sie.

Als ich 25 Jahre alt war und noch im Studium war, verunglückte mein Vater tödlich durch einen Autounfall. Meine Mutter, meine Schwester und ich waren außerordentlich betroffen und unser aller Leben änderte sich danach. Als ich Vater am Tag vor seiner Beerdigung allein in der Leichenhalle besuchte, versprach ich ihm, seinen Platz im elterlichen Unternehmen einzunehmen, wogegen ich mich immer – zu seinem Leidwesen – mit Händen und Füßen gesträubt hatte. Ich sah seine gefalteten Hände, griff in meine Hosentasche und nahm den Rosenkranz in meine Hände. Ohne lange zu überlegen, konnte ich mich wegen Vaters Liebe zu mir von meinem »Heiligtum« trennen. Behutsam legte ich den Rosenkranz in seine Hände und wiederholte noch einmal mein Versprechen.

Als ich ging, kam ich mir leer und einsam vor. Vieles veränderte sich und es begann eine sehr schwere Zeit für mich. Ich fuhr des Öfteren in das benachbarte Benediktinerkloster Gerleve, um Abstand zu meinem Alltag zu gewinnen und mich mit einem Pater zu besprechen. Der Besuch der Klosterbuchhandlung durfte nicht fehlen. Als ich absichtslos an einem Ständer mit Rosenkränzen vorbeiging, dachte ich an Tante Kromeich und zur gleichen Zeit sah ich einen Rosenkranz, der dem glich, den ich früher einmal von ihr geschenkt bekommen hatte. Noch heute trage ich ihn bei mir …

Beten mit dem Rosenkranz

Mitte und Ziel des Rosenkranzes ist Jesus Christus, Gottes Sohn. Mit Maria schauen wir auf sein Leben. Sie hat Jesus gekannt wie kein anderer Mensch; sie hat ihn begleitet auf allen wichtigen Stationen seines Lebens – bis unter das Kreuz. An ihr wurde die Macht der Auferstehung sichtbar: Sie wurde aufgenommen in die Herrlichkeit Gottes – Zeichen der Hoffnung für die Kirche und für alle Menschen.

In den Gesätzen des Rosenkranzes – Sätze, die das »Gegrüßet seist du, Maria« erweitern – betrachten wir die Geheimnisse des Glaubens. Die Wiederholung derselben Sätze schenkt innere Ruhe. Die Perlen des Rosenkranzes sind eine Hilfe beim Beten.

Das Gebet des Rosenkranzes beginnt mit dem Kreuzzeichen:
Im Namen des Vaters und des Sohnes und des Heiligen Geistes. Amen.

Es folgt das Glaubensbekenntnis:
Ich glaube an Gott,
den Vater, den Allmächtigen,
den Schöpfer des Himmels und der Erde,
und an Jesus Christus,
seinen eingeborenen Sohn, unsern Herrn,
empfangen durch den Heiligen Geist,
geboren von der Jungfrau Maria,
gelitten unter Pontius Pilatus,
gekreuzigt, gestorben und begraben,
hinabgestiegen in das Reich des Todes,
am dritten Tage auferstanden von den Toten,
aufgefahren in den Himmel;
er sitzt zur Rechten Gottes, des allmächtigen Vaters;
von dort wird er kommen,
zu richten die Lebenden und die Toten.

Ich glaube an den Heiligen Geist,
die heilige katholische Kirche,
Gemeinschaft der Heiligen,
Vergebung der Sünden,
Auferstehung der Toten
und das ewige Leben. Amen.

Ehre sei dem Vater und dem Sohn
und dem Heiligen Geist.
Wie im Anfang, so auch jetzt
und allezeit und in Ewigkeit.
Amen.

Es folgt das Gebet des Herrn:
Vater unser im Himmel,
geheiligt werde dein Name.
Dein Reich komme.
Dein Wille geschehe,
wie im Himmel so auf Erden.
Unser tägliches Brot gib uns heute.
Und vergib uns unsere Schuld,
wie auch wir vergeben unseren Schuldigern.
Und führe uns nicht in Versuchung,
sondern erlöse uns von dem Bösen.
Denn dein ist das Reich und die Kraft
und die Herrlichkeit in Ewigkeit. Amen.

Es werden drei »Gegrüßet seist du, Maria« gebetet, die um drei Bitten ergänzt werden:

Gegrüßet seist du Maria,
voll der Gnade, der Herr ist mit dir.
Du bist gebenedeit unter den Frauen
und gebenedeit ist die Frucht
deines Leibes, Jesus,
der in uns den Glauben vermehre.
Heilige Maria, Mutter Gottes,
bitte für uns Sünder
jetzt und in der Stunde unseres Todes.
Amen.
Jesus, der in uns die Hoffnung stärke.
Jesus, der in uns die Liebe entzünde.

Ehre sei dem Vater und dem Sohn
und dem Heiligen Geist.
Wie im Anfang, so auch jetzt
und allezeit und in Ewigkeit.
Amen.

Nun beginnen die Betrachtungen der Rosenkranzgeheimnisse:
Eingeleitet werden sie mit einem »Vaterunser«.
Ihm folgen jeweils zehn »Gegrüßet seist du, Maria« mit der Einfügung eines Geheimnisses (… und gebenedeit ist die Frucht deines Leibes, Jesus, den du, o Jungfrau, vom Heiligen Geist empfangen hast.)
Abgeschlossen wird jedes Gesätz mit dem »Ehre sei dem Vater …«
Die Betrachtung des nächsten Geheimnisses wird erneut mit einem »Vaterunser« eröffnet.

Wir beten und betrachten fünf Geheimnisse des Rosenkranzes:

Die freudenreichen Geheimnisse

1. Jesus, den du, o Jungfrau, vom Heiligen Geist empfangen hast
2. Jesus, den du, o Jungfrau, zu Elisabet getragen hast
3. Jesus, den du, o Jungfrau, zu Betlehem geboren hast
4. Jesus, den du, o Jungfrau, im Tempel aufgeopfert hast
5. Jesus, den du, o Jungfrau, im Tempel wiedergefunden hast

Die lichtreichen Geheimnisse

1. Jesus, der von Johannes getauft worden ist
2. Jesus, der sich bei der Hochzeit zu Kana offenbart hat
3. Jesus, der uns das Reich Gottes verkündet hat
4. Jesus, der auf dem Berg verklärt worden ist
5. Jesus, der uns die Eucharistie geschenkt hat

Die schmerzhaften Geheimnisse

1. Jesus, der für uns Blut geschwitzt hat
2. Jesus, der für uns gegeißelt worden ist
3. Jesus, der für uns mit Dornen gekrönt worden ist
4. Jesus, der für uns das schwere Kreuz getragen hat
5. Jesus, der für uns gekreuzigt worden ist

Die glorreichen Geheimnisse

1. Jesus, der von den Toten auferstanden ist
2. Jesus, der in den Himmel aufgefahren ist
3. Jesus, der uns den Heiligen Geist gesandt hat
4. Jesus, der dich, o Jungfrau, in den Himmel aufgenommen hat
5. Jesus, der dich, o Jungfrau, im Himmel gekrönt hat

Die trostreichen Geheimnisse

1. Jesus, der als König herrscht
2. Jesus, der in seiner Kirche lebt und wirkt
3. Jesus, der wiederkommen wird in Herrlichkeit

4. Jesus, der richten wird die Lebenden und die Toten
5. Jesus, der alles vollenden wird

(nach Gotteslob Nr. 4,1–8; Seite 38–40, Ausgabe 2014)

Die freudenreichen Geheimnisse

Jesus, den du, o Jungfrau, vom Heiligen Geist empfangen hast

Die Sehnsucht Gottes ist der Mensch

So lautet ein Wort des Aurelius Augustinus. Durch Jesus Christus, der als Sohn Gottes in unsere Welt kam, ist diese Sehnsucht menschlich begreifbare Wirklichkeit geworden. Er hat uns sein Wort und sein Leben, seinen Geist und sich selbst geschenkt, um das Reich Gottes auf uns auszudehnen und uns teilhaben zu lassen an der Liebe des Vaters. Die Sehnsucht Jesu Christi besteht darin, dass wir vereint mit Christus durch Hingabe zu einer Gabe an den Vater werden.

Der uns zuströmende Geist Gottes ist gleichzeitig der Geist Jesu – angepasst an unser begrenztes Menschenwesen. Heiliger Geist möchte bei uns einkehren und unser eigentliches Wesen, das bei vielen Menschen verschattet ist oder gar im Dunkel liegt,

AVE GRATIA
PLENA

berühren, zur Entfaltung bringen und verklären. Da Gott den ewigen Ratschluss gefasst hat, sich selbst den Menschen zu schenken, stellt sich die Frage, wie er dies verwirklicht. Es geschieht durch das menschgewordene Wort, durch Jesus Christus, der selbst noch als Mensch die göttlichen Liebesgewalten aushalten konnte. Er nahm unsere Menschennatur an, damit die Sehnsucht Gottes und seine Liebe den Menschen sanft berühren und in ihm wachsen kann. Jesus wurde Mensch, damit Gott sich uns durch ihn und mit ihm und in ihm schenken kann.

Das unendlich große Geschenk der Liebe Gottes an uns Menschen nimmt einen neuen Anfang mit Maria. Sie, die am Beginn des Christusereignisses steht, bereitet das Kommen Jesu vor. Als der Engel ihr die Frohe Botschaft verkündet, verzichtet Maria auf die Einsicht des Verstandes und setzt dafür die Hingabe des Herzens ein. Ihre Antwort an den Engel und durch ihn an Gott lautet: *Ich bin die Magd des Herrn; mir geschehe, wie du es gesagt hast* (Lukas 1,38). Diese Hingabe an den Willen und die Vorsehung Gottes ist der vollendete Ausdruck des Glaubens Abrahams und ganz Israels. In Maria findet das Vorhaben Gottes nicht den geringsten Widerstand und kein Hindernis. Sie ist sensibel und offen für Gottes Inspiration. Durch ihre Glaubenstiefe und ihre Hingabebereitschaft kann sich Gottes Heiliger Geist in

Maria verleiblichen und menschliche Gestalt annehmen. Sie sagt Ja zu einem Weg, von dem sie nicht weiß, wohin er führt.

Durch ihren tiefen Glauben und durch ihre Bereitschaft, sich dem Anruf Gottes zu öffnen, bildet Maria das Fundament der gesamten christlichen Existenz. Ihr Herz ist der Grenzenlosigkeit Gottes gegenüber so weit geöffnet, dass Gott in diesem Herzen den neuen und ewigen Bund mit den Menschen beginnen kann. Das Herz Mariens, dem Gott alles zumutet, hält die Bereitschaft des Jasagens zum Plan Gottes durch bis in die Nacht der Verlassenheit, bis unter das Kreuz ihres geliebten Sohnes, wo es geistig durchstoßen wird. Ihr Leben wurde getragen und geführt von ihrem Sohn Jesus Christus, der ihr Vorbild war in unbeirrbarer Treue zum Vater. In Maria werden weder Vorbehalte noch Grenzen dem Plan Gottes gegenüber sichtbar, sodass sie zu einem reinen und vollkommenen Spiegel wird, der die Bereitschaft Gottes, zur Welt Ja zu sagen, widerspiegelt.

Es gibt zweimal ein Wort bei Goethe, das das Gleiche ausdrückt: »Wir werden, was wir schauen« und »Was wir im Auge haben, formt uns.« Einem Ehepaar wurde nach vielen Jahren des Wartens ihr erstes Kind geschenkt. Es war ein Mädchen, wunderschön anzuschauen. Die Verwandten, die sich über die Wiege beugten, sagten: »Womit hat sie denn nur Ähnlichkeit? Nicht mit der Mutter und auch nicht mit dem Vater!« Die Mutter hatte die weiteren Gedanken der Verwandten erkannt und wies ganz bescheiden auf ein Marienbild, das dort im Zimmer hing. Sofort erkannten alle die Ähnlichkeit des Bildes mit dem kleinen Mädchen.

»Ich habe in all den Wochen und Monaten vor der Geburt immer und immer wieder vor diesem Bild gebetet und es betrachtet«, sagte die Mutter. »Maria habe ich unser Kind anempfohlen und mich in ihre Glaubenshaltung eingeübt: ›Mir geschehe nach deinem Wort.‹« Die Verwandten waren sprachlos und staunten. Dies ist natürlich eine Legende, in der jedoch eine große Wahrheit steckt: »Wir werden, was wir schauen.«

Ein jeder von uns ist von Gott gewollt und ins Leben gerufen. Er wartet auf unser Jawort, da er eine besondere Sendung und Aufgabe für uns bereit hält. Um das zu erkennen, bedarf es des Innehaltens und der Hingabe – sowohl im Gebet als auch im heiligen Opfer. In seiner unendlichen Liebe sucht uns Gott fortwährend, doch kann er nur dann bei uns ankommen, wenn wir ihm im Gebet des Schweigens Raum und Zeit schenken, das heißt, uns auf ihn hin verlassen und uns ihm öffnen. Indem Maria alles Persönliche Gott hingegeben hat, um nur noch ihm zur Verfügung zu stehen, ist sie gerade dadurch vollends Person und Persönlichkeit geworden.

Wir verstehen nicht immer gleich, was Gott mit uns vorhat, wenn wir diesen oder jenen Schicksalsschlag ertragen müssen, wenn er uns gerade die Menschen schickt, die uns am wenigsten liegen, oder uns eine Last aufbürdet, von der wir meinen, sie nicht tragen zu können. Nehmen wir, wie Maria es getan hat, Gottes Herausforderungen an, selbst wenn wir sie nicht einsehen oder durchschauen, und halten bejahend aus, dann wird das Ja Mariens zum Willen Gottes auch zu unserem Lebensprogramm. Maria nimmt mit ihrem Glaubenswort *Mir geschehe, wie du es gesagt hast* und der damit verbundenen Hingabe an Gott die dritte Vaterunserbitte vorweg: *Dein Wille geschehe wie im Himmel, so auf der Erde* (Matthäus 6,10). In der Freiheit des Menschen ist auch sein eigener Wille gegründet, den er mit dem Willen des Schöpfers in Einklang bringen, aber auch gegen ihn gebrauchen kann. Seit dem Fall der ersten Menschen, die ihren Eigenwillen gegen das Wollen Gottes durchsetzten, herrscht in einem jeden von uns eine gewisse Spannung zwischen dem eigenen Willen und dem Willen Gottes. Zahlreiche Katastrophen hat der Mensch durch seine Eigenwilligkeit auf sich geladen. Wie unheimlich der Wille des Menschen sein kann, das zeigen die Gräueltaten von Kain bis heute.

Wenn Gott unser Leben durchkreuzt, lässt er uns gleichzeitig spüren, dass wir ihm ein großes Anliegen sind. Haben wir keine Angst, denn zerbrechen kann nur das Zerbrechliche, um dem Unzerbrechlichen Raum zu geben. Um ein Gespür zu bekommen für den Willen und die Liebe Gottes, müssen wir uns immer erneut einüben in das Gebet des Herzens und die Hingabe an Gott. Am Anfang unseres Pilgerweges zu Gott – denn wir sind aus ihm und auf ihn hin erschaffen – steht Maria, die Mutter Jesu und Trösterin der Betrübten. Sie hilft uns, dass auch wir einmal aus tiefstem Herzen sagen können: *Mir geschehe, wie du es gesagt hast.*

Der Dialog Gottes mit dem Menschen

Der Apfel, wie er sich uns schenkt, reif, heil und rund, gilt als Symbol der Unsterblichkeit; der angebissene Apfel steht als Symbol der Sünde und des Todes. Der angebissene Apfel ist Attribut der Eva und der Schlange. Dagegen ist der Apfel in der Hand Mariens oder des Jesuskindes das Symbol der durch Christus besiegten Erbsünde. So kennzeichnet der Apfel Maria als neue Eva und das Kind als zukünftigen Erlöser von Sünde und Tod. Durch das Ja Mariens wurde die göttliche Ordnung wiederhergestellt und die Menschwerdung Gottes eingeleitet. Im neuen und ewigen Bund hat Gott sich für immer mit uns durch seinen Sohn versöhnt.

Doch wie war es vorher? Der Mensch lebte als Ebenbild Gottes in der Wahrheit seines Geschöpfseins wie ein Kind in der Sphäre der Liebe – verankert im Urgrund Liebe. Ohne das Wissen um etwas

Böses und eingetaucht in den Glanz des Du, atmete der Mensch die Gegenwart Gottes, geschaffen, um geliebt zu werden und wiederzulieben. Für den Menschen bedeutete die Gottesbegegnung das Aufleuchten des göttlichen Antlitzes, den Gipfel paradiesischer Erfahrung. Der Baum der Erkenntnis und seine Früchte sind Symbol für den Verzicht auf den Zugriff des Menschen. Der göttliche Vorbehalt sagt, dass die Freiheit nur auf einer letzten Gebundenheit gelebt werden kann. Gott prüft das Urvertrauen des Menschen, dass er auch da Gott vertraut, wo der Mensch in die Vorsehung Gottes kein Einsehen hat.

Die versucherische Situation trat in dem Augenblick an den Menschen heran, als er allein war. Von der Faszination des Angebotes geblendet, wie Gott sein zu können, erlag der Mensch der Versuchung. Anstatt die einzige Begrenzung, die Gott zwischen sich und dem Geschöpf errichtet hatte, in Geduld und Demut anzunehmen, gingen dem Menschen durch seinen Ungehorsam im Äußeren zwar die Augen auf, im Inneren jedoch erblindete er. Um der widergöttlichen Kraft nicht zu erliegen, hätte der Mensch zu seinem Mitmenschen gehen sollen, denn der Mensch ist dem Menschen zur Hilfe gegeben. Einer sah im anderen den Glanz seines Ursprungs und schaute somit Gott im menschlichen Gegenüber.

Der Versucher wäre mit seinem Vorhaben gescheitert, wenn der zweite Mensch als von Gott erfüllt und Gott ausstrahlend hinzugekommen wäre. Doch er bleibt allein und greift aus Egoismus zu, anstatt abzuwarten, um beschenkt zu werden. Er lässt die fremde Stimme in sich ein und nach dem Zugriff isst er für sich allein, ohne einen liebenden Bezug zum Du des Nächsten aufzunehmen. Indem die Rollen von Du und Ich vertauscht werden, hat bereits die Ich- und Diesseitswelt begonnen. Wenn einer aus dem Paradies tritt, ist das Paradies auch für den anderen dahin, weil die zu Gott ziehende Hilfe des Ebenbildes fehlt. Im Glanz der Selbstherrlichkeit wird der Sog von unten immer stärker, von dorther also, woher die widergöttliche Weisung kommt.

Jesus Christus kommt durch das Ja eines Menschen in die Welt – uns in allem gleich, außer der Sünde. Er siegt über den Sog von unten und damit auch über den Tod. Durch Christus können wir uns wieder in liebendem Vertrauen auf Gott ausrichten und durch den neuen und ewigen Bund Gottes Entgegenkommen und seine Gegenwart empfangen.

Am Beginn des Christus-Ereignisses steht Maria (vgl. Lukas 1,26–38). Der Engel Gabriel verkündet Maria die Geburt Jesu. Gott wendet sich dem Menschen zu und fragt, ob er durch ihn Mensch werden kann. Dieser Bericht aus dem Neuen Testament ist

der schönste und dichteste Dialog des sich offenbarenden Gottes mit einem gläubigen Menschen. Bei Maria gibt es kein Ringen eines verdunkelten Herzens mit dem göttlichen Licht der Gnade, kein Zweifeln, kein Erschrecken, keine Trauer und kein Missverstehen.

Als der Engel jedoch dem Zacharias erscheint, um ihm die Geburt des Täufers zu verkünden, überfällt diesen große Furcht. *Als Zacharias ihn sah, erschrak er und es befiel ihn Furcht. Der Engel aber sagte zu ihm: Fürchte dich nicht, Zacharias!* (Lukas 1,12–13). Wenn plötzlich und unerwartet in einem Engel das Licht Gottes erscheint, werden die meisten Menschen vor Erschrecken und Furcht fassungslos zurückweichen. Die Furcht muss erst genommen werden, damit der Mensch versteht, was der Wille Gottes ist oder was Gott ihm schenken möchte.

Bei der Gottesbegegnung des Mose am brennenden Dornbusch *verhüllte Mose sein Gesicht; denn er fürchtete sich, Gott anzuschauen* (Exodus 3,6). Ähnlich verhält sich Elija am Berg Horeb, als er den Herrn erwartet. Der Herr ist nicht im heftigen Sturm, der die Felsen sprengt, nicht im Erdbeben und nicht im Feuer, sondern Elija vernimmt eine Stimme vorbeischwebenden Schweigens. Daraufhin hüllt er sein Angesicht in den Mantel und tritt aus der Höhle (vgl. 1. Buch der Könige 19,11–13). Auch bei der Begegnung der Emmausjünger mit dem auferstandenen Herrn geht Trauer, Zweifel, Aufregung und eine zerstörte Hoffnung voraus. Als Suchende ringen sie mit der Gnade Gottes (vgl. Lukas 24,21–22).

Bei Maria ist es nicht so. Bei ihr geht dem Gespräch mit dem Erzengel Gabriel kein Ringen des göttlichen Lichtes mit der Verdunkelung eines Herzens voraus. Der Dialog bewegt sich auf der Ebene reiner Gnade. Der Engel spricht Maria an mit den Worten: *Sie gegrüßt, du Begnadete, der Herr ist mit dir* (Lukas 1,28). Er braucht ihr also nicht zuerst die Furcht zu nehmen, wie es bei Zacharias war. Maria erschrickt über die Anrede und überlegt, was dieser Gruß bedeutet. Dieses Erschrecken beruht nicht auf irgendeiner Furcht oder Angst, sondern Maria fühlt sich auf einmal in den Mittelpunkt des Geschehens gestellt – eine Erfahrung, die sie bisher nicht kannte.

In dem Gespräch mit dem Engel und damit mit Gott, findet das göttliche Wort und das göttliche Handeln nicht den geringsten Widerstand. Alles geschieht von Gott her auf der Ebene des Heiligen Geistes und vom Menschen her auf der reinen Ebene des Glaubens. Maria lebt im Aufschauen auf Gott aus einer einzigartigen Glaubenstiefe und Reinheit, sodass keine Furcht bei ihr aufkommt. Sie ist sensibel und offen für das Wort Gottes und seine göttliche Eingebung, für Offenbarung in Wort und Geschehen. In der Antwort Mariens: *Mir geschehe, wie du es gesagt hast* (Lukas 1,38) wird deutlich, wie der vollkommene Gleichklang zwischen Gott und dem Menschen gelingt.

Gott möchte jeden Menschen in der Tiefe seiner Seele ansprechen und durch ihn neu in die Welt hineinkommen.

Nach dem Gruß sagt der Engel: *Der Herr ist mit dir* (Lukas 1,28). Darf nicht jeder von uns dieses Wort auf sich selbst beziehen? Gott ist im Menschen anwesend, aber gleichzeitig auch in dem Wort, das er zu uns spricht. Um Glaubenstiefe zu erreichen und die Gegenwart Gottes in uns leibhaftig zu spüren, ist Eines notwendig: Wir müssen den Weg frei machen, damit die Ebene meiner Seele, auf der Gott in mir ist, mit dem Wort, das Gott zu mir spricht, in Beziehung treten kann. Es geht einzig und allein darum, dass durch mich Bedingungen geschaffen werden, durch die »Gott ist in mir« und »Gott ist im Wort« eins werden können.

Im ersten Augenblick, als der Engel sie anspricht, findet Maria keine Worte, sondern sinnt nach, was das Wort bedeutet. Im Nachsinnen jedoch bleibt sie offen für den Fortgang des Dialogs. Doch dann nimmt sie das Wort schweigend auf und lässt sich hingebend darauf ein. Indem sie sich dem Wort Gottes ganz und gar ausliefert, kann das Wort sein Ziel erreichen.

Durch den Engel spricht Gott Maria mit ihrem Namen an. Er möchte eine freie persönliche Antwort von ihr und lässt ihr Zeit, indem er weiter spricht: *Du hast bei Gott Gnade gefunden* (Lukas 1,30). Durch den Engel kündigt sich Gott selbst als Mensch an. Die damit verbundene Frage geht nicht nur an Maria, sondern an jeden Menschen, mit dem Gott ins

Gespräch tritt. Die Zuwendung Gottes geschieht meist in Situationen, in denen wir einen Anspruch Gottes nicht für möglich halten. So geschieht das Unglaubliche im Unscheinbaren, in der Routine und in der Grauzone unseres Alltags. Gott teilt sich uns dann mit, wenn wir am wenigsten damit rechnen und uns nicht auf ihn eingestellt haben. In seinem Anspruch an uns weist Gott uns auf etwas hin, das wir nicht für möglich halten.

Gott mutet uns etwas zu, das für uns undenkbar ist. Anstatt die Zumutung, die an Maria gestellt wird, abzuweisen und damit den Dialog voreilig abzubrechen, geht Maria mit einer Gegenfrage auf die Zumutung ein: *Wie soll das geschehen?* (Lukas 1,34). Sie fragt damit nicht nach näheren Umständen und Beweisen und bleibt so mit ihrer Fragestellung offen und damit im Gespräch. Maria lässt sich bereits von Gott bestimmen, indem sie die Frage nach dem »Wie« stellt. Mit einer vorzeitigen Antwort, mit einem zu früh gesprochenen »Ja« oder »Nein« hätte Maria den Dialog Gottes mit ihr abgebrochen. Sie tut es nicht, sondern bleibt offen für den Fortgang dessen, was auf sie zukommen möchte, indem sie auf die Einsicht des Verstandes verzichtet und die Hingabe des Herzens einsetzt.

Damit Gott durch den Menschen Mensch werden kann, muss der Mensch sich mit all seinen Möglich-

keiten Gott ganz zur Verfügung stellen. Das göttliche Wort, das immer neu an uns ergeht, bleibt so lange Verheißung, bis es vom Menschen angenommen und bejaht wird, durch sein gesamtes menschliches Wesen hindurchgeht und leibhaftig wird. Erst jetzt sind Wort und göttliche Wirklichkeit in uns zu einer umfassenden Einheit geworden, die uns trägt, uns vor allem Bösen schützt, die Reinheit unserer Seele bewahrt und uns zum ewigen Leben führt.

Wenn das göttliche Wort, das immer wieder neu an jeden ergeht, angenommen und zugelassen wird, gibt es für uns Aufbrüche in nie geahnte Dimensionen der Freude, des inneren Glücks und der Seligkeit. Bei Gott sind Wort und Wirklichkeit eins und nichts ist für ihn unmöglich. Es hängt einzig und allein vom Menschen ab, ob er sich dem Anruf und dem Wort gegenüber öffnet, sodass der Dialog Gottes mit dem Menschen gelingt. Gott räumt Maria und damit auch uns das letzte Wort ein. So tief neigt sich der Schöpfer vor seinem Geschöpf, so viel Ehrfurcht hat er vor dem Menschen, dass Gott uns nicht bevormundet, sondern auf unser letztes Wort wartet. Hat sich der Mensch für Gott entschieden, so wachsen das Wort Gottes und die Antwort des Menschen immer mehr zusammen, bis der Wille Gottes in unserem Leben transparent wird. Zur gleichen Zeit geben wir dem Wort Gottes in uns Raum, sodass Gott durch den Menschen Mensch werden kann.

Wie wunderbar ist es zu entdecken, dass sich die Wirklichkeit Gottes beim Menschen kundtut, Gott uns anspricht und für jeden von uns ein Wort hat. Diese Wirklichkeit bietet sich uns im Vorübergehen; im Banalen und Zufälligen werden wir von Gott angesprochen. In allem, was uns begegnet, sind Lebenszeichen Gottes verborgen, die es heißt, zu erkennen und in uns aufzunehmen. Durch das Gebet der Hingabe oder auch Ruhegebet genannt, wird es uns möglich, uns auf das Wort Gottes hin loszulassen und uns vertrauend in ihn hineinfallen zu lassen. Er wird das von uns nehmen, was nicht zu uns gehört, und uns eine Gabe schenken, die uns in dieser Welt und Zeit zu der Aufgabe wird, zu der wir von Gott berufen sind.

Wie anfangs für Maria, so kommt auch für den reichen Jüngling die Stunde der Berufung und Entscheidung (vgl. Lukas 18,18–30). Doch im Gegensatz zum gelungenen Dialog Gottes mit Maria wird hier das Gespräch Jesu mit dem Jüngling von ihm aus abgebrochen. Offenbar hält der junge Mann die Worte und den liebenden Blick Jesu nicht aus und es beginnt in ihm zu kämpfen.

Wie soll ich dich empfangen und wie begegn' ich dir?

Ich stehe vor der Tür und klopfe an. Wenn einer meine Stimme hört und die Tür öffnet, bei dem werde ich eintreten und Mahl mit ihm halten und er mit mir (Offenbarung 3,20). Gott Einlass in das innere Leben zu gewähren, kann oft sehr schwer sein. Ein Mensch, der auf seinem geistlichen Weg Fortschritte machen möchte, könnte fragen: »Wie soll ich dich empfangen und wie begegn ich dir?« (Paul Gerhardt, 1607–1676). Mit diesen Worten in der Melodie von »O Haupt voll Blut und Wunden« aus der Matthäuspassion beginnt Johann Sebastian Bach sein Weihnachtsoratorium. Der Mensch, der danach fragt, wie er Gott, »aller Welt Verlangen«, empfangen und ihm begegnen soll, spürt, dass etwas Wesentliches in sein Leben tritt. Er weiß, dass bei ihm vieles anders werden muss, wenn es tatsächlich zu einer Begegnung kommen soll. In der Frage liegt eine gewisse Bangigkeit, aber gleichzeitig auch eine tiefe Sehnsucht.

Jeder Tag, den wir neu erleben dürfen, kann die entscheidende Begegnung bringen mit »aller Welt Verlangen«. Gemeint ist die Begegnung mit Jesus Christus, dem Mensch gewordenen Gott. Alles, die gesamte Welt, steuert dem Tag entgegen, an dem das Verlangen der Welt erfüllt wird. Bei der Begegnung mit Gott geht es um einen Überstieg in eine andere Daseinsform, in die Christus-Förmigkeit. Diese Dimension dürfen wir bereits mitten in unserem Erdenleben erfahren.

»Wie soll ich dich empfangen?« – Diese Frage erhebt sich immer wieder in unserer Lebenswirklichkeit, da wir allzu leicht das Ziel unseres Lebens aus dem Auge verlieren: den Herrn der Welt. Die Begegnung mit ihm ist eine reine Gabe Gottes, die alle Möglichkeiten dieser Welt nicht bietet. Daher sollte unser ganzes Leben auf Empfangen eingestellt sein, auf das Empfangen der Gabe Gottes, die Jesus Christus ist. Alles, was Gott uns gibt, hat er bereits in Heilsgaben verwandelt. Nicht im egoistischen Zugreifen, sondern im Empfangen schenkt sich uns das Leben und ewiges Leben.

Die Verheißung der Geburt Jesu, die am Anfang des Christusereignisses an Maria ergeht, ist im Neuen Testament der einzige Dialog zwischen Gott und einem Menschen, bei dem der Mensch nicht erst von Furcht, von einem Widerspruch, von Zweifel und Dunkelheit befreit werden muss. »Wie soll ich dich empfangen?« – fragt Maria nicht. Sie lebt bereits im Aufschauen auf Gott und weiß um eine Begegnung mit ihm. Doch jetzt, wo sie selbst Mutter des Herrn werden soll, fragt sie: *Wie soll das geschehen, da ich keinen Mann erkenne?* (Lukas 1,34). Für Maria muss erst der Widerspruch geklärt werden zwischen einer generellen Verfügbarkeit durch Gott und dem konkreten Vorhaben Gottes, ohne einen Mann Mutter zu werden. Wenn Maria die Antwort des Engels auch intellektuell nicht versteht – *Der Heilige Geist wird über dich kommen und Kraft des Höchsten wird dich überschatten* (Lukas 1,35) –, so stimmt sie doch von ihrem Herzen her dem Plan Gottes zu: *Mir geschehe, wie du es gesagt hast* (Lukas 1,38).

Große Ereignisse schicken immer ihre Boten, ihre Engel, voraus. Jesus fällt nicht einfach vom Himmel; ein Engel kommt zuvor nach Nazaret. Ohne jegliche Vorleistung wird Gottes Wort und Geist durch Maria zu menschlichem Leben. Ein Engel, der diese Botschaft verkündet, verlangt, dass man ihm glaubt. Doch wie viele schütteln darüber nur ungläubig mit dem Kopf!

Der erste entscheidende Einschnitt in der Geschichte der Schöpfung ist der Sündenfall des Menschen. Der Mensch macht von seiner Freiheit falschen Gebrauch und erhebt den Anspruch, selbst zu sein wie Gott. Die verheerenden Folgen für die Entwicklung der Menschheit von der Ermordung Abels durch seinen Bruder Kain bis zu den Kriegen, Krankheiten und Katastrophen heute in der Welt sind unvorstellbar. Die Natur des Menschen ist jedoch nicht ganz und gar schlecht und Gott abgewandt, sondern

M+S

sie ist tief verwundet. Auf der einen Seite teilt Gott dem Menschen schöpferische Gaben mit und auf der anderen Seite zerstören sich Menschen untereinander und beuten sich gegenseitig aus – einschließlich die gesamte Natur.

Der zweite entscheidende Einschnitt in der Geschichte der Schöpfung ist die Menschwerdung des Sohnes des ewigen Vaters. Aus Liebe zu seiner Schöpfung möchte Gott sie mit sich selbst durchdringen; er möchte die von der Sünde überschattete Schöpfung heilen und sie durch ein einmaliges Geschehen der Befreiung in sich hineinziehen. Der zweite Adam ist: Jesus Christus. Durch das Christusgeschehen aus Gott und seiner unergründlichen Liebe, die durch Maria in diese Welt hineingetragen wird, offenbart Gott sein Wesen als Liebe durch Christus. Diese unendliche Liebe Gottes zu den Menschen trägt Jesus durch bis zum Abendmahlssaal, bis zu seinen leidvollen Stunden im Ölberggarten und bis zu seinem Tod am Kreuz.

Der neue Adam kommt nicht einfach von oben, sondern will geboren werden wie wir. Die Verheißung der Geburt Jesu und die Verwirklichung durch Maria geschehen durch die Herabkunft des Heiligen Geistes. Maria steht am Anfang des Christusereignisses und gleichzeitig am Beginn des pfingstlichen Vollendungsgeschehens. Im Johannesevangelium steht sie am Anfang des öffentlichen Wirkens Jesu – bei der Hochzeit zu Kana – und als Zeugin der bis ans Ende gehenden Liebe Jesu Christi unter dem Kreuz.

Mitteilung des Heiligen Geistes geschieht nicht ohne den Glauben. Glaube ist im Menschen die Voraussetzung dafür, dass ihn Gottes Geist erreichen und durchdringen kann. Der Glaube bewirkt im menschlichen Bewusstsein eine Offenheit für das Wesen und die Liebe Gottes, die sich dem Menschen schenken möchte. Das messianische Geschehen, die Herabkunft des Heiligen Geistes auf Maria, geschieht in ihren Glauben hinein.

Gott hat die Erde erwählt, um auf ihr Mensch zu werden. Hier hat er sich einen Menschen ausersehen, um durch ihn menschliche Gestalt anzunehmen. Maria ist die Erwählte und Begnadete, in die Gottes Himmel sich ganz hineinschenkt. Ihr ist es von Gott geschenkt, die Mutter Jesu zu sein. Am Anfang steht die Verkündigung an Maria. Diesem Geschehen kommt im Neuen Testament eine besondere Bedeutung zu, denn das göttliche Wort und das göttliche Handeln finden in Maria nicht das geringste Hindernis. Je größer die Gnade ist, die ein Mensch geschenkt bekommt, desto intensiver entwickelt sich auch in ihm die Fähigkeit, die Gnade zu verwirklichen. Gnade darf nicht nur Gewusstes oder Gespürtes bleiben, sondern sie muss sich im Leben auch leibhaftig umsetzen.

Die Verkündigung an Zacharias geht der Verkündigung an Maria voraus. Zacharias bildet den Ausklang des Alten Testamentes – mit dem »Ja« Mariens beginnt das Neue Testament, der Neubeginn Gottes mit den Menschen. Obwohl die Berichte sehr ähnlich sind, treten Unterschiede auffällig hervor. Zacharias hält sich im Heiligtum auf und bringt das Weihrauchopfer dar, als ihm der Engel erscheint. Während Zacharias das Opfer nach dem Gesetz darbringt, betet draußen das ganze Volk mit ihm. Da im Alten Testament Jerusalem die Mitte des Bundes ist, bindet Gott seine Gnade an den Tempel. Als der Engel zur Rechten des Altars erscheint, erfährt ihn Zacharias wie einen unerwarteten plötzlichen Einbruch aus der göttlichen Welt in den irdischen Raum – und er fürchtet sich.

Ganz anders ist dies bei der Verkündigung an Maria. Es wird weder gesagt, wo sie sich aufhält, noch was sie tut. Der Engel, der bei ihr eintritt, scheint auch nicht aus einer ganz anderen Welt zu kommen. Sein Erscheinen hat für Maria etwas Vertrautes. Das erste Wort des Engels an Zacharias lautet: *Fürchte dich nicht, Zacharias!* (Lukas 1,13). Das erste Wort, das der Engel zu Maria sagt: *Sei gegrüßt, du Begnadete, der Herr ist mit dir* (Lukas 1,28). Der Engel – bevor er die Freude verkündet – muss dem Zacharias zuallererst die Gerichtsfurcht nehmen, die sein Erscheinen bei ihm auslöst. In einem Engel begegnet ihm das Licht Gottes, das ihn so tief erschreckt, dass er ganz fassungslos wird. Der Engel jedoch nimmt ihm diese Furcht, sodass er ruhig und offen ist für die Botschaft Gottes.

Bei Maria dagegen kann der Engel gleich mit der Freude beginnen. Warum erschrickt sie dann aber über den Gruß des Engels? *Sie erschrak über die Anrede und überlegte, was dieser Gruß zu bedeuten habe* (Lukas 1,29).

Heinrich Spaemann, der geistlicher Rektor des Vianney-Hospitals in Überlingen am Bodensee war, gab eine einleuchtende Antwort mit dem Verhalten einer schwer behinderten Patientin. Sie hieß Silvia, war taubstumm und hatte den Verstand eines zweijährigen Kindes. Seelisch war sie durchaus ansprechbar, und durch Gesten hatten die Schwestern es erreicht, dass Silvia ihr Gemüt auftat. Eines Tages – und das muss es in ihrem bisherigen Leben wohl noch niemals gegeben haben – hielt man ihr einen etwas größeren Spiegel vor, in dem sie sich selbst sehen konnte. Die erste Reaktion bestand darin, dass Silvia derart erschrak, dass sie die Person, die sie im Spiegel sah, zu schlagen versuchte. Sie sah keinen Zusammenhang zwischen sich und der Person im Spiegel. Als dann auf einmal im Spiegel hinter Silvia das Gesicht eines ihr vertrauten lieben Menschen erschien, hörte auf einmal das Erschrecken auf und sie erkannte, dass das andere Gesicht ihr eigenes sein musste. Zunächst aber war ein lautes Erschrecken, da ein Zusammenhang mit einem Du fehlte.

Diese Begebenheit kann ein Hinweis auf das Erschrecken Mariens sein. Der Engel, der sie jetzt als Begnadete Gottes anspricht, rückt sie selbst ins Licht. Bis dahin hatte sie keinen Anlass, sich selbst in den Blick zu nehmen. Maria hat Gott und sein Reich im Himmel und auf Erden im Auge und nicht sich selbst. Daher fehlt ihr für diesen Engelsgruß aller Zusammenhang mit ihrem Bisher, mit dem Du Gottes und mit ihren Eltern und Geschwistern. Da sich das Licht, das Gnadenwort, jetzt auf sie selbst richtet, macht sich bei ihr Erschrecken breit. Jetzt tut Maria jedoch etwas, das sie von der Furcht des Zacharias unterscheidet: Sie überlegt, was dieser Gruß zu bedeuten hat.

Das Erschrecken Mariens ist also von ganz anderer Art als das des Zacharias. Es geht bei ihr nicht so tief, denn sie versucht gleich, durch Nachdenken darauf zu kommen, was da geschieht. Maria sinnt nach, findet aber keine Worte – sie bleibt jedoch offen für den Fortgang des Dialogs. Dann liefert sie sich dem Wort Gottes aus. Der Engel wartet, dass Maria das Ihre tut, damit er fortfahren kann, das Seine zu tun.

Bei Zacharias ist der Hinweis auf den Erlöser noch verhüllt. Es wird ihm ein Sohn verheißen, der einen

besonderen Bezug zum Messias hat. Bei Maria tritt dieser Hinweis jetzt ins Offene: Gott hat sie zur Mutter des Messias ersehen. Es ist wichtig zu bedenken, dass der Glaube Mariens bereits derart weit und geöffnet ist, dass er den erhöhten Christus mit einschließt. *Er wird groß sein und Sohn des Höchsten genannt werden. Gott, der Herr, wird ihm den Thron sei-*

nes Vaters David geben. Er wird über das Haus Jakob in Ewigkeit herrschen und seine Herrschaft wird kein Ende haben (Lukas 1,32–33).

In der Botschaft des Engels, die in reinem Glanz erstrahlt, ist kein Wort vom Kreuz enthalten. Wie diese göttliche Strahlkraft, so hat auch die erste Liebe zwischen Menschen einen reinen Glanz und etwas Paradiesisches. Der Eine sieht im Anderen das, was von Gott ist und ewigen Bestand hat. Wenn diese Sicht durchhält, können zwei Menschen es wagen, sich gegenseitig das »Ja« zu sagen.

Am Anfang sieht Maria ein Christusbild von reinem Glanz, das letztlich eine umfassende Wahrheit enthält, sodass ihr Glaube das Kreuz ihres Sohnes mitträgt, weil er die Auferstehung und das ewige Leben umfasst. Von daher ist es zu verstehen, dass sich Maria, die Mutter Jesu, nicht unter den Frauen befindet, die am Ostermorgen zum Grab gekommen sind, um den Leichnam zu salben und ihn dadurch vor Verwesung zu schützen.

Maria hat seit der Botschaft des Engels, der ihr den österlichen Christus verkündet hat, eine durchhaltende Glaubenszuversicht. In gewisser Weise war Maria in der Weite ihres Glaubensbewusstseins ihrer Zeit voraus. Daher hat sie zu vielem geschwiegen und nicht eingegriffen, sondern es in ihrem Herzen bewahrt. Wie es Vorwegnahmen im Bereich der

Gnade gibt, so gibt es auch Vorwegnahmen in den natürlichen Begabungen.

Der große Maler Vincent van Gogh wurde zum Beispiel zu der Zeit, als er seine Bilder malte, für verrückt erklärt. Heute gehören sie zu den kostbarsten der Welt. Er bekam eine Begabung geschenkt, die seiner Zeit um fünfzig Jahre und mehr voraus war. Franz Schubert hat sein Streichquintett in C-Dur, das einzige Streichquintett, das er komponierte, lange unveröffentlicht gelassen, da er wusste, dass es nicht gespielt werden würde. Damals war diese Komposition weit ihrer Zeit voraus – heute gehört das Streichquintett zu den genialsten Kompositionen. Es ist ein kammermusikalisches Meisterwerk, das Schubert aus der Tiefe inneren Lebens und Erlebens seiner Wanderschaft zwischen zwei Welten, zwischen Zeit und Ewigkeit, geschaffen hat.

Es gibt, wie gesagt, Vorwegnahmen im Bereich der Gnade. Maria wird sie in besonderer Weise zuteil; Josef hingegen bedarf erst einer eigenen Offenbarung durch Gott, um zu verstehen, was vorgegangen ist. Dass Josef die Offenbarung annimmt, setzt voraus, dass auch er ausgerichtet ist auf das kommende messianische Reich.

Maria verzichtet auf alles Erkennen: Sie glaubt. Bei Zacharias dagegen liegt Zweifel vor; er möchte unbedingt erkennen: *Woran soll ich das erkennen?*

Denn ich bin ein alter Mann und auch meine Frau ist in vorgerücktem Alter (Lukas 1,18). Maria stellt die Frage: *Wie soll das geschehen, da ich keinen Mann erkenne?* (Lukas 1,34) und nimmt die Antwort des Engels glaubend an: *Der Heilige Geist wird über dich kommen und Kraft des Höchsten wird dich überschatten. Deshalb wird auch das Kind heilig und Sohn Gottes genannt werden* (Lukas 1,35).

Diese Antwort offenbart und verhüllt zugleich. Heiliger Geist ist der Schöpfer des Messias im Schoß der Jungfrau Maria. Diese Offenbarung wird dadurch verhüllt, dass Jesus von einer Jungfrau empfangen und geboren wird. Von natürlichen Kriterien und Maßstäben ist dieses Glaubensmysterium ebenso wenig verstehbar wie die Auferstehung Jesu Christi. Wort und Wirklichkeit gehören bei Gott zusammen. *Denn für Gott ist nichts unmöglich* (Lukas 1,37).

Aus einem tiefen Glauben und aus wahrer Hingabebereitschaft antwortet Maria dem Engel: *Ich bin die Magd des Herrn; mir geschehe, wie du es gesagt hast* (Lukas 1,38). Mit dieser Antwort nimmt Maria bereits die dritte Vaterunserbitte vorweg. Sie ist der Mensch, der bedenkenlos und hingebend auf das Gnadenangebot eingeht. Dreißig verborgene Jahre lebt Maria das Jesusleben mit. Dies hat zur Folge, dass sie Jesus immer ähnlicher wird, da sie im Glauben seinem göttlichen Wesen geöffnet ist. Sie weiß um sein Geheimnis: Er ist der Messias.

Christus ist gekommen, um das durch die Sünde verdunkelte Ebenbild Gottes im Menschen wieder zu belichten und bewusst zu machen. *Wir alle aber schauen mit enthülltem Angesicht die Herrlichkeit des Herrn wie in einem Spiegel und werden so in sein eigenes Bild verwandelt, von Herrlichkeit zu Herrlichkeit, durch den Geist des Herrn* (2. Korintherbrief 3,18). Haben wir Jesus Christus im Auge und tragen ihn im Herzen, werden auch wir ihm, wie Maria, immer ähnlicher.

Da Maria der Gott ähnlichste Mensch ist, geht von ihr eine ganz besondere Anziehung aus für alle gläubigen Menschen. Sie verehren Maria, da sie einem jeden, der sich an sie wendet, Gnade ihres Sohnes Jesus Christus vermittelt, im Glauben zu wachsen und fest zu bleiben. Menschen, die eine lebendige Beziehung zu Maria haben, werden nicht leicht ihren Glauben verlieren.

Die freudenreichen Geheimnisse

Jesus, den du, o Jungfrau zu Elisabet getragen hast

Meine Seele preist die Größe des Herrn

Der Glaube als Weg zum Leben bildet den Auftakt: *Wer bekennt, dass Jesus der Sohn Gottes ist, in dem bleibt Gott und er bleibt in Gott. Wir haben die Liebe, die Gott zu uns hat, erkannt und gläubig angenommen. Gott ist die Liebe, und wer in der Liebe bleibt, bleibt in Gott und Gott bleibt in ihm* (1. Johannesbrief 4,15–16).

Es besteht immer wieder die eine Notwendigkeit, dass die Gabe vor der Aufgabe stehen muss, das bedeutet, als Erstes offen zu werden für die Gnadenzuwendung Gottes, um dann seine Gabe uns zur Aufgabe werden zu lassen. Dabei ist es wichtig, der Marienverehrung den gebührenden Platz und den rechten Stellenwert einzuräumen. In dem oben stehenden Gesätz des Rosenkranzes ist auch das Magnifikat, das wir täglich am Spätnachmittag oder

Abend am Ende der Vesper beten oder singen, enthalten. Ihm wollen wir uns zuwenden und versuchen zu verstehen, warum dieser wunderbare Lobgesang Mariens gerade in dem Augenblick aus ihr hervorbricht, als Maria ihrer Verwandten Elisabet begegnet und diese – erfüllt vom Heiligen Geist – Maria anspricht.

Zwischen der Verheißung der Geburt Jesu und dem Besuch Marias bei Elisabet besteht ein enger Zusammenhang. Wir dürfen gewiss sein, dass das uns Berichtete die Tiefenwirklichkeit von wahrhaft Geschehenem zur Sprache bringt. Das, was übermittelt wird, ist vor allem heilswirksam und weitaus wichtiger als eine rein historische Wiedergabe des Geschehenen. Bevor Maria ihr Einverständnis zu dem gibt, was Gott ihr durch den Engel Gabriel sagen lässt, gibt der Engel ihr einen Hinweis auf Elisabet: *Auch Elisabet, deine Verwandte, hat noch in ihrem Alter einen Sohn empfangen; obwohl sie als unfruchtbar gilt, ist sie schon im sechsten Monat. Denn für Gott ist nichts unmöglich* (Lukas 1,36–37).

Maria wird nicht nur eingeweiht in den Zustand, in dem sich ihre Verwandte befindet, sondern sie versteht auch diesen Hinweis. Mit diesem Wort Gottes wird ihr ein Zeichen geschenkt, mit dem sie versteht, richtig umzugehen. Den Hirten muss eigens durch den Engel des Herrn das Zeichen gedeutet werden: *Und das soll euch als Zeichen dienen: Ihr werdet ein Kind finden, das, in Windeln gewickelt, in einer Krippe liegt* (Lukas 2,12). Maria dagegen braucht der Engel nicht eigens zu sagen, dass sie ein Zeichen empfängt, das darin besteht, Elisabet aufzusuchen. Für Maria genügt es, dass der Engel sie auf den Zustand Elisabets hinweist. Sie versteht dieses Zeichen als einen Bogen, den Gott schlägt zwischen dem, was er ihr durch den Engel verkündet, und dem, was sich mit Elisabet ereignet. Wenn Gott es für notwendig und gut erachtet, sie in diesen Tatbestand einzuweihen, dann hat er etwas ganz Besonderes vor.

Ein Zeichen dient dazu, dass man es wahrnimmt – nicht nur durch den Verstand, sondern der ganze Mensch muss leibhaftig daran beteiligt sein. Wahrnehmen heißt: Etwas vom Wahren nehmen. Maria weiß sich durch den Hinweis auf Elisabet gedrängt, ihre Verwandte aufzusuchen. Dies geschieht sicherlich nicht, weil sie denkt, die alte Frau brauche sie und sie müsse ihr helfen – das lag Maria fern. Sie weiß, dass Elisabet und ihr Mann Zacharias Verwandte, Nachbarn und Freude haben, die ihnen zur Hand gehen. Bei der Geburt des Johannes erfahren wir davon (vgl. Lukas 1,58). In Details ist Maria nicht eingeweiht und daher weiß sie auch nicht, dass sich Elisabet verborgen hält. Als Zacharias vom Tempeldienst nach Hause zurückkehrte, wurde *seine Frau*

Elisabet schwanger und lebte fünf Monate lang zurückgezogen (Lukas 1,24).

Der Engel, der dem Zacharias am Rauchopferaltar verkündete, dass sein Gebet erhört ist und seine Frau einen Sohn empfangen wird, der den Namen Johannes tragen solle, löste bei Zacharias eine solche Furcht aus, dass er fortan stumm war. Elisabet wusste sich einbezogen in die Stummheit ihres Mannes, denn wenn er dem Volk nicht mit Worten sagen durfte, was ihm verkündet worden war, dann durfte sie es nicht mit dem Zustand ihres Leibes. Daher ist es erst recht für sie wichtig, sich verborgen zu halten, damit nicht jeder sieht, wie es um sie steht. Das darf man vorausnehmen, um zu verstehen, warum Maria tatsächlich bei Elisabet und Zacharias bleibt – was sie vorher sicherlich nicht plante.

Einige Tage, nachdem der Engel Gabriel Maria verlassen hatte, *machte sich Maria auf den Weg und eilte in eine Stadt im Bergland von Judäa* (Lukas 1,39). Wie kann man sich diesen Aufbruch vorstellen? Damals wurde ein Mädchen mit vierzehn Jahren schon verlobt und spätestens mit sechzehn Jahren verheiratet. Maria wird sechzehn Jahre alt gewesen sein. Da sie noch nicht mit Josef in einer Ehe zusammen lebt, ist sie noch an ihre Familie und an ihre Sippe gebunden, das heißt, sie ist weder selbstständig noch mündig. Daher muss Maria, um eine so weite Reise nach

Jerusalem unternehmen zu können, von ihrem Familienverbund Vertrauen fordern.

Man wird Maria als vertrauenswürdig und absolut zuverlässig erfahren haben. Trotzdem ist es für sie nicht einfach, die Erlaubnis für ihren Aufbruch zu bekommen, ohne etwas vom eigentlichen Grund dieses Aufbruchs zu sagen. Aus der Botschaft des Engels geht nicht hervor, dass sie etwas weitersagen darf. Je tiefer ein Geheimnis der Gnade ist, umso tiefer ist der Begnadete gedrängt, es im Verborgenen zu belassen. Jemand, der nicht auf der gleichen Ebene lebt, würde eine solche Botschaft, wie sie Maria empfangen hat, missverstehen und Marias Offenheit würde nur Gelächter hervorrufen.

Marias Ziel ist En Kerem (»Quelle des Weinbergs«), ein Ort auf einem Hügel in der Nähe Jerusalems. Da Zacharias Priester ist, musste er sich in der Nähe des Tempels von Jerusalem ansiedeln. So sagt Maria zu ihrer Familie, dass sie nach Jerusalem zum Tempel aufbrechen will. In ihrer Bitte, die von Gott kommt, liegt eine heilige Kraft, die ihre Verwandten überzeugt, sodass sie gehen darf. Das Wesen Mariens ist seit der Verkündigung ganz durchdrungen von Gottes Geist. Aber die dreitägige Reise von Nazaret nach Jerusalem allein zu unternehmen, ist für Maria unmöglich. Da von allen Landstrichen Palästinas Wallfahrten zum Tempel nach Jerusalem stattfinden, schließt sich Maria wahrscheinlich einer Frauengruppe an, die eine solche Pilgerreise unternimmt. Dass sie dies eilends tut, ist ein Hinweis auf den drängenden Geist.

Es ist auch für uns wichtig, sofort und sogleich das zu tun, was der Geist uns nahelegt. Wenn der Geist Gottes uns wahrhaftig innerlich bewegt, dann schenkt er uns auch die Kraft, das ihm Gemäße zu tun. Man muss die Segel setzen, wenn der Wind weht, sonst tritt wieder Windstille ein und nichts passiert. Wenn man erst lange wartet und andere Gesichtspunkte erwägt als die, die uns Gott gibt, wenn man seiner eigenen Ängstlichkeit Raum gibt und darauf hört, was die Leute sagen, dann wird der Schwung erlahmen und vor lauter Bedenken wird man das Rechte nicht tun.

Wenn man dagegen den inneren Anruf gleich umsetzt, wird man es auch voll Freude tun mit einem Schwung, der andere unter Umständen mitreißt. Etwas Überzeugendes drückt sich aus in der Art und Weise, wie wir vorgehen; unsere Augen und unsere Worte spiegeln es wider. Nehmen wir den göttlichen Impuls gleich und gern an, indem wir ihn in uns ganz durchdringen lassen, wird er uns weitertragen.

Maria setzt sich durch, und das ist wiederum ein Hinweis auf etwas Wichtiges: Wenn Gott etwas von uns will und wir diesen Schwung, den der Wille Gottes mit sich bringt, in uns aufnehmen, werden wir auch die innere Kraft haben, Menschen umzustimmen. Wenn jemand so ist wie Maria, das heißt, vertrauenswürdig, für alle da, mit einem offenen Blick und einem reinen Herzen, dann darf und kann derjenige auch einmal etwas erbitten, ohne Gründe zu nennen. Man schlägt es ihm nicht ab.

Voll Freude geht Maria den Weg mit der Frauenpilgergruppe nach Judäa, drei Tagereisen weit, und sie übernachten in Herbergen. Im Tempel von Jerusalem lösen die Frauen ihre Gelübde ein und bringen Opfer dar, während Maria weiterzieht nach En Kerem, dem kleinen Ort bei Jerusalem, in dem ihre Verwandten Elisabet und Zacharias wohnen. Sie besitzen ein kleines Haus, umgeben mit einer Mauer, die von einer Pforte unterbrochen wird. Mit einem Klopfer aus Erz oder Stein bittet man um Einlass. Die Tür wird immer nur von einem Mann geöffnet. Man gelangt zuerst in einen kleinen Hof, in dem in der Regel ein Tisch und Sitzgelegenheiten stehen. Der Hausherr unterhält sich mit dem Gast über den Zweck und das Ziel seines Kommens. Vieles spielt sich im Vorhof des Hauses ab, denn es wird durchaus nicht jeder in das Innere des Hauses eingelassen – ausgenommen nahe Verwandte und Vertraute.

So oder auf ähnliche Weise tritt Maria ein in das Haus des Zacharias. Der Evangelist Lukas gebraucht hier das gleiche Wort wie bei der Verheißung der Geburt Jesu durch den Engel: *Der Engel trat bei ihr ein.* Zum Besuch Marias bei Elisabet heißt es dagegen nicht: Sie trat bei Zacharias ein, sondern: Maria trat in das Haus des Zacharias ein. Das ist ein Hinweis auf den Engel Gabriel, der nicht in ein Haus eintritt wie ein Mensch, sondern dem Menschen, zu dem er geschickt wird, innerlich einleuchtet und ihm bewusst wird. Der Engel repräsentiert den Geist Gottes.

Zacharias, der Maria die Tür öffnet, erfährt zu seinem Erstaunen, dass Maria in den Zustand seiner Frau eingeweiht ist, die noch in ihrem hohen Alter einen Sohn erwartet und sich im sechsten Monat befindet. Für Zacharias ist die Kenntnis Mariens unbegreiflich, da seine Frau und er sich seit Monaten zurückgezogen haben und niemand von der Schwangerschaft Elisabets weiß. Gott gab Maria durch den Engel Gabriel ein Zeichen, das sie wahrnehmen muss, ohne zu wissen, dass Elisabet sich verborgen hält. Schrittweise – ohne die Gesamtzusammenhänge gleich zu erkennen – wird Maria durch den Heiligen Geist in das Geheimnis Gottes eingeführt. Nach und nach sieht und erkennt sie, was ihr dieses Zeichen von Gott sagt. Maria ist nicht zu Elisabet aufgebrochen, um ihr zu helfen. Sie fasst erst den

Entschluss, bei ihr zu bleiben und ihr zur Hand zu gehen, als sie sieht, wie Elisabet sich zurückgezogen hat und dringend der Hilfe bedarf.

Es geht weiter und weiter, wenn wir uns Schritt für Schritt wie Maria führen lassen. Wir sollten nicht auf eine Engelerscheinung warten, wenn Gott uns Konkretes in den Blick stellt und uns anbietet, es wahrzunehmen. Er führt uns einen geheimnisvollen, aber wunderbaren Weg, den wir vorerst noch nicht klar erkennen. Verlassen wir uns aber auf die Führung Gottes, wird alles in unserem Leben so folgerichtig weitergehen, wie Gott es will.

Als Zacharias erkennt, dass Maria in das Wesentliche eingeweiht ist, hebt er die Verborgenheit seiner Frau auf. Jetzt setzt Maria als Mensch den Engelsgruß fort und tritt bei Elisabet ein: »Shalom« – »Friede Dir«. *Als Elisabet den Gruß Marias hörte, hüpfte das Kind in ihrem Leib. Da wurde Elisabet vom Heiligen Geist erfüllt* (Lukas 1,41). Der Gruß dringt in ihr Ohr, in ihre gesamte Leibhaftigkeit und dann in ihr innerstes Herz. Was der österliche Christus seinen kommenden Boten, den 72 Jüngern, als Friedensvollmacht mit in die Welt gibt, das hat Maria bereits empfangen. Sie ist erfüllt von Gott und das drückt sich jetzt in ihrer Stimme aus, sodass ein Frohlocken des Kindes im Schoß Elisabets geschieht und diese selbst vom Heiligen Geist erfüllt und begnadet wird.

Ein Mensch, Maria, die den Frieden in sich hat, darf diesen göttlichen Frieden weitergeben. Ihre Stimme hat österliche Kraft und sie vibriert von Gott. Elisabet spürt, wie auf diesen Gruß hin sich das Kind in ihrem Leib bewegt, und interpretiert diese Bewegung als einen Gottesjubel, als ein Aufhüpfen, das aus einer Freude stammt, die aus Gott ist. Es scheint, als ob die Seele des Kindes schon jetzt in dieser vorgeburtlichen Phase vom Geist Gottes erreicht worden ist, von einer Kraft, die nicht im Menschen selbst ist.

Elisabet, erfüllt von Heiligem Geist, offenbart jetzt das Zeichen, auf das hin Maria zu ihr gekommen ist. *Sie rief mit lauter Stimme: Gesegnet bist du unter den Frauen und gesegnet ist die Frucht deines Leibes. Wer bin ich, dass die Mutter meines Herrn zu mir kommt?* (Lukas 1,42–43). Elisabet begrüßt Maria als die Mutter ihres Herrn. Den Gruß des Engels *Sei gegrüßt, du Begnadete, der Herr ist mit dir* (Lukas 1,28) setzt jetzt Elisabet fort, indem sie von der Frucht ihres Schoßes spricht und Maria die Mutter ihres Herrn nennt. In diesem Augenblick erfährt Maria durch Elisabet: Die Menschwerdung hat begonnen.

Der Engel hat Maria verkündet: *Der Heilige Geist wird über dich kommen, und Kraft des Höchsten wird dich überschatten* (Lukas 1,35). Da der Engel ihr nichts von einem Zeitpunkt gesagt hat, darf man annehmen, dass Maria nicht gewusst hat, wann die Menschwerdung beginnt. Offenbar war dies ein Mitgrund, aus dem Maria von Gott zu Elisabet geschickt wird, dass jetzt ein Mensch, Elisabet, ihr sagt: »Du bist schon die Mutter des Herrn.« Von daher ist es zu verstehen, dass der Lobgesang Mariens, das Magnifikat, jetzt erst aus ihr hervorströmt. Maria setzt den Lobgesang fort, den Elisabet mit den Worten begonnen hat: *Gesegnet bist du mehr als alle anderen Frauen und gesegnet ist die Frucht deines Leibes. Wer bin ich, dass die Mutter meines Herrn zu mir kommt?* (Lukas 1,42).

Meine Seele preist die Größe des Herrn
und mein Geist jubelt über Gott, meinen Retter.
Denn auf die Niedrigkeit seiner Magd hat er geschaut.
Siehe, von nun an preisen mich selig alle Geschlechter.
Denn der Mächtige hat Großes an mir getan
und sein Name ist heilig.
Er erbarmt sich von Geschlecht zu Geschlecht
über alle, die ihn fürchten.
Er vollbringt mit seinem Arm machtvolle Taten:
Er zerstreut, die im Herzen voll Hochmut sind;
er stürzt die Mächtigen vom Thron
und erhöht die Niedrigen.
Die Hungernden beschenkt er mit seinen Gaben
und lässt die Reichen leer ausgehen.
Er nimmt sich seines Knechtes Israel an

und denkt an sein Erbarmen,
das er unseren Vätern verheißen hat,
Abraham und seinen Nachkommen auf ewig.

(Lukas 1,46–55)

Zweimal hören wir vom Evangelisten, dass das Kind im Schoß Elisabets, als sie den Gruß Marias in sich aufnahm, vor Freude hüpfte. Das Kind, den kleinen Johannes, der sich vor Freude im Mutterschoß bewegt, kann man mit einem Gefangenen vergleichen, der noch ganz im Dunkel eingeschlossen ist. Als er auf einmal die Stimme seines Freundes hört, beginnt er, von innen Klopfzeichen zu geben, denn er weiß, dass seine Befreiung naht.

Johannes der Täufer ist Repräsentant Israels, des Volkes, das noch im Gesetz gefangen ist. Das Gesetz hat die Aufgabe, das Volk in der Anbetung des wahren Gottes zu bewahren und den Bezug zum wirklichen Gott herzustellen. Diese Gesetzesreligion ist jedoch auf die messianische Zeit ausgerichtet. In einer kleinen Zahl von Gläubigen vollzieht sich das Warten auf den Messias. Johannes der Täufer, der Vorläufer Jesu: Ihm ist dieses Warten in besonderer Weise aufgetragen.

Das Klopfen und das Sich-Bewegen im Schoß der Mutter spiegelt das Bild von jemandem wider, der in Gewahrsam gehalten wird und jetzt den hört, der bald in diese Welt eintritt und die Türen öffnet. Er weiß, dass dann eine neue Phase der Befreiung und Erlösung beginnt. Das ungeborene, aber durchaus schon geisterfüllte Kind Johannes nimmt den Messias prophetisch wahr. Johannes und der Messias werden in ihrer gegenseitigen Beziehung durch die Begegnung der Mütter dargestellt. Die vom Heiligen Geist gewirkte Deutung Elisabets erkennt nicht nur die Schwangerschaft Mariens, sondern auch die Messianität ihres Kindes.

In dem Augenblick, als ich deinen Gruß hörte, hüpfte das Kind vor Freude in meinem Leib. Und selig, die geglaubt hat, dass sich erfüllt, was der Herr ihr sagen ließ (Lukas 1,44–45). Diese Preisung Elisabets bringt zur Sprache, was wir als ganz wesentlich für unser Verhältnis zu Gott erkennen müssen. Dass Maria die Mutter des Herrn ist, dass sich Gottes Geist auf sie hernieder ließ, um dieses Geschehen zu wirken, geschah auf Grund ihres Glaubens. Der Glaube ist die Grundlage ihres Lebens, wie er auch die Grundlage unseres und meines Lebens ist. Maria hat als Erste den Jubelruf, den Lobpreis Gottes, in ihrem Magnifikat aufgegriffen, in das wir immer wieder einstimmen. Die Seligpreisung Mariens, die wir im Magnifikat mitvollziehen, geht weiter bis zum Jüngsten Tag. Es ist gut, Maria immer wieder zu bitten, dass sie uns helfe, so zu glauben, wie sie geglaubt hat.

Als Maria sieht, dass Elisabet niemanden hat, der sie in ihrem Alter und besonders in ihrem Zustand umsorgt, entschließt sie sich, bei ihr zu bleiben. Welch großes Risiko liegt für sie darin, jetzt drei Monate in der Ferne in Judäa zu bleiben! Sie weiß, was das bedeutet, wenn sie nach Hause zurückkehren wird: Sie wird im vierten Monat schwanger sein. Doch sie ängstigt sich nicht, sondern erkennt, was Gott von ihr will. Ihr genügt jeweils der nächste Schritt.

Sollte nicht auch uns der jeweils nächste Schritt genügen, gerade da, wo wir noch keine Übersicht haben? Wenn Gott uns etwas nahelegt, dann weiß er auch weiter und führt uns einen bestimmten Weg. Zum gläubigen Vertrauen eines Christen gehört es, dass er auch einmal auf Übersicht verzichtet und den jeweils nächsten Schritt mutig tut, den Gott ihm nahelegt. Wenn wir jedoch immer auf Übersicht bestehen, entzieht sich uns das strahlende und überwältigende Licht des Glaubens.

Bei Elisabet bleiben zu dürfen, ist für Maria eine große Gnade. Wenn ein Mensch wie Maria ersehen ist, Mutter des Messias zu werden – von Elisabet erfuhr sie, dass diese Wirklichkeit begonnen hat –, braucht er als Erstes Stille und ruhige Zurückgezogenheit. Wäre Maria bei ihrer Sippe in Nazaret und bei den vielen eng denkenden Menschen geblieben, wäre sie »verbraucht« worden. Sie hätte nicht einmal die Möglichkeit gehabt, zu bedenken, was jetzt zu geschehen begann. Maria ist jedoch zu zwei Menschen geschickt worden, die wie sie selbst in einer messianischen Ausrichtung leben. Zacharias wurde gesagt, dass Johannes, den seine Frau erwartet, der sein wird, der dem Messias vorausgeht.

Welch wunderbaren Austausch und welch gegenseitige Rücksicht können die beiden Frauen in der stillen Zurückgezogenheit pflegen. Wie viel Rat erhält das junge Mädchen Maria von dieser weisen älteren Frau. Der dreimonatige Aufenthalt in En Kerem bedeutet für Maria so etwas wie Exerzitien nach diesem wunderbaren Geschehen der beginnenden Menschwerdung.

Und Maria blieb etwa drei Monate bei ihr; dann kehrte sie nach Hause zurück (Lukas 1,56). Bis kurz vor der Geburt des Johannes bleibt Maria bei Elisabet und Zacharias. Als er geboren wird, ist sie schon nach Hause zurückgekehrt. Die Nachbarn und Verwandten von Elisabet stehen ihr bei der Geburt bei. Marias Name wird nicht genannt (vgl. Lukas 1,57–58).

In Nazaret wird es jetzt für Maria so sein, dass sich zunächst einmal alles gegen sie zusammenzieht. Man lässt sie am Dorfbrunnen stehen und tuschelt hinter ihrem Rücken. Man wird das, was man an ihr beobachtet, sofort Josef, ihrem Verlobten, hinterbringen. Über ihn kommt die Nacht. Da er aber gerecht ist – so heißt es in der Schrift von ihm –, beschließt er, Maria zu schützen und nicht das zu tun, was seine Sippe ihm nahelegt: sie der Schande preiszugeben.

Dieser gerechte Mann, Josef, der Schweigende, der dem Noach ähnelt, sieht, dass Maria dieselbe ist, die sie war. Menschen wie Josef haben einen Blick für den anderen. Doch fragt er sich: »Es kann nicht sein, dass da etwas geschah, was alles zerstört. Aber was ist nur geschehen?« Doch dann bekommt er, wie Maria, die Auskunft: *Während er noch darüber nachdachte, siehe, da erschien ihm ein Engel des Herrn im Traum und sagte: Josef, Sohn Davids, fürchte dich nicht, Maria als deine Frau zu dir zu nehmen; denn das Kind, das sie erwartet, ist vom Heiligen Geist* (Matthäus 1,20).

Gott, der mächtige und allmächtige Gott, muss nicht so handeln, wie Menschen es sich vorstellen und es sich denken: immer nach dem gleichen Schema und in der gleichen Konsequenz. Gott ist in allem frei und kann das Bisher seiner Schöpfung überbieten. Er kann das tun, was er an Maria getan hat: Er kann sie, vom Heiligen Geist überschattet, Mutter werden lassen. *Denn für Gott ist nichts unmöglich* (Lukas 1,37).

Die freudenreichen Geheimnisse

Jesus, den du, o Jungfrau zu Betlehem geboren hast

Maria schenkt uns Weihnachten

In der Provence, einem Landstrich im Südosten Frankreichs, gibt es eine Weihnachtssitte, die darin besteht, dass man unter die Krippenfiguren eine zusätzliche Figur stellt, einen Mann, der beide Hände erhoben und den Mund weit geöffnet hat. Man nennt ihn »Ravi«. Das französische Wort heißt übersetzt »entzückt«. Es ist also jemand, den man einen Entzückten, einen Begeisterten oder Staunenden nennt, der unmittelbar von der Wirklichkeit Gottes ergriffen ist.

Dieser Ravi hält einfach inne und staunt darüber, dass Gott in diesem Kind Mensch geworden ist. Innerlich winkt er uns zu, es ihm gleich zu tun, stehen zu bleiben, uns nach innen zu wenden und über die Menschwerdung Gottes zu staunen. Es gibt außer dem Christentum keine Religion, in der Gott Mensch wird und uns auf diese Weise in seiner unendlichen Liebe entgegenkommt, sich als Kind und am Kreuz uns ausliefert und mit uns in die Passion und den Tod geht. Es ist kein strafender, sondern ein liebender Gott, der jedem von uns seine Liebe schenken möchte, der uns alle Angst nimmt und das Geheimnis des Glaubens an uns offenbart, indem er uns teilnehmen lässt an seiner Auferstehung.

Innehalten und Staunen, die Arme, die Hände, den Mund und das Herz öffnen, um die Liebe Gottes zu empfangen –, das möchte einem jeden von uns der Ravi sagen. Er staunt an der Krippe über dieses Kind, über die Schöpfung Gottes und all die Menschen, die sehr unglücklich waren, jetzt aber wieder aufatmen und Glückseligkeit ihr Herz erfüllt. Er staunt über Menschen, die sehr krank waren und jetzt Heilung und Erlösung finden und darüber, dass jemand nach verzweifeltem langen Suchen Arbeit gefunden hat. Er staunt, dass sich zwei Menschen getroffen haben, die sich lieben und in ihrer Liebe sich gegenseitig erfüllen und Gott näherbringen. Über das Kind hinaus lässt der Ravi alle Menschen erfahren, dass er begeistert von ihnen ist und sie bewundert, indem er schweigend sagt: »Wie gut, dass du da bist; wie schön, dass es dich gibt!«

Wir, die wir vielleicht das Staunen verlernt oder gar niemals in unserem Leben gekannt haben, sagen vielleicht zum Ravi: »Aber du tust ja gar nichts und arbeitest nicht!« »Nein«, wird er sagen, »wenn das Innewerden des Heiligen mich erfüllt und Christus in aller Wirklichkeit gegenwärtig ist, wird all mein Fühlen, Denken, Sprechen und Tun zur reinen Hingabe an Gott. Diese Hingabe ist Anbetung, in der sich der Mensch aus der Bindung und Versklavung an die Dinge löst und sich schweigend direkt dem Schöpfer zuwendet.«

Der Ravi lehrt uns das demütig-dankbare, sich hingebende Anerkennen Gottes als des Herrn und Schöpfers, Retters und Befreiers. Er staunt und tut all den Menschen, die in ihre Arbeit vielleicht vernarrt sind, einen wunderbaren Dienst, indem er innehält und sie wieder das Staunen lehrt, das unmittelbare Ergriffenwerden von der Wirklichkeit Gottes.

In der provencialischen Weihnachtslegende wird die Muttergottes gefragt, wer von den vielen, die zur Krippe eilen, ihr die Liebsten seien: die himmlischen Chöre der Engel, die das Gloria singen; die Hirten, die in der Nacht aufbrachen und dem Kind ihre Gaben bringen; die Könige aus dem Morgenland, die den Stern des neugeborenen Königs haben aufgehen sehen, ihm folgten und jetzt an der Krippe Gold, Weihrauch und Myrrhe darreichen?

Maria antwortet: »Von allen, die zur Krippe gekommen sind, um dem göttlichen Kind zu huldigen, sind die Ravis, die staunend von der Menschwerdung Gottes ergriffen sind, mir die Allerliebsten.« Und zu dem vor ihr stehenden und das Kind anbetenden Ravi sagt sie: »Du bist der Notwendigste unter allen, die gekommen sind. Wenn es mehr von dir gäbe, wäre das Leid in der Welt nicht mehr so groß; die Welt wäre friedlicher und mehr Freude würde das Menschenherz erfüllen.«

Das Staunen über die Menschwerdung Gottes ist Anbetung im wahrsten Sinne des Wortes, Anbetung des wahren Gottes und seines erhöhten Sohnes Jesus Christus. In Christus wird immer zugleich Gott selbst angebetet, »zur Ehre Gottes, des Vaters«.

Jesus, der der Weg, die Wahrheit und das Leben ist, sendet uns den in die Wahrheit einführenden Geist, sodass wir im Geist und in der Wahrheit anbeten.

Staunen, Anbeten und Huldigen geschieht immer in persönlicher Gemeinschaft mit Christus, dem Erhöhten, und mit seinem Geist. Ein solches Gebet führt ganz von selbst in eine tiefe Ruhe, von der Gott am siebten Schöpfungstag spricht und in die er uns einlädt. Dabei vollzieht sich ein Leerwerden für Gott – alles, was nicht zu uns gehört und den Weg zu Gott versperrt, löst sich allmählich auf, sodass wir zu Empfangenden der Gnade und Liebe Gottes werden.

Viele Menschen jedoch wissen nicht, wie sie beten sollen, und tun sich mit der Anbetung besonders schwer, da sie eigentlich immer durch eigene Tätigkeiten etwas erreichen möchten. Darauf wollen sie nicht verzichten.

»Mein Herr und mein Gott,
nimm alles von mir, was mich hindert zu dir.
Mein Herr und mein Gott,
gib alles mir, was mich fördert zu dir.
Mein Herr und mein Gott, nimm mich mir
und gib mich ganz zu eigen dir.«

(Niklaus von Flüe)

Niklaus von Flüe (1417–1487) versteht es, mit nur wenigen Worten das auszudrücken, was das Entscheidende beim Gebet der Hingabe ist: Das eigene Ich wird freigegeben, indem sich der Betende von allen selbst gemachten Zielen löst. Durch Selbsthingabe verlagert sich ganz von selbst das eigene Ich in das Geheimnis des lebendigen Gottes. Im Innehalten und Staunen über die Selbsthingabe Gottes in Liebe an die Welt und in der Anbetung des dreieinigen Gottes wird der Mensch vom Geheimnis des Glaubens berührt, dem Tod und der Auferstehung Jesu Christi. Indem sich das Geheimnis des Glaubens im Menschen offenbart, macht er die Erfahrung eines Heiligtums, das tief in seiner Seele gegründet ist und in dem der Mensch mit Gott allein ist.

Wir würden uns der Welt, wie sie von Gott gedacht ist, wesentlich mehr nähern, wenn wir des Öfteren die staunende Haltung des Ravis einnehmen würden, bei der sich alles Bindende allmählich löst und wir unseren Heiland, Retter und Erlöser schweigend anbeten.

Durch Anbetung erfahren wir eine immer größer werdende Ruhe in Gott, die es uns erlaubt, uns tiefer in Gott zu verwurzeln. Gewohnte ungute Verhaltensweisen kehren sich in ihr Gegenteil um, sodass wir zum Beispiel keinem Wesen der Erde mehr Gewalt antun – auch keine geistige und seelische Gewalt, dass wir nicht zwingen, sondern vertrauen.

Vor der Anbetung und der Offenbarung des Heiligtums, der Ort der Gottesbegegnung in uns, müssen wir das Loslassen und Hingeben üben. In der »Nachfolge Christi« von Thomas von Kempen steht das Wort: »Gib das Ganze für das Ganze.« In unendlicher Liebe zu uns Menschen gibt Gott in seinem an das Kreuz genagelten Sohn Jesus Christus das Ganze. Gott will nicht, dass wir ihm einen Teil, eine bestimmte Abgabe, eine Steuer, entrichten, sondern er möchte von uns Ganzhingabe. Er möchte nicht, dass ich ein Abgebender bin, sondern dass ich zu einem Hingebenden werde. Die reifsten Gebete großer

Beter haben alle die gleiche Aussage zum Inhalt: »Vater, ich überlasse mich dir.« So betet Charles de Foucauld:

»In deine Hände lege ich meine Seele.
Ich gebe sie dir, mein Gott,
mit der ganzen Liebe meines Herzens,
weil ich dich liebe und weil diese Liebe mich treibt,
mich dir hinzugeben, mich in deine Hände zu legen,
ohne Maß, mit einem grenzenlosen Vertrauen.
Denn du bist mein Vater.«

Auf das hin, was in diesem Gebet steht, sind wir unterwegs. Können wir es jetzt schon lebenswahrhaftig und bis auf den Grund unseres Herzens beten? Oder nehmen wir immer noch etwas von dem Ganzen aus, weil wir uns nicht ganz geben und uns nicht ganz auf Gott ver-lassen können? Wenn wir auch jetzt nur Einzelheiten geben, so muss sich unser Geben doch immer mehr zum Ganzen hin öffnen. Letztlich kann keiner von sich sagen, dass er sich Gott ganz hingegeben hat. Man hat sich nicht hingegeben: Man gibt sich hin. Sich hinzugeben, ist der Inhalt eines jeden Ruhegebetes und somit das Werk eines jeden Tages; es beginnt jeden Tag von Neuem.

Ignatius von Loyola (1491–1556) sagt: »Keiner von uns ahnt, was Gott aus ihm machen würde, wenn wir uns ihm ganz überließen.« Vielleicht wird uns die völlige Hingabe an Gott erst in unserem Sterben geschenkt, wenn wir dazu die Gnade erhalten und wahrhaft sagen können: »Jetzt lasse ich mich fallen!« oder »Jetzt gebe ich das Ganze für das Ganze.« Nur durch, mit und in Christus, der sich ganz hingegeben hat, wird unser Geben letztlich auch ganz.

Mitten in unserem Leben werden wir immer wieder und manchmal sogar auf die äußerste Probe gestellt, um das zu werden, wofür wir geschaffen sind: als Ebenbild Gottes. Abraham ist es durch die Hingabe an Gott geworden. Seinem einzigen Sohn Isaak schenkte er seine ganze Liebe und in ihm erblickte er seine Zukunft. Gott selbst hatte sie ihn in seinem Sohn schauen lassen.

Nach anfänglichem inneren Ringen gab Abraham im Gehorsam gegen Gott seinen Sohn zum Opfer hin. Doch Gott ließ es nicht zur Verwirklichung eines solchen Opfers kommen. Er wollte Abraham prüfen und ihm die Möglichkeit geben, Gott selbst ähnlich zu werden, denn Gott hat es verwirklicht: Er hat seinen eingeborenen Sohn hingegeben. Gott ist Liebe und Liebe kann alles schenken. So wird Gott selbst in seinem Sohn Mensch und gibt am Ende sein ewiges Wort, das Antlitz seiner selbst, für uns Menschen hin.

Denn Gott hat die Welt so sehr geliebt, dass er seinen einzigen Sohn hingab, damit jeder, der an ihn glaubt, nicht verloren geht, sondern ewiges Leben hat (Johannes 3,16).

Abraham ist willens, sich Schritt für Schritt von Gott führen zu lassen. Er lässt sich herausrufen aus allem Bisher und zieht in das Land, das Gott ihm zeigt. Dafür bekommt er einen solchen Glauben geschenkt, dass er bereit ist, seinen Sohn, auf dem die ganze Verheißung für Abraham ruht, Gott hinzugeben. Nachdem Abraham sich schrittweise von Gott in das Geheimnis des Glaubens führen ließ, überflutete ihn der Segen Gottes. Wenn wir Gott etwas hingeben, und sei es das Allerliebste, oder Gott nimmt es uns, dürfen wir gewiss sein, dass er es uns gewandelt zurückgibt: vermehrt, unendlich vermehrt und verklärt.

Im Ruhegebet, im Gebet der Hingabe, vollziehen wir eine Opferung. Alles, was wir erhalten, ist letztlich dazu bestimmt, dass wir es einmal wieder abgeben. Doch dies darf nicht auf einmal geschehen, sondern schrittweise. Von vielen Menschen ist dieser Opfergedanke jedoch zu einer falschen Philosophie entwickelt worden, die zur völligen Entsagung und zur Abtötung führt.

Alles Endliche besteht aus einem Kommen und einem Gehen und ist daher jeweils nur eine Phase, wie eine Welle, die sich erhebt und sich dann wieder auflöst. Die Wirklichkeit ist, um in diesem Bild zu sprechen, der Ozean, der einen bleibenden Wert hat. Das Ewige und Bleibende ist Gott, der Fels, der jedoch mit uns geht – auch in unser Leid und in unseren Tod hinein. Die Veränderung von allem Endlichen ist die eine Wirklichkeit; die andere ist die Nichtveränderung, also Gott, der als unbewegter Beweger in allem gegenwärtig ist und die Veränderung dirigiert.

Der im Hingabe-Gebet Fortgeschrittene sieht die eine Wahrheit der ganzen Schöpfung in allem. Er sieht in der ständigen Veränderung das göttliche Element der Nicht-Veränderung, das alles durchdringt.

»Alles Sichtbare ist in einen Geheimniszustand erhobenes Unsichtbares« (Novalis).

Gehen wir einen konkreten Glaubens- und Gebetsweg, dürfen wir sicher sein, dass wir uns dem liebenden Entgegenkommen Gottes immer mehr öffnen und gleichzeitig von ihm in das Geheimnis des Glaubens tiefer eingeführt werden. Dies geschieht nicht intellektuell, sondern durch Erfahrung auf der Ebene einer anderen Dimension, die nicht mehr mit Worten aussagbar ist. Was der Glaubende in Gott hinein loslässt, empfängt er gewandelt, gesegnet und für immer zurück.

Nun freut euch, ihr Christen,
singet Jubellieder und kommet,
o kommet nach Betlehem.
Christus der Heiland
stieg zu uns hernieder.
Kommt, lasset uns anbeten,
kommt, lasset uns anbeten,
kommt, lasset uns anbeten
den König, den Herrn.

(Gotteslob, 241)

Die freudenreichen Geheimnisse

Jesus, den du, o Jungfrau, im Tempel aufgeopfert hast

Meine Augen haben das Heil gesehen

Das Fest »Darstellung des Herrn« am zweiten Februar hat jene biblischen Geschehnisse im Tempel von Jerusalem zum Inhalt, die im Lukasevangelium (2,22–39) berichtet werden. Maria und Josef bringen Jesus zum Tempel und entrichten sowohl das Opfer der Reinigung als auch die Auslösung ihres Erstgeborenen. Ein erstgeborener Knabe galt als Eigentum des Herrn. Er musste vor den Herrn gebracht und mit einem Opfer ausgelöst werden.

Der volkstümliche Name des Festes lautet »Lichtmess«. Bereits seit dem fünften Jahrhundert gibt es an diesem 40. Tag nach Weihnachten eine Lichterprozession. Die mitgetragenen Lichter erinnern daran, dass Simeon, ein alter, ehrwürdiger, weißhaariger Mann, der sich im Tempelbereich aufhielt, an

diesem Tag Jesus ein »Licht, das die Heiden erleuchtet« genannt hat. Die »Lichtmess« strahlt mit den gesegneten Kerzen in die Liturgie des ganzen Jahres hinein und erinnert an Jesus Christus als das Licht der Welt. Jeder, der Gott sucht und sich nach dem Licht sehnt, wird von diesem göttlichen Licht erreicht, durchdrungen und verklärt.

Damit dies geschehen kann, wird Jesus für die gesamte Menschheit dargebracht und später, am Ende seines Lebens, bringt er sich selbst dem Vater für uns dar. Er tilgt das Dunkel unserer Schuld und führt uns in das Licht Gottes. Gott vergibt uns und lässt uns immer tiefer erkennen, wie groß und unendlich sein Erbarmen ist. Er möchte, dass durch uns auch andere Menschen das Licht, Jesus Christus, erkennen, damit einmal Gott alles in allem ist. Durch uns soll sich das Licht ausbreiten und zu allen Menschen ausstrahlen, die ihn noch nicht kennen. Sie dürfen ihn erkennen, so wie der greise Simeon im Tempel den Heiland erkannt hat.

Simeon, ein alter und gerechter Mann, wird vom Heiligen Geist in den Tempel geführt. Ihn hat Gott eines wunderbaren Erkennens gewürdigt und ihm geweissagt, er werde nicht eher sterben, bevor er nicht den Messias geschaut habe, den Heiland. In dem Augenblick, wo das Kind von seinen Eltern in den Tempel gebracht wird, da sieht er es und seine Augen tun sich auf. Er erkennt ihn, den kommenden Herrn der Welt. Dann nimmt er das Kind in seine Arme und preist Gott:

Nun lässt du, Herr, deinen Knecht,
wie du gesagt hast, in Frieden scheiden.
Denn meine Augen haben das Heil gesehen,

das du vor allen Völkern bereitet hast,
ein Licht, das die Heiden erleuchtet,
und Herrlichkeit für dein Volk Israel.

(Lukas 2,29–32)

Es gibt ein wunderbares Bild von Rembrandt, der diesen Augenblick dargestellt hat. Wohl niemand in der gesamten Geschichte der Malerei hat es so innig aus einem tiefen Glauben heraus gemalt. Simeon trägt das Kind auf seinen Armen, erhebt sein Antlitz zu Gott und dankt, dass jetzt die Sehnsucht der Menschheit in Erfüllung geht. Mit und in diesem kleinen Kind beginnt alles.

Zu Maria, Josef und Simeon kommt Hanna, eine alte, weise Frau, die Gott schon lange im Tempel dient. Sie ist Witwe und wollte nicht noch einmal heiraten, um Gott im Tempel zu loben, zu danken und zu fasten – stellvertretend für all die Menschen, die es nicht tun. Hanna ist, erfüllt vom Heiligen Geist, zur Prophetin geworden und erkennt Jesus, den Herrn der Welt.

Mit dem greisen Simeon, der das Kind auf seinen Armen trägt, meint Rembrandt sich selbst. Er war dreiundsechzig Jahre alt, als er dieses Bild malte. Es war sein letztes. Die letzten Jahre hatten großes Elend über Rembrandt gebracht. Seine treue Hendrickje, die ihm zur Seite stand und ihn bis zur Erschöpfung gestützt und gehalten hatte, war 1663 gestorben. Auch sein Sohn Titus, den er über alles liebte und den er immer wieder portraitierte, starb 1669 mit 27 Jahren. Rembrandt versank immer tiefer in seine Armut. Am vierten Oktober 1669 starb er, und weil niemand sein Begräbnis bezahlte, wurde er in einem Armengrab bestattet. Nach seinem Tod fand man ein noch nicht ganz vollendetes Bild auf seiner Staffelei: »Simeon mit dem Christuskind im Tempel«, der erfüllte Abschied, den Simeon von dieser Welt nimmt. Heute befindet sich Rembrandts letztes Bild im Nationalmuseum von Stockholm.

Simeon trägt das Kind merkwürdig frei auf seinen Unterarmen. Seine Hände sind geöffnet, ausgestreckt, und es scheint, er taste nach etwas, was jenseits des Kindes ist. Vielleicht berührt er es sogar, wir wissen es nicht. Sieht er den Heiland? Es ist ein ruhiges, eine große Stille atmendes Bild, auf dem äußerlich wenig, jedoch innerlich in den dargestellten Personen unendlich viel geschieht. Der alte, weise Simeon spricht wortlos seinen Dank aus und ist bereit, in Frieden aus dieser Welt zu gehen.

Indem ihn das göttliche Licht streift und innerlich zutiefst berührt, betet er: »Dieses Kind muss wachsen, ich aber muss abnehmen. Und so lebe nun nicht mehr ich, sondern Christus lebt in mir.« Das Warten war nicht umsonst. Gott händigt dem Simeon im Abschiednehmen von der Welt dieses Kind aus und erfüllt seine Seele mit dem göttlichen Licht und der göttlichen Liebe. Simeons Augen sind halb geschlossen, wohl mehr nach innen gerichtet, sein Mund halbgeöffnet, um das überwältigende Glück der Stunde leise in Worte zu fassen. Seine Sehnsucht geht bei diesem Abschiedsgesang in Erfüllung.

Während Simeon den Schöpfer lobpreist und ihm dankt, schweigt Hanna. Man sieht ihrem Gesicht Leid und Einsamkeit an. Simeon und die Prophetin Hanna stehen so dicht beieinander, so nah und so verbunden, als wären sie eins. Spiegelt sich Rembrandt, der sich mit diesem Bild für sein Sterben rüstete, nicht nur in dem alten Mann wider, sondern auch in der noch nicht vollends vom Licht ergriffenen Hanna? Sie steht dunkel vor dem dunklen Hintergrund, doch ein wenig Licht fällt auf ihr Gesicht und ihren Hals. Sie, die vorher so verschattet war, erkennt langsam den Sinn, den sie ihr Leben lang gesucht hat.

Woher kommt das Licht? Es kommt nicht aus dieser Welt, sondern von oben aus der Höhe. Es strahlt auf die Stirn Simeons, erleuchtet sein Gesicht und seinen Geist. Dann fließt es weiter auf das Kind und die Hände, die es tragen. Es ist das göttliche Licht, das durch Maria in diesem Kind zu den Menschen kommt und das von aller Dunkelheit befreit. Eine hinter Hanna und Simeon liegende Spannung hat sich gelöst in eine erlösende Gebärde, die ihre Innerlichkeit widerspiegelt. Ihre Augen, die lebenslang Ausschau hielten, sind sehend geworden.

In Erinnerung an dieses große Ereignis des Innewerdens des göttlichen Lichtes betet die Kirche jeden Abend in der Komplet den Lobgesang des greisen Simeon.

Im Alter erhalten wir die Gnade, eine Grundvoraussetzung zu erfüllen, um in das Reich Gottes eintreten zu dürfen. Wenn Jesus von den Einlassbedingungen spricht, um in das Himmelreich zu kommen, verweist er auf ein Kind.

- *Wenn ihr nicht umkehrt und werdet wie die Kinder, werdet ihr nicht in das Himmelreich hineinkommen. Wer sich so klein macht wie dieses Kind, der ist im Himmelreich der Größte* (Matthäus 18,3–4).
- *Lasst die Kinder und hindert sie nicht, zu mir zu kommen! Denn Menschen wie ihnen gehört das Himmelreich* (Matthäus 19,14).
- *Wer das Reich Gottes nicht so annimmt wie ein Kind, der wird nicht hineinkommen* (Markus 10,15 und Lukas 18,17).

Jesus meint mit diesen Worten durchaus nicht, wie ein Kind und damit kindisch zu werden. Der Herr möge uns in unserem Reifungs- und Alterungsprozess davor bewahren. Jesus spricht hier etwas weitaus Tieferes an: Man muss stark sein, um unendlich zart sein zu können. Man muss weise sein, um ein Tor sein zu dürfen. Man muss die Reife des Alters gewonnen haben, um wie ein Kind sein zu können.

Ein Kind lebt vom Geschenk her; es kennt noch keine Leistung und weiß nicht, dass man erst durch Leistung etwas verdient und bekommt. Das Kind – vorausgesetzt, es ist an Leib und Seele gesund – freut sich über alles, was ihm geschenkt wird. Es sieht die Welt und erlebt sie als Geschenk. Vor allem aber besitzt es noch die Gabe des Staunens. Das Kind erfährt die Welt jeden Tag neu und alles, was es wahrnimmt und was ihm gegeben wird, kommt für das Kind aus der Liebe.

Ist das Lebensfundament eines Kindes gesund, lebt und liebt es aus einem ungestörten Urvertrauen. Es empfängt und schenkt Liebe, die für das Kind in einen wunderbaren Glanz gehüllt ist. Durch seine liebenden Eltern erfährt es Zuwendung und alles, was es zum Leben benötigt. Die Eltern geben dem Kind nicht nur Liebe, sondern sie empfangen sie auch vom Kind und durch das Kind.

Es ist die Gnade des Alters – doch vielen Menschen fällt es schwer, sich daran zu gewöhnen –, dass man mehr und mehr darauf angewiesen ist, dass einem geschenkt wird – und das ohne eigene Leistung, denn man kann jetzt nicht mehr so, wie man es möchte. Der älter werdende Mensch ist daher all denen sehr dankbar, die ihn Liebe erfahren lassen. Wie das Kind kann er nicht viel wiederschenken. Die Kinder kommen vielleicht mit einer kleinen Blume oder einem Bild, das sie gemalt haben. Sie verfügen über keine großen Dinge und Vorräte, sondern das Eigentliche, was sie schenken, das sind sie selbst.

So ist es auch mit einem alten Menschen: Er kann nicht mehr viel besorgen, aber er kann sich schenken. Er ist einfach da! Das Leben des Menschen, das gereift ist so wie Gott es gab, teilt sich einfach dem anderen mit. Sein Wesen offenbart sich und der andere empfängt diese Gabe umso mehr als Geschenk, je mehr der alte Mensch er selbst geworden ist.

Im Alter wird man innerlich freier und unabhängiger. Man meint nicht, auf andere Menschen Eindruck machen zu müssen, man begegnet ihnen nicht auf ein bestimmtes Ziel hin und die Begegnung soll keinen bestimmten Zweck erfüllen. Ebenso verhalten sich auch Kinder. Sie gehen einfach und unbefangen auf die Menschen zu, nicht weil sie etwas von ihnen wollen oder eine Absicht haben, sondern nur, weil sie ihnen gut sind und weil die anderen sie erfreuen.

Bei dem älteren Menschen weichen alle unguten Absichten aus dem Herzen und aus ihrem Verhalten. Man hat mit dem anderen nicht etwas Bestimmtes vor, man ist einfach nur für ihn da. Im Alter weicht jede ungute Absicht, jemanden für sich auszunutzen oder einen bestimmten Zweck mit ihm zu verfolgen. Gott, der uns im Alter mehr und mehr zu sich zurück ruft, scheint es selbst so gefügt zu haben, dass uns alles Ichbezogene verlässt und in unserem Herzen und Wesen Raum geschaffen wird für etwas, das nicht mehr vergeht. Im Alter haben wir den Mut, wahrhaftig zu sein und zu sagen, was wir denken, ohne Angst davor, dass sich dunkle Wolken über uns zusammenziehen könnten.

Solange man noch jünger ist und im Beruf steht, ist man darauf angewiesen, dass andere Menschen einen achten und anerkennen, weil dabei etwas für unsere Karriere oder sonstige Absichten auf dem Spiel steht. Man wägt sein Wort im Sinne des eigenen Interesses ab. Im Alter tut man dies nicht mehr; man ist dahin befreit, zu sagen, wie man die Dinge sieht. Dies geschieht allerdings niemals hart und verletzend, sondern liebevoll, denn man hat zur Genüge erfahren, wie schwach man ist und angewiesen auf Vergebung und Nachsicht des anderen. Aus Nachsicht wird man auch selbst niemanden mehr so schnell verurteilen oder Schlechtes über ihn reden.

Ein Kind richtet nicht; es nimmt die Menschen so, wie sie sind, ebenso die Umstände und Dinge. Es vertraut darauf, dass das Gegebene gut ist. So gehört auch zur Gnade des Alters, dass man sich mehr und mehr das Leben geben lässt und fest darauf vertraut, dass Gott es verantwortet, so wie es kommt. Das ist die Gnade des Glaubens, wenn man vertraut: Die Liebe Gottes verantwortet alles, was mir begegnet. Alles, was mir begegnet, verantwortet die Liebe Gottes.

Noch etwas ist dem Kind eigen und sollte es auch dem Alter sein. Das Kind vertraut darauf, dass die Welt gut ist. Es wacht mit Vertrauen auf und geht entsprechend in den Tag und in die Welt hinein. Und weil es vertraut, bejaht es auch. Indem das Kind die Welt, die Sonne, die Menschen bejaht, lebt es aus dem Ja-Geist Gottes. Wenn man älter wird, erwacht die Kritik und man erfährt viele Verhältnisse so, wie sie nicht bleiben dürfen. Man tut alles, um da, wo es geht, vieles zum Besseren zu verändern. Berechtigte und notwendige Kritik ist angebracht.

Das Tiefere aber, das Wichtige ist, dass man bejaht und den anderen spüren lässt: Ich sage Ja zu dir. Das Entscheidende ist, dass man von Grund auf die Welt als von Gott geschaffen und von Gott uns anvertraut bejaht. Im Alltag ist es nicht immer einfach, aber im Alter wird es uns immer eher möglich sein, Ja zu sagen.

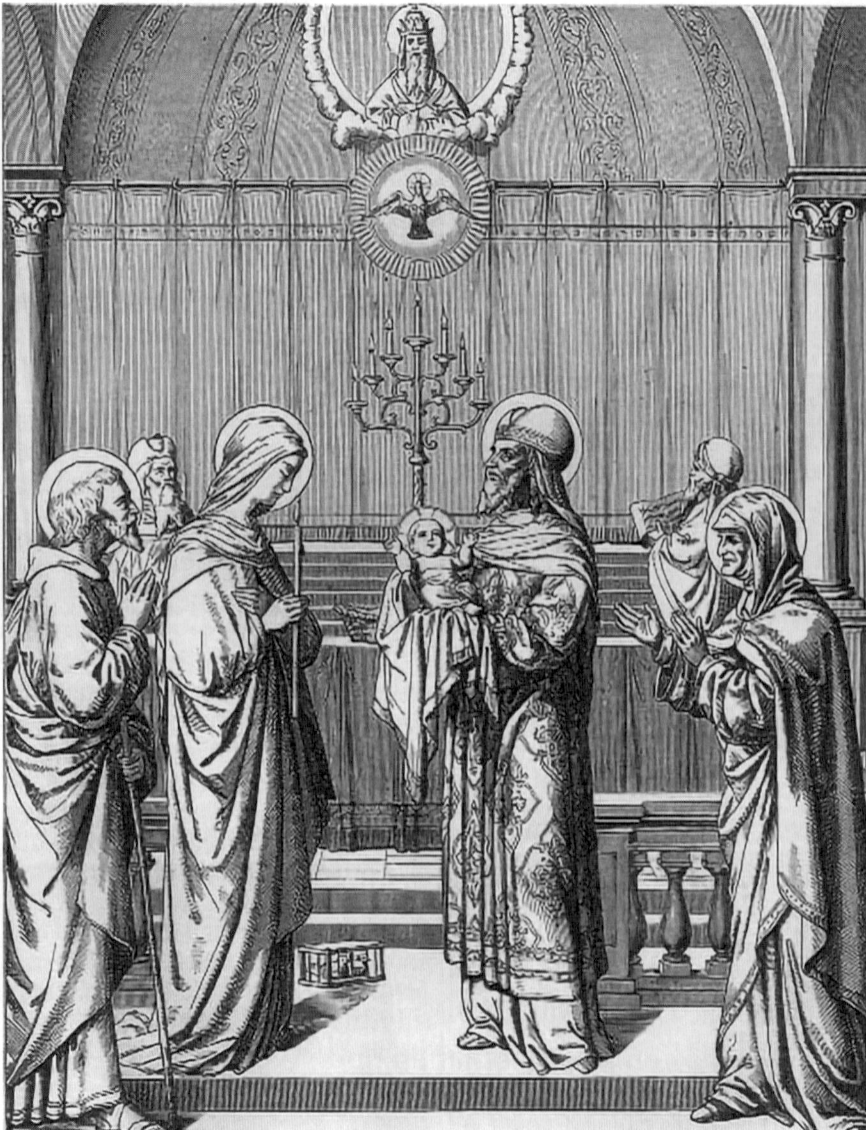

Aus einem kritischen Geist heraus und dem Drang, oben zu sein, hat man vielleicht in jungen Jahren gemeint, die Fehler des anderen müssten die eigene Rechtfertigung sein. Das Unten des anderen ist ja immer mein Oben. Ich kritisiere gern, weil ich dann oben bin und der andere ist unten. Im Alter zieht all dies allmählich aus dem Herzen aus und man beginnt, mehr zu bejahen, als zu verneinen. Man darf auch sagen: Im Alter sieht man das Licht.

Der greise Simeon sah in Christus das Licht der Welt; er trug es auf seinen Armen und gleichzeitig ging es ihm innerlich auf. Die leiblichen Augen werden schwächer, doch die Augen der Seele tun sich auf. Es ist wie bei der Abenddämmerung: Man sieht die Sonne sinken und gleichzeitig nimmt man die aufziehenden Sterne wahr. Im Alter sieht man das Licht im anderen: Man übersieht nicht einmal einen Funken, denn man lebt vom Licht und gleichzeitig lebt man auf das Licht hin in der Erkenntnis, dass das Licht letztlich die entscheidende Wirklichkeit ist.

Das Licht ist identisch mit der Liebe als letzte Wirklichkeit. Gott ist Liebe. Wo jedoch keine Liebe mehr ist, wird die Welt schattenhaft. Da, wo Liebe geschenkt wird und wo man sie erwidern darf, vollzieht sich Wirklichkeit, die auch in der Ewigkeit Bestand hat. Dass wir von Gott geliebte Wesen sind, hat er uns in Christus gezeigt, der aus Liebe mit uns bis ans Ende geht: in den Tod und in die Auferstehung.

Wie unendlich freut sich ein Kind, wenn es etwas angestellt hat und nun wieder in die Arme der Eltern oder eines geliebten Menschen laufen darf. Es wird von der Liebe umfangen. Was ist das für ein Glück! Die Vergebung, die wir durch Jesus Christus erfahren, ist noch ein weitaus tieferes Glück, ja, Glückseligkeit. In der Vergebung zeigt sich erst die tiefste Tiefe der Liebe Gottes.

Im Alter sind wir bereit, zu vergeben und zu verzeihen. Wir dürfen bereits das Licht der jenseitigen Welt im Aufziehen der Sterne wahrnehmen. Im Hinblick auf diese lichtvolle Erfahrung des Ewigen schwinden die Schatten, die unser Leben und unsere Welt durchzogen. Gibt es etwas Größeres und Erhabeneres als durch unser Älterwerden Gott, dem Ältesten und Ewigen, der die Liebe ist, immer ähnlicher zu werden?

Ungefähr mit dreißig Jahren tritt beim Menschen eine Degeneration ein, die man mit »Altern« bezeichnet. Diese Veränderung sollte uns bewusst werden und wir sollten sie im schöpferischen Sinne nutzen. Der Zweck der Veränderung besteht darin, bessere Verbindungen und Kontakte zu anderen zu entwickeln, mehr Freude am Leben im Empfangen und Geben zu haben und sich tiefer im Glauben zu verankern. Die Veränderung bringt allerdings vorübergehend Druck oder gar Schmerzen mit sich. Aber nur so ist geistliches Wachstum auf Gott und in Gott hinein möglich. Die Knospe einer Rose bricht auf und wird zur Blüte.

Als Menschen sind wir fähig, durch ein ausgewogenes gottgefälliges Leben, das sich in lohnender Aktivität und tiefer in Gott gründender Ruhe ausdrückt, uns dem liebenden Entgegenkommen Gottes zu öffnen. Wir bewegen uns zum Einen in der sich verändernden Phase des Lebens und zum Anderen verwurzeln wir uns immer tiefer im Glauben, das heißt, in der göttlichen ewigen Dimension. Die Veränderung führt uns immer mehr in die Nähe und in die Arme Gottes. Die eine Seite des Lebens, die Sterblichkeit, macht uns das Bleibende, die Ewigkeit, in uns bewusst und bereitet die Unsterblichkeit vor.

Jesus Christus, sein Leben, seine Lehre, sein Tod und seine Auferstehung und damit das Geheimnis des Neuen Bundes, die mystische Gegenwart Jesu Christi, helfen uns, das gegenwärtige Leben nach der Liebe und dem Willen Gottes auszurichten und gleichzeitig das Bewusstsein von Unsterblichkeit in uns zu entwickeln. Wir wachsen, je älter wir werden, und je mehr Erfahrungen wir mit der Sterblichkeit machen, Gott, dem Unsterblichen, dem ewig Seienden, entgegen. Durch das Älterwerden und die damit verbundene Veränderung werden wir dem immer ähnlicher, der sich nicht verändert, der unbewegt durch seinen Geist alles bewegt, der immer ist und war – also dem Ältesten, und das ist der dreieinige Gott.

Das Altern und die damit verbundene Veränderung können wir nicht aufhalten. Das Altern zu bremsen – ob wir es wollen oder nicht –, wird uns niemals gelingen, solange wir noch nicht am Ziel sind. Der Prozess setzt sich fort, bis wir das Älteste und immer Seiende, Gott, erreicht haben. Für viele Menschen wird das Älterwerden zu einem Problem, das sie als schrecklich empfinden, da ihnen der wahre Sinn bisher noch nicht aufgegangen ist. Wenn man den zugrunde liegenden Plan Gottes einsieht und sein Liebeswerben im Alter sogar noch intensiver erfährt, wird es wesentlich einfacher, manche Gebrechen als notwendigen Übergang anzunehmen und zu ertragen.

Durch mangelnde Glaubensgewissheit und fehlende Einsicht in das Vorhaben Gottes mit dem Menschen kann das Altern zu einer fast teuflischen Erfahrung werden. Schenkt sich uns jedoch ein tieferes Wissen um die Glaubenszusammenhänge, können wir manch schmerzhafte Veränderung leichter annehmen und tragen. Wir sehen die unumgängliche Notwendigkeit ein und vergleichen das Altern vielleicht sogar mit einem Engel, der uns zu Gott führt.

Das biologische System des Menschen zerfällt wie Schalen, die das Wesentliche bisher verdeckt haben und nun den Kern freigeben. Durch diesen Prozess wird in unserem Bewusstsein der Teufel des Alterns in einen Engel verwandelt. Das Wesen eines Menschen, seine Seele, der das Ebenbild Gottes und damit die Unsterblichkeit eingeprägt ist, wird in Ewigkeit bestehen. Doch auf dem Weg dorthin ist Veränderung unausweichlich. Der Körper, der die Seele durch dieses Leben getragen hat, muss zurückbleiben, wenn wir das an Raum und Zeit gebundene irdische Leben verlassen und umsteigen. Die Fahrkarte, die wir bis zur Endstation gelöst haben, verliert ihre Gültigkeit, wenn wir angekommen sind. Ob wir noch einmal umsteigen müssen und wer uns die neue Fahrkarte gibt, wissen wir nicht. Wir wissen jedoch, dass wir nicht alleingelassen sind, sondern der auferstandene Christus uns weiterhin begleitet, bis alle Bewegung in der ewigen Ruhe und Herrlichkeit beim Vater ein Ende findet.

Der Zweck einer jeden Veränderung ist erfüllt, wenn unsere Seele bei Gott, unserem Vater, ihre eigentliche Heimat wiedergefunden hat.

Das Altern hat den Zweck, uns zur Alterslosigkeit zu bringen, dahin, wo alle Bewegung endet und unsere Seele Erfüllung bei Gott findet. Es ist nicht das Altern, was zu einem Gespenst wird, sondern das Fehlen des Wissens um die Zusammenhänge. Der Tiger, der auf uns zuspringt, löst in uns eine große Angst aus. Was fehlt? Es fehlt uns der Mut und die Handhabe, die wir beherrschen sollten, um auf seinem Rücken durch den Urwald zu unserem Ziel zu reiten.

Eine noch klarere Antwort gibt uns die Korbinian-Legende. Bevor Korbinian (gest. um 728) Bischof von Freising wurde, unternahm er von hier aus eine Pilgerreise nach Rom. Ein Maultier begleitete ihn und trug sein Gepäck. In den Alpen, in der Nähe des Brenners, übernachteten sie. In der Dunkelheit schlich sich an Bär heran und riss das Maultier. Erschreckt wachte Korbinian auf, eilte aus seinem Zelt, sah, was geschehen war, und ging furchtlos auf den Bären zu, der mit seiner Beute beschäftigt war. Er segnete den Bären und befahl ihm, statt des Maultiers sein Gepäck zu tragen. Der Bär legte tatsächlich seine Wildheit ab, ließ sich bepacken und begleitete treu Korbinian nach Rom.

Die freudenreichen Geheimnisse

Jesus, den du, o Jungfrau, im Tempel wiedergefunden hast

Selbstständig vor Gott, den Vater, treten

Die Kindheitsgeschichte Jesu endet mit einer Paschawallfahrt nach Jerusalem, die er mit seinen Eltern unternimmt. Da er bald dreizehn Jahre alt und damit volljährig und zum »Sohn des Gesetztes« wird, erachten es seine Eltern für wichtig, ihren Sohn rechtzeitig an die Verpflichtungen zu Wallfahrten heranzuführen (vgl. Deuteronomium 16,16). Die Heilige Familie tut jedoch mehr, als das Gesetz verlangt. Denn auch Maria nimmt an der Wallfahrt teil, obwohl dies für Frauen nicht verpflichtend war. Die Familie bleibt bis zum Ende der gesamten Paschafestzeit in Jerusalem. Zu der Zeit hatte Jerusalem ungefähr fünfzigtausend Einwohner und zu den Pilgerzeiten, zum Pascha-, Pfingst- und Laubhüttenfest, kamen noch einmal fünfzigtausend Pilger hinzu.

Nachdem die Festtage zu Ende waren, machten sie sich auf den Heimweg. Der Knabe Jesus aber blieb in Jerusalem, ohne dass seine Eltern es merkten (Lukas 2,43). Da die meisten Pilger in Gruppen reisen, kommt es vor, dass sich Angehörige aus den Augen verlieren. So vermuteten die Eltern den Knaben Jesus auf dem Rückweg bei Verwandten, in der Hoffnung, ihn abends nach dem ersten Tagesmarsch auf dem verabredeten Sammelplatz zu treffen. Dreißig bis vierzig Kilometer am Tag müssen die Pilger drei Tage lang zurücklegen, um von Jerusalem nach Galiläa zu kommen.

Der Zwölfjährige ist heimlich in Jerusalem geblieben, damit ihn seine Eltern nicht daran hindern, mit den schriftkundigen Gelehrten zu disputieren. Da Männer und Frauen in der Regel getrennt voneinander pilgern, können die Kinder mit einem von beiden Elternteilen gehen. Deshalb denken Maria und Josef, dass der junge Jesus, den sie nicht bei sich sehen, mit dem jeweils anderen unterwegs ist. Voll Angst stellen sie jedoch fest, dass er bei keinem der beiden ist. Sie suchen ihn bei Verwandten und Bekannten, finden ihn aber nicht. Dann kehren Maria und Josef nach Jerusalem zurück, um ihn dort zu suchen.

Im äußeren Vorhof des Tempels, der auch für Frauen zugänglich ist, disputiert Jesus mit anerkannten Gelehrten. Dabei tritt nicht nur seine geistige Begabung zutage, sondern auch sein Wissen um den Willen Gottes. Es leuchtet auf, dass Gottes Weisheit in ihm ist und aus ihm redet.

Der Zeitpunkt ist gekommen, an dem deutlich wird, dass die Eltern ihr Kind lassen müssen, denn es ist nicht ihr Eigentum. Bei jedem Menschen treten im Übergang zum Erwachsenenalter seine Wesens- und Geistesart, sein Charakter und seine Grundeinstellungen hervor.

Am folgenden Tag finden Maria und Josef ihren Sohn schließlich im Tempel. Jesus sitzt in der Tempelsynagoge vor anerkannten Gelehrten, denen er zuhört und Fragen stellt. *Alle, die ihn hörten, waren erstaunt über sein Verständnis und über seine Antworten* (Lukas 2,47). Man darf es nochmals sagen: Nicht nur Jesu natürlich-geistige Begabung wird sichtbar, sondern auch sein Wissen um den Willen Gottes. In Jesus leuchtet die Weisheit Gottes auf, die in ihm ist und aus ihm redet. Die Gelehrten, ihre Schüler und die umstehenden Zuhörer sind höchst erstaunt über das Verständnis Jesu.

Nicht weniger sind seine Eltern erstaunt, als sie den Zwölfjährigen zu Füßen anerkannter Gelehrter sitzen sehen. Sie sind über den Anblick, der sich ihnen nach langem Suchen bietet, durchaus nicht erfreut, sondern betrübt. Das angstvolle Suchen und

der Schmerz der Eltern schwingen mit in der vorwurfsvollen Frage der Mutter: *Kind, warum hast du uns das angetan? Siehe, dein Vater und ich haben dich mit Schmerzen gesucht* (Lukas 2,48).

In der Frage Marias schwingt mit: Ist Jesus ungehorsam oder ist er dabei, sich mit innerer Notwendigkeit von seinem Elternhaus zu lösen?

Thomas von Aquin (1225–1274) schreibt: »Die Gottesgebärerin ist zu bewundern, wie sie, von mütterlichen Gefühlen bewegt, fast unter Tränen ihre schmerzliche Suche erzählt und alle ihre Sorgen als Mutter voll Vertrauen und Demut ausspricht.« Maria muss lernen, einen Sohn zu haben und ihn doch nicht zu haben. Den Konflikt, der daraus entsteht, verstehen die Eltern Jesu jedoch noch nicht.

Jetzt, wo Jesus beginnt, sich aus dem Leben seiner Eltern zu entfernen, machen sie sich und ihm die heftigsten Vorwürfe. Auf die Frage Marias folgt das erste von Jesus überlieferte Wort, das in einer Radikalität dem Gehorsam seines Vaters gegenüber gesprochen ist: *Da sagte er zu ihnen: Warum habt ihr mich gesucht? Wusstet ihr nicht, dass ich in dem sein muss, was meinem Vater gehört?* (Lukas 2,49). Auf die Frage seiner Mutter antwortet Jesus geheimnisvoll wiederum mit einer Frage. Sie steht an der entscheidenden Wende vom Kindes- zum Erwachsenenalter. Es ist ein Wort klaren Selbstbewusstseins, das den weiteren Verlauf seines Lebens bereits anzeigt. Im Beisein seines irdischen Vaters verweist er auf den himmlischen. Er ist jetzt in ganzer Hingabe für das Wort Gottes da, denn in diesem Augenblick tritt Jeus selbst mit seinem eigenen Leben vor Gott. In ganz besonderer Weise redet er betend von »seinem« Vater. Das geheimnisvolle Wort Jesu, das sehr tiefgründig ist, verstehen Maria und Josef jedoch nicht.

Durch diese selbst verursachte Entgrenzung fühlt sich Jesus im Tempel wie im Haus seines Vaters. Jesus geht das Wagnis ein, frei zu sein und im Vertrauen auf Gott erwachsen zu werden. Jesus hat sich selbst im Tempel gefunden und verfügt jetzt über die Freiheit, nach Hause, nach Nazaret, zurückzukehren. Über alle Angst und Sorge der Eltern hinweg geschieht etwas in ihrem Herzen, das sie bereits unbewusst anstrebten, als sie ihren Sohn in den Tempel führten und ihn die Gebete Jerusalems lehrten. Jetzt geschieht es: Sie führen ihren Sohn nicht nur in die Synagoge, sondern zu Gott. *Dann kehrte er mit ihnen nach Nazaret zurück und war ihnen gehorsam. Seine Mutter bewahrte all die Worte in ihrem Herzen. Jesus aber wuchs heran und seine Weisheit nahm zu und er fand Gefallen bei Gott und den Menschen* (Lukas 2,51–52).

Maria lässt keines der Worte Jesu als bedeutungslos fallen. Wie sie einst das Wort selbst in ihrem Schoß empfangen hat, so empfängt sie jetzt seine

Worte und bewahrt und erwägt sie in ihrem Herzen. Dieses »Bewahren« Marias will zur Betrachtung des Geheimnisses aufrufen und nicht nur sagen, wie eng sie mit der Zukunft Jesu verbunden ist, sondern auch, wie fest sie an ihren Sohn glaubt. Nur ganz allmählich öffnen sich für Maria die Schleier, die die Tiefe der Liebe Gottes und seines Christus enthüllen. Die Worte erfüllen ihre Innerlichkeit und ihren Geist und werden zum Licht ihres Lebens.

Die Weisheit, die Jesus bereits als Zwölfjähriger besitzt, ist erstaunlich. Die besondere Kenntnis der Herzen, die einem göttlichen Wissen entspringt, entlarvt alles, was sich in den Herzen der jüdischen Theologen an Widerspruch regt. Jesus kennt ihre heimlichen Gedanken und Vorstellungen.

In den dreißig verborgenen Jahren in Nazaret offenbart sich Jesus als Erster seiner Mutter Maria, so, wie er sich keinem anderen Wesen offenbart. Sie ist auf besondere Weise mit dem Schicksal ihres Kindes verbunden. Jesu Freude ist auch die Freude der Mutter und sein Leid ist auch ihr Leid. Gott hat Jesus als Heilszeichen eingesetzt, das aber auch zu einem Zeichen des Widerspruchs wird und Gegenwehr aufbrechen lässt, damit das verborgene Böse in der Gedankenwelt der Menschen entlarvt wird.

Jesus, göttlichen Wesens, muss unter den Bedingungen seiner damaligen Umwelt in Nazaret das

Menschliche lernen, was oftmals mit leidvollen Erfahrungen verbunden ist. Auf jeder Altersstufe erlebt er die Bosheit, den Egoismus und die Verkehrtheiten der Menschen auf andere Weise. Auf jeder Altersstufe muss er lernen, wie er darauf in der Liebe, die Gott selbst ist, zu antworten hat. Was er dreißig Jahre hindurch leben und lernen muss, das lehrt er später in der Bergpredigt. Für Jesus waren die dreißig verborgenen Jahre in Nazaret notwendig zur Vorbereitung seines öffentlichen Auftretens, seines Lehrens, seines Leidens und Sterbens.

Jesus, der von Johannes getauft worden ist

Mit Gebet beginnt das öffentliche Auftreten Jesu

Es geschah aber, dass sich zusammen mit dem ganzen Volk auch Jesus taufen ließ. Und während er betete, öffnete sich der Himmel und der Heilige Geist kam sichtbar in Gestalt einer Taube auf ihn herab und eine Stimme aus dem Himmel sprach: Du bist mein geliebter Sohn, an dir habe ich Wohlgefallen gefunden (Lukas 3,21–22). Dass Jesus bei und nach seiner Taufe betet, wird nur vom Evangelisten Lukas berichtet. Da Lukas Jesus oftmals betend schildert, wird er als Evangelist des Betens bezeichnet.

Nach vollzogener Taufe durch Johannes den Täufer wird sowohl der Geist als auch das göttliche Offenbarungswort dem betenden Jesus zuteil. Die so vermittelte Geistfülle befähigt Jesus zur Abwehr des Satans und zu seiner Verkündigung des Wortes Gottes, die unmittelbar nach der Versuchung Jesu in der Wüste einsetzt. Sowohl die Geisttaufe als auch die darauffolgende Geistbegabung sind Früchte des Gebetes Jesu.

Zwischen der Botschaft des Johannes des Täufers und der Botschaft, die Jesus Christus verkündet, besteht ein krasser Unterschied. Johannes ruft zur Umkehr und zur Vergebung der Sünden auf; er spricht vom kommenden Gericht und den entsprechenden Strafen. Er spricht davon, dass jeder Baum, der keine guten Früchte trägt, ins Feuer geworfen wird. Doch nur wenig von alldem, was der Täufer über Jesus sagt, entspricht ihm auch. Und trotzdem ist Jesus von der Täufer-Predigt zutiefst berührt. Er spürt das glühende Herz des Johannes, aus dem Gott spricht. Bis zu seiner Taufe wird auch Jesus wie der Täufer gefühlt haben, dass dem Menschen nur durch Reue, Umkehr und Buße geholfen werden kann.

In das Gebet Jesu schenkt sich jetzt der geöffnete Himmel. Die Grenzen zwischen Gott und Mensch sind auf einmal aufgehoben und die Fülle des Heiligen Geistes senkt sich auf Jesus herab. Die Stimme aus dem Himmel spricht Jesus an: *Du bist mein geliebter Sohn, an dir habe ich Wohlgefallen gefunden* (Lukas 3,22b).

Jesus ist durchdrungen von dieser liebenden Zuwendung Gottes und spürt, dass nicht nur er mit

dem »geliebten Sohn« gemeint ist, sondern jeder Mensch. Und dies wird fortan seine Botschaft sein. Was ein Mensch auch immer getan und verdient haben mag, die Stimme aus dem Himmel versichert: »Aber du bist doch mein Sohn und du bist doch meine Tochter!«

Jesus weiß, wer sich im Gebet Gott, seinem Vater, immer wieder ganz bedenken- und bedingungslos hingibt, dem wird die Angst genommen und keine Strafe wartet mehr auf ihn. Das hingebende Vertrauen in Gott befreit den Menschen von aller tödlichen Enge und führt ihn in eine himmlische Weite, wie sie

Jesus bei seiner Taufe als Auftrag für die Welt am Beginn seines öffentlichen Auftretens erlebt. Weil Gott die Schöpfung und die Menschen liebt, kommt er ihnen mit einer gänzlich unverdienten Rettung entgegen: Er vergibt uns unsere Sünden – vorausgesetzt, *auch wir erlassen jedem, was er uns schuldig ist* (Lukas 11,4).

In das Gebet Jesu schenkt sich der Auftrag, jetzt, nach den dreißig verborgenen Jahren in Nazaret, öffentlich aufzutreten. Und nach drei Jahren beendet Jesus wiederum diesen Auftrag mit einem Gebet totaler Hingabe: *Vater, in deine Hände lege ich meinen Geist* (Lukas 23,46).

Das innige Gebet der Hingabe bereitet auf den Empfang des Heiligen Geistes vor.

- *Und während er* (Jesus) *betete, öffnete sich der Himmel und der Heilige Geist kam sichtbar in Gestalt einer Taube auf ihn herab* (Lukas 3,21–22a).
- *Petrus antwortete ihnen: Kehrt um und jeder von euch lasse sich auf den Namen Jesu Christi taufen zur Vergebung seiner Sünden; dann werdet ihr die Gabe des Heiligen Geistes empfangen* (Apostelgeschichte 2,38).
- *Als sie gebetet hatten, bebte der Ort, an dem sie versammelt waren, und alle wurden mit dem Heiligen Geist erfüllt und sie verkündeten freimütig das Wort Gottes* (Apostelgeschichte 4,31).

Als der vom Geist Gottes Gezeugte (vgl. Lukas 1,35) besitzt Jesus von Anfang an den Heiligen Geist. Er empfängt ihn nochmals bei der Taufe, um allen Umstehenden zu bezeugen, dass Jesus der Sohn Gottes ist. Und Jesus wird ihn wieder empfangen, wenn er zur Rechten Gottes erhöht ist: *Zur Rechten Gottes erhöht, hat er vom Vater den verheißenen Heiligen Geist empfangen und ihn ausgegossen, wie ihr seht und hört* (Apostelgeschichte 2,33). Jesus empfängt den Geist aber nicht stufenweise, sondern die großen Abschnitte seines Lebens entfalten immer neu den Geistbesitz.

Die lichtreichen Geheimnisse

Im Jahr 2002, im Rosenkranzmonat Oktober, veröffentlichte Papst Johannes Paul II. in seinem 25. Pontifikatsjahr das apostolische Schreiben »Rosarium Virginis Miariae« (»Der Rosenkranz der Jungfrau Maria«). Damit ergänzte er das jahrhundertealte Gebet um fünf lichtreiche Geheimnisse.

Die lichtreichen Geheimnisse des Rosenkranzes sind eine eigene Botschaft der Aufklärung. Sie werfen Licht darauf, wer Jesus eigentlich ist. Ein jedes der neuen Geheimnisse, die zwischen den freudenreichen und den schmerzhaften Geheimnissen gelegen sind, versinnbildlicht einen Strahl göttlichen Lichtes.

Jesus, der sich bei der Hochzeit zu Kana offenbart hat

Maria und die Stunde Jesu

Jesus besucht mit seinen ersten fünf Jüngern – ohne eingeladen zu sein – die Hochzeit in Kana. Vom Jordan aus ist Jesus mit seinen Jüngern unterwegs nach Galiläa, wahrscheinlich in seine Heimat nach Nazaret oder nach Karfarnaum – eine Reise, die drei Tage dauert. Auf ihrem Weg kommen sie über Kana, wo gerade eine Hochzeit stattfindet, bei der die Mutter Jesu auch zugegen ist. Offenbar sind es Verwandte Mariens, die diese Hochzeit feiern. Da Jesus und seine Gefährten nicht gleich zu Beginn dabei waren, darf man annehmen, dass man sie nicht erwartete. Doch sie alle, Jesus und seine fünf Jünger, werden sofort aufgenommen. Es sind plötzlich sechs Männer mehr, die an der Hochzeit teilnehmen, denn es ist nicht die Rede davon, dass sie vorher zusammen mit der Mutter Jesu eingeladen wurden.

Die Verwandten, die die Hochzeit feiern, müssen arm sein, denn sonst wäre ihnen nicht der Weinvorrat ausgegangen, jetzt, wo sechs Gäste hinzugekommen sind. Bemerkenswert und hoch anzuerkennen ist es, dass die Gastgeber, einfache Leute, keine Umstände machen, den Sohn Mariens und die Freunde, die er mitbringt und die sie gar nicht kennen, jetzt zur Hochzeitsfeier mit einladen. Jesus und seine fünf Jünger nehmen ohne Weiteres die Einladung an. Sie kommen allerdings mit leeren Händen, ohne ein Gastgeschenk, wie es üblich ist bei einer Hochzeit, die mehrere Tage dauert.

Wenn man aus Angst, der Vorrat würde nicht reichen, zu Jesus gesagt hätte, er dürfe an der Hochzeit teilnehmen, aber seine Freunde nicht, so wäre Jesus zweifellos nicht geblieben. Wenn man auch nur einen einzigen seiner Freunde ausgeschaltet hätte, wäre er nicht gekommen. Dass alle, die Jesus mitbringt, an den Hochzeitstisch gebeten werden, ist für die Einladenden ganz selbstverständlich. Gerade das ist die Art einfacher und armer Leute, dass sie keine Sorge haben, es könne mit mehr Personen das Fest nicht gelingen oder dieses oder jenes könne nicht reichen. Sie vertrauen einfach und machen sich keine großen Gedanken, sondern bitten alle zu Tisch – dann wird man sehen, wie es weitergeht.

Stellen wir uns einmal vor: Jesus kommt heute zu uns zu einem Mahl – gemeint ist die heilige Eucharistie. Jesus hat viele Freunde und er möchte, dass es auch unsere Freunde sind. Er bringt immer Freunde mit, die er in unserem Herzen angesiedelt wissen will – vielleicht oder gerade auch solche, die uns –

menschlich gesehen – wenig liegen. Wenn wir auch nur einen Einzigen von ihnen ausschließen und ihn nicht in unser Herz und unser Wesen einlassen, geschieht auch die Einkehr Jesu bei uns nicht. »Ich kann dein Innerstes nicht erreichen, ich kann nicht wirklich zu dir kommen, wenn du einen von denen ausschließt, für den ich mein Leben hingegeben habe und den ich liebe.«

Maria steht beim Evangelisten Johannes am Beginn des öffentlichen Wirkens Jesu. Johannes kennt keine Kindheitsgeschichte Jesu; er beginnt gleich mit der Taufe Jesu im Jordan, es folgen die Berufung der ersten Jünger und anschließend der Besuch Jesu bei der Hochzeit in Kana. Hier, bei seinem ersten öffentlichen Auftreten, wirkt Jesus sein erstes Zeichen zur Offenbarung der Herrlichkeit des Vaters. Maria ist zugegen und es kommt ihr eine wichtige Rolle zu. Sie ist eine Art Schlüsselfigur. Beim Evangelisten Lukas steht Maria am Anfang der Menschwerdung Gottes und wiederum am Anfang des Werdens der Kirche: Pfingsten, an dem Tag, an dem sich allen Heiliger Geist schenkt, ist Maria zugegen und sie wird als Einzige mit ihrem Namen genannt.

Dass Jesus die Hochzeit in Kana zusammen mit seinen fünf Jüngern besucht, dass er sich und seine Freunde spontan einladen lässt, ohne ein Gastgeschenk mitzubringen – all das muss für Maria etwas

ganz Ungewöhnliches an sich haben, das sie auf ein besonderes Vorhaben Jesu aufmerksam macht. Sie weiß eines: Nachdem er sie in Nazaret verlassen und sein öffentliches Leben begonnen hat, wird er jetzt als der Messias wirken und vom Reich Gottes künden. Sie ist sicherlich darin eingeweiht, dass jetzt sein messianisches Wirken begonnen hat.

Das Kommen Jesu ruft von vornherein eine Erwartung in ihr wach, die mit seiner Sendung zusammenhängt, denn das äußere Vorgehen Jesu widerspricht jeder Konvention. Maria denkt keinesfalls, dass Jesus hier eine Einladung für sich und seine Freunde annimmt, um etwa an den Freuden einer Hochzeit teilzunehmen. Maria ist, wie sonst niemand, eingeweiht in die Sendung und das Wesen ihres Sohnes. Die Verheißung der Geburt Jesu im Lukasevangelium kündet davon.

Der Evangelist Johannes setzt die Kenntnis des Lukasevangeliums voraus. Es gibt zwischen beiden Evangelien eine ganze Reihe von Querverbindungen, die für das Verständnis der Texte wichtig sind. In den dreißig verborgenen Jahren hat Maria von ihrem göttlichen Sohn gelernt, wie auch er von seiner Mutter gelernt hat, Mensch zu werden. Sie kennt ihn als den, der nicht in die Welt gekommen ist, um Freuden bedingungslos für sich und seine Freunde auszunutzen, sondern um den Menschen die messianische Botschaft und die damit verbundene Freude zu bringen.

Maria weiß, dass ihr Sohn mit dem Antritt seiner Sendung nicht mehr der Sohn des Zimmermanns ist, sondern der Offenbarer seines himmlischen Vaters. Dies muss man bedenken, um jetzt Marias Reaktion im Gespräch mit Jesus zu verstehen. Sie ist es, die Jesus darauf aufmerksam macht, dass der Wein ausgegangen ist, denn sie weiß sich mitverantwortlich dafür, da man ihren Sohn und seine Freunde um ihretwillen eingeladen hat. Es nehmen sechs Personen mehr am Hochzeitsfest teil.

Jesus und seine Jünger müssen mithalten, wenn Trinksprüche auf die Eltern, Schwiegereltern, auf Freunde und Verwandte ausgerufen werden. Das Leeren des Bechers gehört mit zu diesem Zeremoniell. Es ist von daher nur allzu gut verständlich, dass durch das Hinzukommen von sechs Personen vorzeitig der Wein ausgeht. Und das bringt Maria jetzt Jesus gegenüber zur Sprache.

> *Als der Wein ausging, sagte die Mutter Jesu zu ihm: Sie haben keinen Wein mehr. Jesus erwiderte ihr: Was willst du von mir, Frau? Meine Stunde ist noch nicht gekommen* (Johannes 2,3–4).
> Martin Luther übersetzt die Antwort Jesu drastischer und so, wie sie dem Originaltext weitaus mehr entspricht: *Jesus spricht zu ihr: Weib, was habe ich mit dir zu schaffen? Meine Stunde ist noch nicht gekommen.*

Diese merkwürdige Antwort Jesu – er redet Maria nicht als seine Mutter an – schafft unweigerlich Distanz zwischen seiner Mutter und ihm. Aller Wahrscheinlichkeit nach hören wir zuerst eine Abweisung aus der Erwiderung Jesu heraus. Maria jedoch versteht dieses Wort durchaus nicht abweisend. Sie hat sich nicht an Jesus als ihren leiblichen Sohn gewandt, weil sie weiß, dass sie als Mutter keine Rechte über ihn hat. Sie will ihn auch nicht auffordern, jetzt etwas zu tun, was der Verlegenheit abhelfen könnte. In Wirklichkeit – und das erfährt Maria jetzt – erhebt sich in der »abweisenden« Antwort Jesu seine Hoheit und seine Herrlichkeit. An ihn, den Messias, wendet sich Maria im Glauben, denn sie weiß, dass er seine Sendung als der Offenbarer des Vaters angetreten hat. Sie wendet sich nicht an ihren Sohn, den sie geboren hat, sondern an den, der er ist: an den Sohn des ewigen Vaters, der aus ihr Mensch wurde.

In dem Augenblick, als Jesus seine Mutter als sein Fleisch und sein Blut abweist, spürt Maria, dass jetzt ihr Glaube gefragt ist. Dieser Glaube bedeutet für sie die Tatsache, dass Jesus sich jetzt von Fleisch und Blut distanziert, sie ihn aber als den Christus, den Offenbarer des Vaters, erreicht hat. Maria weiß aus ihrem tiefen Glauben, dass die Stunde, von der Jesus sagt, sie sei noch nicht gekommen, anbrechen wird, wenn sie durchhält im Glauben. Ihr Glaube ist zugleich mit einem vollkommenen Vertrauen verbunden.

Was ist das für eine Stunde, von der Jesus sagt, dass sie noch nicht gekommen ist? Wer das Johannesevangelium kennt, weiß, dass die Stunde Jesu während des Abendmahls anbricht und sich während der Kreuzigung vollendet. Der neue und ewige Bund, den Jesus in der sich im Tod verströmenden Liebe mit den Seinen schließt und die Geistsendung sind eins. In der Weingabe bei der Hochzeit in Kana, in der zunächst die Stunde Jesu noch nicht gekommen ist, ist die Geistgabe bereits angedeutet, die uns Jesus vom Kreuz her schenkt, als seine Stunde gekommen war. Sowohl in der noch nicht gekommenen Stunde Jesu bei der Hochzeit zu Kana als auch bei der gekommenen Stunde Jesu am Kreuz ist Maria, seine Mutter, anwesend.

Maria, die in das Wesen und die Sendung ihres Sohnes eingeweiht ist, spürt in der noch nicht gekommenen Stunde Jesu bei der Hochzeit zu Kana, als der Wein ausgegangen ist, dass diese Leere die Voraussetzung dafür ist, damit Jesus eine umso größere Fülle offenbaren kann. Auf den Glauben Mariens hin dringt langsam die Stunde Jesu durch, denn der Glaube ist die Voraussetzung, damit Jesus das Zeichen, die Offenbarung der göttlichen Herrlichkeit, wirken kann. Maria schafft durch ihren Glauben einen Raum, aus dem göttliches Handeln geboren wird. Ihr Glaube ist wie ein Kelch, der das lebendige Wasser zum Strömen auffängt.

Marias tiefer Glaube wird aus dem zuversichtlichen Wort spürbar, das sie zu den Dienern sagt:

Was er euch sagt, das tut! (Johannes 2,5). Wenn Jesus kommt – und dessen ist sie sich sicher –, wird seine Gegenwart niemals zur Verlegenheit führen, sondern sie hat etwas zu tun mit der Sendung Jesu, die auf messianische Freude hin angelegt ist.

> *Es standen dort sechs steinerne Wasserkrüge, wie es der Reinigungsvorschrift der Juden entsprach; jeder fasste ungefähr hundert Liter. Jesus sagte zu den Dienern: Füllt die Krüge mit Wasser! Und sie füllten sie bis zum Rand* (Johannes 2,6–7).

Entsprechend der Zahl der unerwarteten sechs Gäste, die mit leeren Händen zur Hochzeit kommen, stehen dort sechs leere steinerne Wasserkrüge. Die Diener, durch Maria ermutigt, füllen sie jetzt auf das Geheiß Jesu bis zum Rand. Maria muss auf dieser Hochzeit ein besonderes Ansehen haben, weil die Diener auf ihr Wort hin: *Was er euch sagt, das tut!* die Krüge tatsächlich bis zum Rand füllen – vielleicht in einer unbestimmten Erwartung, dass etwas Wunderbares geschehen werde.

Die Verwirklichung der Bitte Jesu, die Krüge mit Wasser zu füllen, muss man sich folgendermaßen vorstellen: Wasserhähne im Haus gibt es nicht, dafür aber einen Dorfbrunnen in Kana, der vielleicht fünfzehn Minuten vom Haus der Hochzeitsleute entfernt ist. Wasserkrüge dieses Umfangs werden auf einen Eselskarren geladen, zum Dorfbrunnen gebracht, mit Wasser gefüllt und zurückgefahren. Hinzu kommt, dass nicht alle Gefäße auf einmal auf eine Fuhre gehen. Umso erstaunlicher ist es, mit welcher Bereitschaft die Diener dem Ansinnen, die Krüge mit Wasser zu füllen, nachkommen. Immer wieder wird deutlich, wie unmittelbar die Diener reagieren. Es ist offenbar der Geist Marias, der auf sie übergegangen ist und sie ansteckt.

Als die mit Wasser gefüllten Krüge im Haus stehen, sagt Jesus zu den Dienern:

Schöpft jetzt und bringt es dem, der für das Festmahl verantwortlich ist! Sie brachten es ihm. Dieser kostete das Wasser, das zu Wein geworden war. Er wusste nicht, woher der Wein kam; die Diener aber, die das Wasser geschöpft hatten, wussten es. Da ließ er den Bräutigam rufen und sagte zu ihm: Jeder setzt zuerst den guten Wein vor und erst, wenn die Gäste zu viel getrunken haben, den weiniger guten. Du jedoch hast den guten Wein bis jetzt aufbewahrt (Johannes 2,8–10).

Der Speisemeister ist verantwortlich für die Reihenfolge der Gedecke und auch für den Wein. Er fühlt sich in seiner Ehre gekränkt, da jetzt auf einmal ein Wein aufgetischt werden soll, der weitaus köstlicher ist als der, der zuerst gereicht wurde. Mit seinen Worten wäscht er sich rein von der Verantwortung, die er auf dieser Hochzeit für die Speisen und Getränke übernommen hat. Umso mehr wiegt sein Zeugnis!

So tat Jesus ein erstes Zeichen, *in Kana in Galiläa, und offenbarte seine Herrlichkeit und seine Jünger glaubten an ihn* (Johannes 2,11). Das Evangelium beginnt: *Am dritten Tag fand in Kana in Galiläa eine Hochzeit statt und die Mutter Jesu war dabei* (Johannes 2,1).

Dieser dritte Tag weist symbolisch auf den Morgen der Auferstehung Jesu hin. Die gekommene Stunde ist auf seine Verherrlichung bezogen. Das erste Zeichen Jesu im Johannesevangelium, die Wandlung des Wassers in Wein, ist als eine Vorwegnahme des Aufstrahlens seiner Herrlichkeit zu verstehen, die er uns in seiner Stunde der Hingabe in vollendeter Weise schenkt.

Aufgrund des Glaubens seiner Mutter geschieht das Zeichen bei der Hochzeit zu Kana. Wäre sie als Glaubende nicht präsent gewesen, so hätte Jesus das Zeichen nicht wirken können. In den Glauben eines Menschen hinein schenkt sich der Geist, der dann wirksam wird. Zur Wandlung durch den Heiligen Geist muss zusätzlich zum Glauben eine Bereitung stattfinden, wie sie auf das Geheiß der Mutter Jesu und durch Jesus selbst durch die Diener und ihr Bereitstellen der frischen Wasserkrüge geschieht.

Es ist wichtig, die Symbolbedeutung der Geschichte von der Hochzeit in Kana ein wenig zu bedenken. Es ist der Glaube Mariens, der Jesu Heilswirken zum Strömen bringt. Maria hat eine Initialbedeutung für das gesamte Geschehen der Offenbarung Christi, die mit ihrem Ja während der Verkündigung begann. Ihr Ja war vonseiten der Menschheit mitentscheidend, damit Gott Mensch werden konnte – ein Ja, das jeder immer wieder in

Freiheit mitvollziehen und verwirklichen muss. So wie dieses Ja in der Verkündigungsgeschichte die Voraussetzung war, dass Jesus durch den Heiligen Geist Mensch zu werden begann, so hat der Glaube Marias auf der Hochzeit in Kana eine auslösende Wirkung für die Zeichen, die Jesus anschließend wirken wird und die alle ausgerichtet sind auf das letzte Zeichen, das aus seiner Hingabe für uns in den Tod besteht und mit seiner Auferstehung von den Toten gekrönt ist.

Die lichtreichen Geheimnisse

Jesus, der uns das Reich Gottes verkündet hat

Glaube wie ein Senfkorn

Wenn ihr Glaube habt wie ein Senfkorn, dann werdet ihr zu diesem Berg sagen: Rück von hier nach dort! und er wird wegrücken. Nichts wird euch unmöglich sein (Matthäus 17,20).

Viele halten dieses Wort Jesu für eine Utopie – besonders, wenn sie auf ihr eigenes Glaubensleben schauen, denn der »Berg« hat sich keinen Millimeter bewegt. Das ungläubige Außer-Acht-Lassen der Botschaft Jesu bleibt genauso unbefriedigend wie der Versuch, vom eigenen Willen her den Glauben vermehren zu wollen. Einerseits fühlen wir uns vom Leben Jesu und seiner Botschaft angezogen, andererseits aber bewegt unser sogenannter Glaube nicht viel oder gar nichts in unserem Leben. So zumindest ist die Einstellung vieler Christen.

In seiner Botschaft gibt Jesus uns immer wieder Anweisungen, wie wir unseren Glauben stärken können, sodass er uns trägt und der Berg wahrhaftig beginnt, sich zu bewegen. Das Wort vom Berg, der von hier nach dort rücken soll, heißt nichts anderes, als dass unsere Wünsche erfüllt werden. Gemeint sind allerdings nur die Wünsche, die mit dem Willen des Vaters in Einklang stehen. Die Erfüllung solcher Wünsche wird vom göttlichen Willen unterstützt. Darin erweist sich, dass unser Glaube substanzieller geworden ist.

Werden allerdings unsere Wünsche nicht erfüllt, so ist dies ein wichtiges Zeichen, um etwas in unserem Leben zu verändern. Oft zeigen uns, wenn wir innehalten, die unerfüllten Wünsche, dass sie aus vordergründigen oder gar sündhaften Motiven stammen und in Wahrheit nicht zu uns gehören. Durch immer wieder neu aufgenommene Hingabe an Gott werden sich diese Wünsche auflösen oder sich verändern und umgestalten in heilbringende Kreativität und Wünsche, die dem Willen des Vaters entsprechen.

Durch Hingabe im Ruhegebet wird alles abgebaut, was nicht zu uns gehört und es entwickelt sich in uns eine Persönlichkeit, wie sie vom Schöpfer gewollt ist. Durch das Loslassen unserer Ich-Strukturen – dies darf und muss im Ruhegebet sein, allerdings nicht in der ebenso zu uns gehörenden aktiven Welt – geschieht etwas derart Bereicherndes in unserem Leben, dass aus dieser Erfahrung heraus ein neuer und unerschütterlicher Glaube wächst. Den Glauben allein theoretisch und theologisch anzugehen, ist vergeudete Zeit, wenn nicht zusätzlich oder gar zuerst der praktische Aspekt verwirklicht wird, das heißt, Glaubenserfahrungen gemacht werden. Diese schenken sich uns, wenn wir von uns selbst, unseren Wünschen, Vorstellungen und Eigenentwürfen absehen und uns als Dankopfer Gott darbringen.

Allein durch unser Wollen und Denken entsteht kein wirklicher Glaube. Er ist ein Geschenk des Schöpfers an uns – vorausgesetzt, wir öffnen den Zugang zu unserer Innerlichkeit, trennen uns von dem, was nicht zu uns gehört, und werden empfangsbereit. Jesus Christus fordert uns auf – wie er es bereits bei seinen Jüngern getan hat –, unseren Glauben durch die vielen Kriterien, die er uns gegeben hat, zu kultivieren und sich entwickeln zu lassen. Wir müssen es zulassen, dass in uns eine tragfähige Wirklichkeit des Glaubens entstehen kann, die, auch wenn sie nur so klein ist wie ein Senfkorn, in der Lage ist, »Berge zu versetzen«. Viele Ordensstifter, wie zum Beispiel der heilige Benedikt, große Theologen, Mystiker und Heilige sagen immer wieder, dass dem Gottesdienst nichts vorzuziehen sei.

- *Sucht aber zuerst sein Reich und seine Gerechtigkeit; dann wird euch alles andere dazugegeben* (Matthäus 6,33). Alles, was uns dann ganz von selbst zufallen wird, ist so überwältigend, dass Jesus es mit dem Wort »Berge versetzen« bezeichnet. Die Voraussetzung allerdings ist, sich nach innen zu wenden, umzukehren und sich in das inwendige Reich Gottes zu versenken.
- *Was ihr den Vater in meinem Namen bitten werdet, das wird er euch geben* (Johannes 16,23).
- *Und durch die, die zum Glauben gekommen sind, werden folgende Zeichen geschehen: In meinem Namen werden sie Dämonen austreiben … und die Kranken, denen sie die Hände auflegen, werden gesund werden* (Markus 16,17–18).

Jesus versucht, seinen Jüngern und ebenso uns diese Fähigkeiten durch die Erfahrung lebendigen Glaubens in die Seele und ins Herz zu legen. Seine Geduld dabei ist unermesslich.

Bevor er zu Jesus kam, hatte ein Vater seinen mondsüchtigen Sohn – aus dem Bericht des Markus geht hervor, dass es sich um eine schwere Epilepsie handelte – zu den Jüngern gebracht, mit der Bitte, ihn von dieser Krankheit zu heilen. Aller Wahrscheinlichkeit nach war man der Ansicht, dass das Auftreten der Epilepsie mit den Veränderungen des Mondes zu tun hat, sodass man den mondsüchtigen Knaben generell als epileptisch bezeichnen kann. Die Jünger jedoch vermochten es nicht, den Knaben zu heilen. Als Jesus das aus dem Mund des Vaters hörte, beklagte er sich über den Unglauben der Jünger und schalt sie als unbelehrbare Generation. Er stellte sogar die Frage, wie lange er noch bei ihnen sein und sie ertragen müsse. Jesus sah sich in diesem Augenblick einer kalten Mauer des Unglaubens gegenüberstehen.

Nachdem man den Jungen zu Jesus gebracht hatte, drohte er dem Dämon. Dieser verließ auf der Stelle den Knaben und er war von dieser Stunde an geheilt. Später, als die Jünger mit Jesus allein waren, fragten sie ihn, warum sie denn den Dämon nicht hätten austreiben können. Jesus antwortete ihnen:

Wegen eures Kleinglaubens. Denn, Amen, ich sage euch: Wenn ihr Glauben habt wie ein Senfkorn, dann werdet ihr zu diesem Berg sagen: Rück von hier nach dort! und er wird wegrücken. Nichts wird euch unmöglich sein (Matthäus 17,20). Die Erzählung von der Heilung eines besessenen Jungen endet im Markusevangelium mit dem Hinweis *Diese Art kann nur durch Gebet ausgetrieben werden* (Markus 9,29). Im griechische Bibeltext des Matthäusevangeliums fehlt dieser Vers und wurde später nur als Fußnote aufgenommen. *Diese Art aber kann nur durch Gebet und Fasten ausgetrieben werden* (Matthäus 17,21).

Die Verklärung Jesu auf dem Berg Tabor und der Bericht von der Wiederkunft des Elija gehen unmittelbar der Heilung des besessenen Knaben voraus. Bei dem Berg, den der Glaube – und sei er nur so groß wie ein Senfkorn – versetzen kann, handelt es sich um den Berg Tabor, den Jesus ja zuvor mit Petrus, Jakobus und Johannes verlassen hatte. Die Jünger sind weder fähig, die Offenbarung Jesu auf dem Berg der Verklärung zu verstehen, noch sind sie in der Lage, Werke des Glaubens zu tun, um ihn sich anzueignen. Ihre Hilflosigkeit erinnert an den Augenblick, als Mose vom Berg herabsteigt und feststellt, dass Aaron und die Israeliten dem Götzendienst verfallen sind. Mose bestraft zornig seine Leute (vgl. Exodus 32,1–28). Die erste Handlung Jesu jedoch, als er vom Berg herabgestiegen war, ist eine barmherzige Tat – da die Jünger nicht vermochten, den besessenen Knaben zu heilen. Der Vater des Jungen wollte Jesus nicht selbst belästigen, wie der Hauptmann, der sich nicht für wert hielt, Jesus in sein Haus aufzunehmen. Daher wendet er sich zuerst an die Jünger. Diese jedoch vermögen nichts.

Im Evangelienbericht tritt vor der Unterweisung der Jünger über den Glauben die Heilung des Knaben zurück. Jesus gibt ihnen diese Sonderbelehrung, als er wieder mit seinen Jüngern allein ist. Der Machterweis Jesu wird zum einen dadurch erbracht, dass die unreinen Geister ihm gehorchen. Zum anderen stellt gerade diese Aussage die Verbindung dar zur Lehre Jesu über den Glauben, die den Schwerpunkt der Erzählung ausmacht. Aus einem Gleichnis, das Jesus seinen Jüngern zuvor erzählt hatte, wussten sie um die Bedeutung des Senfkorns.

> *Mit dem Himmelreich ist es wie mit einem Senfkorn, das ein Mann auf seinen Acker säte. Es ist das kleinste von allen Samenkörnern; sobald es aber hochgewachsen ist, ist es größer als die anderen Gewächse und wird zu einem Baum, sodass die Vögel des Himmels kommen und in seinen Zweigen nisten* (Matthäus 13,31–32).

Jesus beginnt die Jüngerbelehrung mit einem Stoßseufzer, der nach aller Wahrscheinlichkeit nicht nur die Jünger, sondern auch das ganze Volk betrifft. Der Stoßseufzer Jesu beginnt mit einem Ausdruck in Anlehnung an die Klage des Mose über Israel: *Ein falsches, verdrehtes Geschlecht* (Deuteronomium 32,5): *O du ungläubige und verkehrte Generation!* (Matthäus 17,17) – diese Verkehrtheit ist im Sinne des Fehlens von Glauben zu verstehen. Jesus empfindet es als eine drückende Last, dass sich seine Jünger wie auch das Volk nicht zum Glauben an seine göttliche Sendung erheben. Der Seufzer Jesu liegt in dieser Stunde besonders nahe, da er aus der Gegenwart Gottes und ihrem verklärenden Licht auf dem Tabor wieder in diese Welt hineintritt, in der man an Gott zweifelt und, wenn man ihn abwesend meint, sofort den Glauben verliert. Als Ungläubige kann der in den Tod gehende Jesus die Jünger kaum länger ertragen, da sie immer wieder am Reich Gottes zweifeln.

Am Ende der Jüngerbelehrung gibt Jesus einen praktischen Rat an seine Jünger weiter: *Diese Art aber kann nur durch Gebet und Fasten ausgetrieben werden* (Matthäus 17,21). Das befreiende und heilvolle Wirken Jesu führt zu einem festen Glauben und bildet die Mitte der Zeit, das heißt, die Geschichte Jesu durchbricht die Unheilsgeschichte, die schreckliche Konsequenz der Unheilsgeschichte dieser Welt, und begründet für alle Menschen die neue Möglichkeit, einen auf Erfahrung gegründeten Glauben zu erlangen.

Einzig und allein der Glaube ist es, der für die Begegnung mit Jesus entscheidend ist. Das Ruhegebet, das mit einer Abstinenz des bewussten Denkens und Fühlens einhergeht, bereitet den Weg zu dem, was Christus uns zu sagen hat. Im Innersten des Herzens wird es möglich, sich selbst in voller Klarheit zu begegnen und als notwendige Folge Christus zu finden. Diese Weise des Betens übte auch Jesus in der Stille auf dem Berg, in der Wüste, in der Nacht – abseits von allen Wohngemeinschaften der Menschen. Dieses Beten und Fasten ist ein Sich-Versenken in die Geborgenheit und in die Liebe Gottes, ein sicheres Getragenwerden über Abgründe der Angst und der Not.

Der aus diesem Gebet entstehende Glaube ist unabhängig von unserem Wollen, das sich eher hinderlich dem Erfahrungswachstum des Glaubens entgegenstellt. Glaube wie auch Liebe möchten fließen, durch uns hindurchfließen vom Ort des Empfangens hinein in die Welt, zu Menschen, deren Sehnsucht darin besteht, zu glauben und zu lieben. Haben wir unsere Angst hinter uns gelassen, Hindernisse abgebaut und stehen nicht länger in den unseligen Verwicklungen des Lebens, sind wir in der

Lage, die Liebesenergie Gottes zu empfangen und weiterzuschenken.

So reicht das kleinste Maß an Glauben bereits aus, dass »Berge« ihn hören und ihm gehorchen. Damit ist der Wunsch des Menschen gemeint, der, wenn er sich mit dem göttlichen Plan deckt, in Erfüllung geht. So kann, wenn »ich« es will, selbst Unmögliches möglich werden. Möglich wird es uns deshalb, weil der Glaube nicht ins Leere greift, sondern Gott für sich hat, den Herrn der Welt, dem auch die Berge gehorchen. Dazu ist aber die Anerkennung des Willens Gottes notwendig und nicht der Eigenwille. Dem Glaubenden ist dann alles möglich.

Preise den Herrn, meine Seele,
und alles in mir seinen heiligen Namen!
Preise den Herrn, meine Seele,
und vergiss nicht, was er dir Gutes getan hat!
Der dir all deine Schuld vergibt
und all deine Gebrechen heilt,
der dein Leben vor dem Untergang rettet
und dich mit Huld und Erbarmen krönt,
der dich dein Leben lang mit Gaben sättigt.

(Psalm 103,1–5)

Bleibt in meiner Liebe

In der Bildrede vom Fruchtbringen bezeichnet sich Jesus als der wahre Weinstock. *Bleibt in mir und ich bleibe in euch* (Johannes 15,4). Die Rede vom Weinstock fordert uns auf, unseren inneren Ort zu entdecken, an dem wir uns wohlfühlen und bleiben können. Um zu bleiben, müssen wir wissen, wohin wir gehören. Wir gehören dahin, woher wir gekommen sind. Unser Ausgangspunkt und unser Ziel ist Gott. Er ist die Liebe, der sich alles Leben verdankt. Bleiben heißt, zu Hause sein. So hat Petrus den starken Wunsch, beim Herrn auf dem Berg Tabor in der Verklärung zu bleiben. Goethe sagt über den Augenblick: »Verweile doch, du bist so schön.«

Wenn mich jedoch der Ort, an dem ich mich befinde, langweilt, wenn ich mit ihm nichts anzufangen weiß, dann werde ich fortgehen. Vordergründige Ziele können uns so besetzen, dass wir die Wirklichkeit, die unser Leben zuinnerst ausmachen möchte, nicht wahrnehmen und sie uns somit nicht erreicht. Anderes interessiert uns so, dass wir die eigentliche Wirklichkeit aufgeben und nicht an unserem Ziel ankommen. Es ist bedauerlich, zu sehen und erfahren zu müssen, wie manche einen Weg eingeschlagen haben, auf dem sie niemals an ihrem eigentlichen Ziel ankommen.

Aus eigener Erfahrung darf ich sagen, dass es Ähnliches auch in meinem Leben gab und gibt. Vordergründige Gedanken und Ziele können uns so besetzen, dass wir die Chance des Augenblicks und damit die Wirklichkeit, die unser Leben zuinnerst ausmacht, gar nicht wahrnehmen und somit verpassen. Das Wesentliche, in dem wir von Natur aus bleiben möchten, erreicht uns nicht. Wir gehen darüber hinweg, ohne es zu bemerken, da uns anderes so interessiert, dass wir unter Umständen die eigentliche Wirklichkeit aufgeben, ja, sogar preisgeben. Das, was wir vordergründig tun, widerspricht in den meisten Fällen dieser Wirklichkeit, die unsere innerste ist und sein möchte.

Der Philosoph und Mystiker Ramon Llull (1232–1316), ein Katalanier, zu dessen Grundakkord tiefe Religiosität und Freude gehörten, schreibt in einem seiner Werke sinngemäß Folgendes:

> Man frage den Liebenden, woher er wäre. Er antwortete: »Von der Liebe.« Wem gehörst du? »Der Liebe.« Wer hat dich gezeugt? »Die Liebe.« Wo wurdest du geboren? »In Liebe.« Wer hat dich ernährt? »Die Liebe.« Von was lebst du? »Von Liebe.« Was ist dein Name? »Liebe.« Woher kommst du? »Von der Liebe.« Wohin gehst du? »Zu der Liebe.« Wo bist du? »In der Liebe.« Hast du etwas

anderes als Liebe? »Ja, Schuld und Unrecht gegen den Geliebten, dass ich ihn vergaß.« Gibt es Verzeihung in deinem Geliebten? »Ja, ...«

Was kann ich von dem Gesagten aus meiner Lebenserfahrung wahrhaftig nachsprechen?

Die Mitte des Johannesevangeliums bildet die Rede Jesu über den wahren Weinstock, als den Jesus sich selbst bezeichnet. Diese Mitte der großen Wandlungsmysterien wird eingeleitet durch das Weinwunder auf der Hochzeit zu Kana, bei der die Stunde Jesu noch nicht gekommen ist. Und am Ende lädt Jesus seine Jünger zum letzten Abendmahl ein. Nach diesem gemeinsamen Mahl ist die Stunde Jesu gekommen, in der er aus dem Kelch trinken muss, den der Vater ihm reicht, und die »Bluthochzeit« beginnt.

Bleibt in mir und ich bleibe in euch, sagt Jesus zu seinen Jüngern und damit auch zu uns. Im Grund unseres Seins sind wir bereits da, wo wir hingehören. Denn wenn wir aufgefordert werden, zu bleiben, sind wir ja schon da, wo wir bleiben sollen. Die berechtigte Frage stellt sich jedoch: Wo befinden wir uns? Wohin gehören wir? Wir gehören dorthin, woher wir kommen. Wir gehören zu Gott.

Ein altes Wort der Weisheit sagt: »Fische werden im Wasser geboren, die Menschen in Gott.« Wie die

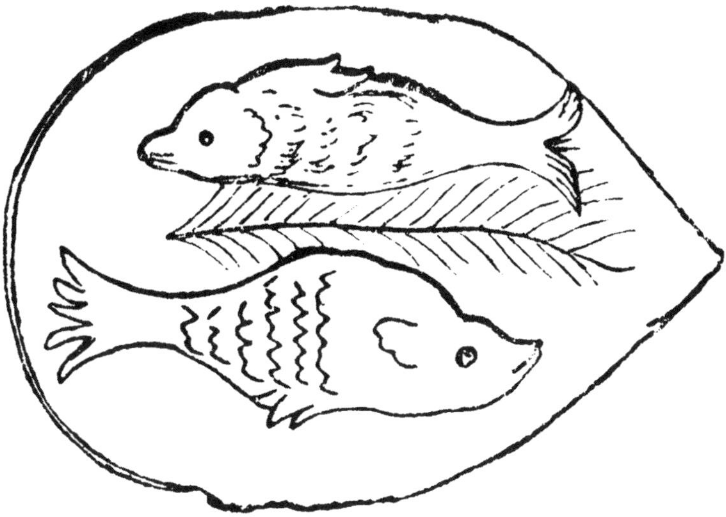

Fische hinabtauchen auf den reinen Sand des Fluss- oder Meeresgrundes, so sollten auch wir Menschen uns immer wieder fallen lassen, hingeben und hinabsinken in die Ruhe des Nicht-Denkens und Nicht-Handelns, um unserem Ursprung, Gott, näherzukommen.

Petrus von Alcántara (1499–1562), der Beichtvater von Teresa von Ávila, schreibt in seinen Geistlichen Übungen:

»Seid euch stets der Gegenwart Gottes bewusst. Macht es wie die Fische. Wenn sich ein Sturm erhebt und der Wind die Wellen hochpeitscht, bleibt der Fisch gewiss nicht an der Oberfläche des Wassers. Er taucht in die silberne Tiefe hinab und findet dort Ruhe. Macht es wie der Fisch: Wenn ihr spürt, dass sich ein Tumult erhebt, vertieft euch sogleich in die Betrachtung, bergt euch in den Armen Christi und ihr werdet gegen jede Anfechtung der Welt und der dunklen Kräfte geschützt sein.«

Aus dem Reich, das Jesus uns in seinem Wort, in seinem Tun, in seinem Leiden und Sterben offenbart, sind wir in diese Welt gekommen und kehren auch einmal dorthin wieder zurück. Jesus ist uns in das Reich seines und unseres Vaters vorausgegangen und in ihm offenbart es sich für uns. Die Liebe, aus der wir erschaffen sind, hat etwas unendlich Liebevolles mit uns vor, denn unser Ziel ist identisch mit unserem Ursprung. Unser Ziel ist Gott, von dem wir kommen, es ist die Liebe, der sich alles Sein und alles Leben verdankt.

Im Gleichnis vom wahren Weinstock, dem 15. Kapitel des Johannesevangeliums, fordert Jesus uns auf, in dieser Wirklichkeit zu bleiben. Aber sind denn der Urgrund und das Ziel unseres Seins in uns und in unserem Bewusstsein Wirklichkeit und somit in uns präsent? Ich möchte doch da bleiben, wo ich auch innerlich zu Hause bin und wo ich spüre, da ist für immer mein Platz. Wenn mich der Ort, an dem ich mich befinde – gemeint ist vornehmlich der meiner Innerlichkeit –, langweilt und wenn ich mit ihm nichts anzufangen weiß, werde ich mich nach einem anderen Ort umschauen, an dem ich mich wohler fühle. Um aber aufzubrechen und wegzugehen, muss ich den Ort, an dem ich bleiben möchte, erst einmal entdecken.

> »Sooft wir nämlich durch die Unruhe der Gedanken zu sehr aus uns herausgeführt werden, sind wir zwar noch wir selbst, aber nicht mehr in uns selbst; denn wir verlieren uns selbst aus dem Blick und schweifen anderswo umher. Der heilige Mann (Benedikt) wohnte in sich selbst, weil er stets wachsam auf sich achtete, sich immer unter den Augen des Schöpfers sah, sich allezeit prüfte und das Auge des Geistes nicht außerhalb seiner selbst umherschweifen ließ.
> Der heilige Benedikt wohnte also in sich selbst, soweit er über seine Gedanken wachte. Jedes Mal aber, wenn die Glut der Kontemplation ihn in die Höhe fortriss, ließ er sich ohne Zweifel unter sich zurück« (Gregor der Große, Der hl. Benedikt. Buch II der Dialoge, St. Ottilien 1995, 117–119).

Denn in ihm leben wir, bewegen wir uns und sind wir (Apostelgeschichte 17,28). Gott, der die Liebe ist, ist diese Wirklichkeit, die alles erschuf, durchdringt, umgibt und alles am Leben hält. Für den Menschen hat Gott vorgesehen, dass der Mensch das Innerste dieser Wirklichkeit, seinen Wesensgrund, entdeckt: die Liebe. Auf dem Weg dorthin wird ihm immer größere Liebe geschenkt, die die Liebe, die von Gott ausgeht, wiederzulieben vermag. Liebe wird als wahre und bleibende Liebe nur erfahrbar, wenn man beginnt, wiederzulieben.

Unser Fühlen, Denken, Sprechen und Tun – wenn es mehr und mehr im Einklang mit dem Willen Gottes steht – öffnet uns den Weg der Liebe zu Christus, der für uns gegenwärtig wird. Wir spüren, dass er anwesend ist, dass er uns liebt und dass seine Liebe zu uns bis ans Ende geht. Er möchte, dass wir ihn wiederlieben, denn wir können nicht anders zu Christus kommen, wir können nicht anders zu Gott kommen, als durch die Liebe hindurch. Es gibt keine andere Möglichkeit, Christus zu begegnen als durch die Liebe.

Durch seine Liebe möchte sich der Herr – vorausgesetzt, wir nehmen sie an – in einem jeden von uns Platz schaffen, um gegenwärtig zu sein. Diese Liebe ist eine Brücke vom diesseitigen an das jenseitige Ufer, die auch der Tod nicht zum Einsturz bringen kann. Liebe ist das Band, das über unsere Endlichkeit hinaus in die Unendlichkeit hineinreicht; sie ist das schönste Geschenk Gottes an uns, das uns den Sohn, Jesus Christus, erkennen lässt.

Menschen, die in dieser Welt alles andere gesucht haben, als den Urgrund Liebe in sich zu entdecken, und die für Vergängliches gelebt haben, werden zwar gerettet, wenn ihnen an Christus, dem Weg, der Wahrheit und dem Leben, gelegen ist, doch dies geschieht nur durch das Feuer. Nur durch Liebe können wir zu Christus gelangen – und diese Liebe ist ein unendliches Feuer der göttlichen Liebe. Die Glut der Sonne stellt ein Bild dar für die Liebe in Gott, für die Liebe, die Gott selbst ist. Diese Liebesglut möchte in mein Herz dringen und mich wandeln. All das jedoch, was in unserem Leben an Christus vorbeigelebt wurde, was nicht aus Liebe, sondern aus Eigensinn geschah, muss in uns wie dürres Holz und Stroh verbrennen. Dieser notwendige Vorgang kann, wenn sich viel Ballast aufgeschichtet hat, unter Umständen sehr schmerzhaft sein. Das jedoch, was Liebe in unserem Leben war und ist, wird wie Gold und Edelstein glänzen und von ewiger Dauer sein.

Im wahrsten Sinne gehören wir der himmlischen Stadt bereits an, wie sie uns in der Geheimen Offenbarung mit ihren Toren aus Perlen und Straßen aus Gold entgegenkommt. Wir sind als Hausgenossen

Gottes und Mitbürger der Heiligen geschaffen. Endgültig jedoch und dauerhaft kommen wir nur in die himmlische Stadt hinein, wenn alles, was in unserem Leben nicht Liebe war, restlos vom Feuer der göttlichen Liebe verzehrt wird. Es liegt in unserer Entscheidungsfreiheit, ob wir bereit sind, auf im Wege Stehendes und nicht zu Gott Gehörendes zu verzichten und es durch das Feuer der Gottesliebe in uns ausbrennen zu lassen. Die Liebe, mit der Gott liebt, entströmt seiner göttlichen Freiheit; und die Liebe, mit der wir Gott lieben dürfen, wird nicht durch unseren Willen erzeugt, sondern entsteht als Antwort auf die Liebe Gottes aus der Freiheit unseres Herzens.

Ein Weinstock bringt Frucht auch ohne mühevolles menschliches Zutun. Sind die Voraussetzungen durch einen guten Boden, eine gesunde Pflanze und ein entsprechendes Umfeld erfüllt, bewirken Sonne, Wind und Regen, dass der Weinstock ohne unser weiteres Hinzutun reiche Frucht bringt. Können wir nachvollziehen, dass wir zu Jesus Christus gehören wie die Reben an einem Weinstock, dann wird uns jede falsche Vorstellung genommen, dass Christentum etwas Anstrengendes sei. Die eigentliche Last unseres Lebens hat Jesus uns abgenommen, indem er Mensch wurde und den Weg der Menschen ging, in den der irdische Tod eingeschlossen ist.

Es kommt einzig und allein darauf an, dass ich Kontakt zu dem Weinstock habe, von dem Jesus sagt, dass er dieser Weinstock sei. Das Bild vom Weinstock zeigt den Lebenszusammenhang und die letzte tiefe Verbundenheit mit Jesus Christus, dem Auferstandenen. Wenn ich also zum Weinstock gehöre und mehr und mehr das Leben Jesu und seine Botschaft und das Geheimnis des Glaubens entdecke, wenn ich mir sein Wort sagen lasse und das Sakrament der Liebe empfange, dann dringt Jesus Christus ganz von selbst in all das ein, was mich ausmacht und was ich unter Umständen auf mich zu nehmen und zu leiden habe.

Was Jesus in der Bergpredigt sagt, ist für denjenigen eine Überforderung, der nicht seine innerste Heimat in der Wirklichkeit hat, die Jesus Christus ist. Bin ich jedoch in Gott verwurzelt, strömt der Saft, den das Wurzelwerk aus den Nährstoffen der Erde gewinnt, ganz von selbst in den Weinstock und dringt bis in die Zweige hinein, die Frucht bringen. Der Weg in das eigene Geheimnis unserer Innerlichkeit ist immer die Voraussetzung für das Fruchtbringen, zu dem wir erwählt und geschaffen sind. Wir bringen die Frucht aus uns hervor, die Gott für uns vorgesehen und bestimmt hat; und das ist unser gesamtes Leben mit allem, was wir aus Liebe zu Gott und den Menschen tun und verwirklichen. Wenn wir in Christus sind und bleiben, wird unser Leben gelingen und Freude wird es durchströmen, die auf unsere Umwelt übergeht und uns einmal in das ewige Leben eingehen lässt.

Jesus Christus ist bei uns – in allem Tun und Lassen ist er gegenwärtig. Wir brauchen auch dann keine Angst und Sorge zu haben, wenn wir einen anderen Menschen lieben und ihm unser Herz schenken.

Dadurch wird die Liebe zu Gott in keiner Weise beeinträchtigt, sondern sogar wachsen. Um ganz Mensch zu werden – so hat es Gott eingerichtet –, kann, darf und soll der Mensch sein Herz an einen anderen verschenken. In unserem liebenden Miteinander und Füreinander ist Gott ganz von selbst gegenwärtig. Die menschliche Liebe wird uns der göttlichen Liebe näher bringen und uns nicht von ihr entfernen.

Gott ist ein einziges Ja, das er zu seiner Schöpfung und zu seinen Geschöpfen sagt. Er möchte, dass auch wir zu seiner Schöpfung und zu all seinen Geschöpfen Ja sagen und zu diesem Ja werden. *Bleibt in meiner Liebe* – so heißt es in der Mitte des Johannesevangeliums (15,9). Ein weiteres Wort Jesu, das sich ebenso auf das Bleiben bezieht, gibt uns eine weitere Zuversicht: *Wer mein Fleisch isst und mein Blut trinkt, der bleibt in mir und ich bleibe in ihm* (Johannes 6,56). Alle, die in dieser Weise und mit dieser inneren Einstellung Eucharistie feiern, dürfen diese wunderbare und beglückende Erfahrung machen.

Die lichtreichen Geheimnisse

Jesus, der auf dem Berg verklärt worden ist

Taborlicht

Jesus sprach nicht darüber, wie und was er in den einsamen Stunden und Nächten betete. Als Mensch und Gottessohn war und ist seine Beziehung zum Vater so einzigartig, geheimnisvoll und für uns unvorstellbar, dass er niemanden in seine einsamen Gebetsstunden mitnahm. Wahrscheinlich hängt dies mit seinem ureigenen Geheimnis der Gottessohnschaft und der Einheit von Vater, Sohn und Heiligem Geist zusammen.

Doch gibt es drei Ausnahmen, die uns aufhorchen lassen und von denen wir Näheres über das Gebet Jesu erfahren. Gegen all seine Gewohnheit nahm Jesus seine zwölf Apostel mit in den geheiligten Raum seines Gebetes (vgl. Lukas 9,18–22). Das Bekenntnis des Petrus »Du bist der Messias Gottes« spricht von einem dieser Ereignisse. Die anderen beiden Male waren es seine drei Lieblingsjünger: Petrus, Jakobus und Johannes, die er mitnahm, als er sich zum Beten zurückzog. Diese Jünger durften Zeugen sein, als Jesus auf dem Berg Tabor und am Ölberg betete. Ohne sie wäre uns kein tieferer Einblick in das Beten Jesu möglich. Daher können wir diese beiden Ereignisse näher und intensiver behandeln – ohne Vermutungen darüber anstellen zu müssen, wie Jesus gebetet hat.

In den nächtlichen Gebetsstunden auf dem Berg Tabor wurden Petrus, Jakobus und Johannes Zeugen der Wandlung Jesu in die Lichtherrlichkeit des Vaters. Lukas bemerkt eigens, dass Jesus, um zu beten, auf den Berg gestiegen war und dass sich die Verklärung in sein nächtliches Gebet hineinschenkte.

> *Es geschah aber: Etwa acht Tage nach diesen Worten nahm Jesus Petrus, Johannes und Jakobus mit sich und stieg auf einen Berg, um zu beten. Und während er betete, veränderte sich das Aussehen seines Gesichtes und sein Gewand wurde leuchtend weiß* (Lukas 9,28–29).

Geschah diese lichtvolle Verklärung, das Aufleuchten der österlichen Herrlichkeit Jesu, als Vorwegnahme der österlichen Auferstehungsereignisse, um die Jünger für die Kreuzigung Jesu und die Stunde der Finsternis zu stärken? Geschah die Verklärung

Jesu nur einmal auf dem Berg Tabor oder regelmäßig während der Gebetsstunden Jesu? Die Heilige Schrift gibt uns darüber keine Auskunft. Da Jesus während seiner Verklärung mit Mose und Elija spricht, zeigt sich, dass im Gebet Jesu nicht nur eine einsame Begegnung mit dem Vater stattfand, sondern darüber hinaus eine Kommunikation mit denen, die beim Vater sind.

Nach diesen Worten … So beginnt die Perikope von der Verklärung Jesu. Lukas meint damit die erste Ankündigung Jesu von seinem Leiden und seiner Auferstehung. Die Bergbesteigung – der Berg ist die Stätte göttlicher Offenbarungen – zeigt, dass jetzt etwas geschehen wird, das sich außerhalb der natürlich und geschichtlich greifbaren Welt der Menschen ereignet. Das Kommende wird eingeleitet und erst möglich durch das Beten Jesu. Aller Wahrscheinlichkeit nach war es am Abend, als Jesus und seine drei Jünger den Berg hinaufstiegen, denn es heißt, dass *sie am folgenden Tag den Berg hinabstiegen* (Lukas 9,37).

In das Gebet Jesu hinein schenkt sich Verklärung. Das Antlitz Jesu strahlt die ihm eigene Lichtherrlichkeit aus – auch sein Gewand wird leuchtend weiß. Diese sein gesamtes Sein durchflutende Lichtkraft ist nicht – im Gegensatz zu Mose – der Widerschein Gottes, sondern die Jesus eigene Herrlichkeit. Petrus, Jakobus und Johannes erwachen aus ihrem

Schlaf und sehen die Herrlichkeit Jesu und bei ihm Mose und Elija. Das Gebet Jesu, das ihn in sich selbst verwandelt, bleibt nicht isoliert, sondern es schenkt sich eine Gemeinschaft. Petrus ist derart durchdrungen und fasziniert von diesem Ereignis, dass er Jesus bittet, in dieser Welt der Lichtherrlichkeit bleiben zu dürfen.

Eine Wolke hebt diese Herrlichkeit auf und erfüllt gleichzeitig alle, denn sie ist Zeichen der Gegenwart Gottes. *Da erscholl eine Stimme aus der Wolke: Das ist mein auserwählter Sohn, auf ihn sollt ihr hören* (Lukas 9,35). Die Wolkenstimme drückt das aus, was in der Verklärung sichtbar wird. Wie bei der Taufe Jesu kommt auch hier die einzigartige Bedeutsamkeit des Sohnes und seiner Aufgabe zum Ausdruck. Mehr als auf Mose, der das Gesetz verkörpert, und mehr als auf Elija, der die Prophetie verkörpert, ist auf Christus zu hören – selbst wenn er das Leidensgeheimnis erklärt. Die Herrlichkeit Jesu, die sich in seinem Gebet auf dem Berg Tabor offenbart, kann in dieser Welt nicht festgehalten werden. Sie ist als unvorhersehbare Gabe ein Geschenk an uns Menschen.

Während die Stimme erscholl, fanden sie Jesus allein (Lukas 9,36a). Selbst wenn die Jünger noch recht wenig von dem Geschauten und Erlebten verstehen, so wissen sie doch, dass sie über die Geheimnisse des Gottesreiches vorerst schweigen müssen.

Durch das Gebet auf dem Berg wird Jesus noch einmal zutiefst bewusst, was seine Aufgabe in dieser Welt unter den Menschen ist. Die Bestätigung durch den Vater lässt ihn tiefe Erfüllung seiner Seele erfahren, die wiederum die Ausführung seines Auftrags, andere Menschen zu heilen und glücklich zu machen und selbst den Weg nach Golgota zu gehen, möglich macht. Die tiefen wunderbaren Erlebnisse Jesu im Gebet sind für ihn eine Vorwegnahme des österlichen Geheimnisses. Da sie ihm innerlich nicht mehr verloren gehen, geben sie ihm immer wieder die Kraft, seinen vorgezeichneten Weg – auch den des Leidens und des Todes – konsequent und bejahend zu gehen. Der Weg vom Berg der Verklärung führt hinüber zum Berg des Todes – vom Gipfel innerer seliger Erfüllung zum Gipfel unsagbarer Qual, vom Tabor nach Golgota.

Petrus fordert uns auf, uns an das Taborlicht als ein Licht, das in der Finsternis leuchtet, zu halten, bis der Morgenstern aufgeht in unserem Herzen (vgl. 2. Petrusbrief 1,16–19). Dieses Licht hat der Herr in unser Herz hineingesenkt, damit die Existenz und die Liebe Jesu uns irgendwann in unserem Leben so aufleuchten und einleuchten, dass Jesus Christus zum Mittelpunkt unseres Lebens wird und wir unser Leben auf ihn gründen. Jeder, der sich bereits für Christus entschieden hat, muss dieses Licht in irgendeiner Weise wahrgenommen haben.

Dieses Licht war das gleiche Licht, das die Jünger auf dem Berg Tabor sahen. Es gibt in jedem Leben Situationen – besonders in unseren vorhergehenden oder anschließenden Gebeten –, in denen auch uns das Taborlicht einleuchtet. Nehmen wir es wahr und lassen es in unser Herz, wird sich unser Leben verändern und wir verfügen über einen neuen Maßstab, den es vorher für uns nicht gab. Wir werden sensibel für Licht und Schatten, für Wahrheit und Lüge, für Ich-Sucht und wirkliche Liebe, denn dieses Licht ist zugleich Liebe, in die Jesus bei seinem Beten immer wieder eintauchte.

Gott, der die Urliebe ist, aus der alle Liebe hervorgeht, ist dieses Licht, das zugleich Liebe ist. *Das wahre Licht, das jeden Menschen erleuchtet, kam in die Welt. Er war in der Welt und die Welt ist durch ihn geworden, aber die Welt erkannte ihn nicht* (Johannes 1,9–10). Dringen wir durch Schicksalsschläge oder besser durch unser Gebet der Hingabe durch alles hindurch, was uns hindert, zu Gott zu kommen – Johannes bezeichnet das Hindernde als Welt –, beginnen wir zutiefst, an Gott zu glauben und ihn zu lieben. Unsere Seele sehnt sich danach, dem zu begegnen, von dem wir kommen und auf den hin wir geschaffen sind. Wir tragen Gott, nach dem wir uns sehnen, bereits in unserem Herzen. Das wahre Licht zeigt uns den Weg der Gottesbegegnung, wenn wir es zulassen und es uns einleuchtet.

Dieser Weg ist kein intellektueller und kein theologischer. Er hat nichts mit Leistung und Anerkennung zu tun, sondern er führt geradewegs zum Ziel unserer Sehnsucht, wenn wir uns mit allem, was wir sind, in die Hände, die Güte und die Liebe Gottes fallen lassen.

Es kann sein, dass einleuchtende Erfahrungen auf dem Weg zum Ziel ausbleiben und wir den Weg aus den Augen verlieren, weil sich Nebel gebildet hat. Wichtig ist es dann, dass wir uns an Gott erfüllte Momente und Zeiten erinnern und uns weiterhin im Vertrauen auf Gott durch den Nebel hindurch in seine Hände fallen lassen. Das uns entgegenkommende und gleichzeitig in uns aufleuchtende Taborlicht verfügt über eine alle Nebel und Hindernisse durchdringende Strahlkraft. Dieses Licht erweist sich als Orientierung und Führung in der Nacht – vor allem dann, wenn wir einmal gefallen sind und glauben, Gott aus dem Blick und dem Herzen verloren zu haben.

Das Taborlicht leuchtet dunkle Schatten in unserer Seele aus und bringt sie in unser Bewusstsein, sodass wir unser Leben verändern können. Ebenso zeigt uns dieses vom Schöpfer ausstrahlende Licht, was vordergründig in unserem Leben war und ist; es offenbart uns die Faszinationen, die uns von Gott fernhielten, das Verhaftetsein an Vergängliches und die unguten Gedanken und Taten. Dieses wunderbare Licht, das ja Liebe ist, befreit uns von allen Anhänglichkeiten und falschen Faszinationen. Etwas ganz Wesentliches kommt noch hinzu: Es nimmt uns alle Unsicherheit und die Angst.

Selbst wenn wir die Angst nicht wahrhaben wollen, so spielt sie doch bei den meisten von uns eine nicht geringe Rolle. Wir haben Angst vor einem neuen Lebensabschnitt, Angst, uns zu behaupten, Angst davor, etwas zu wagen und zu riskieren, Angst vor Menschen, die uns verunsichern, Angst vor der Zukunft. Wenn das Taborlicht jedoch in uns aufleuchtet, weicht die Angst und alles, was uns von Gott weglocken will. Wir sollten uns gerade dann an dieses wunderbare Licht erinnern, wenn es überschattet wird und uns nicht zugänglich ist. Wir sollten unser Leben nach seinen höchsten Augenblicken beurteilen und nicht so viel an das Schreckliche denken, das uns umgibt. In jedem von uns gab es diese hohen Augenblicke oder Hoch-Zeiten, wo wir dem Licht ganz nahe waren, indem es tief in uns eindrang und uns zeigte, was Gott mit uns vorhat.

Wenn auch manche Menschen sagen, das Leben sei nach dem Mittelmaß oder gar nach den Grau-

zonen zu beurteilen, sollten wir nicht auf sie hören, sondern unsere eigenen Erfahrungen als Maßstab setzen. Hören wir nicht auf den allgemeinen Trend: »Das Leben ist schwer«, »Das Schreckliche, das passiert, ist die alles überragende Wirklichkeit.« – »Sieh doch die Selbstsucht der Leute, wie geschäftstüchtig sie sind!« – »Du stehst nicht mit beiden Füßen auf dem Boden der Wirklichkeit.« – »Sei doch ein Realist!«

Dies ist nur der verschattete Teil der Wirklichkeit. Wenn wir dagegen in der Nachfolge Christi und in dem uns einleuchtenden Licht der Liebe die Welt betrachten, geht uns eine andere und grundlegende Wirklichkeit auf, die von Liebe getragen wird und ewig währt. Wer dieses Licht auch nur einen Augenblick erfahren hat, weiß um die Stufen der Wirklichkeit. Er weiß, dass letztlich das reine Licht schattenlos ist.

Das Taborlicht hilft nicht nur, unsere Sichtweise der Welt gegenüber zu verändern, sondern lässt uns auch unsere Mitmenschen in einem anderen Licht erscheinen. Die mit dem Licht verbundene Liebe verbessert die Beziehungen zu allen Menschen, sodass wir das göttliche Licht auch in unserem Nächsten wahrnehmen und wertschätzen. Wir sehen nicht zunächst seine Fehler und Ungereimtheiten und all das, was uns nicht an ihm gefällt, sondern das strahlende Christuslicht in ihm, das wir in ihm sogar noch hervorlocken, wenn wir ihn bejahen. Das Angenommenwerden macht dem anderen Mut, zu sich selbst zu stehen und aus sich herauszukommen.

Licht hat immer etwas Anziehendes – und eine solche Anziehung müsste auch von uns ausgehen. Das wäre dann ein Hinweis darauf, dass wir vom

Licht erhellt und begeistert sind. Das Taborlicht, wie wir dieses wunderbare Licht und die damit verbundene Liebe nennen, ist auch ein Gewissenslicht. So unterscheidet sich dieses Licht von jedem anderen Licht dadurch, dass es uns die Gewissheit von der Existenz und der Liebe Gottes gibt. Das innere Wissen um Gott lässt uns auch die dunkle Macht erkennen, die uns von Gott ablenken und fortführen will. Die Sensibilität für Versuchung und Verführung bewahrt uns davor, ihr zu erliegen. Wir sehen die Abstufungen und Verschattungen der Wirklichkeit ganz klar vor uns, wie auch die Gefahr, durch die wir nach unten gezogen werden könnten.

Wir wissen, dass dieses Licht sich mit neuer Mächtigkeit in unser Herz schenkt, wenn wir die Eucharistie feiern, das Gedächtnis dessen, der für uns in den Tod ging, um uns an seiner Auferstehung teilhaben zu lassen. Der Herr und der himmlische Glanz erfüllen unseren innersten Grund und dieser Wesensgrund des Menschen, der Spiegel Gottes, erstrahlt in neuem Licht.

Nachdem Jesus zum ersten Mal sein Leiden und seine Auferstehung den Jüngern ankündigte, geht er mit seinen Lieblingsjüngern Petrus, Jakobus und Johannes auf den Berg Tabor, um zu beten. In das Gebet hinein schenkt sich Verklärung, so wie bei der Taufe Jesu die Epiphanie, das Erscheinen Gottes. Jesus, der Mensch Gewordene und als Mensch in Gott Verklärte, ist unser Vorbeter und Vollender unseres Glaubens. Wenn wir uns im einfachen Gebet Gott ganz lebenswahrhaftig hingeben, dann dringt in uns durch, was längst begonnen hat: der Verklärungsprozess. Jesus schenkt sich uns als das Licht der Welt und wir werden in ihn selbst hinein umgestaltet von Klarheit zu Klarheit (vgl. 2. Korintherbrief 3,18). Dieser Umgestaltungsprozess, der sich bereits an uns vollzieht, ist ein Prozess der Verklärung in Jesus Christus hinein.

Die Verklärung Jesu hat bei den Jüngern bis in die Tiefe ihrer Seelen Wurzeln gefasst, denn durch die Vorwegnahme des österlichen Geschehens legte Jesus ein Samenkorn des Glaubens in die Herzen der Jünger. Dieses Ereignis auf dem Berg Tabor war in keiner Weise von Jesus beabsichtigt. In seinem Leben gibt es nichts Berechnendes. Er, der von Gott kommt und auf Gott hin lebt, besitzt die Unmittelbarkeit eines unschuldigen Kindes, das einfach geschehen lässt, was geschehen möchte. Alles, was von Gott her und auf Gott hin geschieht, hat Sinn und stiftet Sinn.

Die Ankündigung der Passion Jesu und der Kreuzigung, die dem Gebet auf dem Berg Tabor vorausging, ist den Jüngern tief in ihre Seele gedrungen. Um jedoch die Passion Jesu aushalten und mittragen zu können, durften die Jünger die Verklärung Jesu schauen, eine Vorwegnahme der österlichen Auferstehung. Dadurch wurde ihnen ein noch tieferer Glaube geschenkt, der sie das Leiden und den Kreuzestod Jesu überstehen ließ. Die Verklärung Jesu, die sich in sein Beten hinein vollzog, hat den Jüngern ein so starkes Glaubensfundament in ihre Seelen graviert, dass sie, obwohl sie fast alle Jesus in seiner Passion verließen und vor Angst davonliefen, am Osterabend wieder zusammenkamen.

Es könnten schlimme Zeiten auf uns zukommen; wir wissen nicht, was jedem Einzelnen von uns in der Welt bevorsteht. Sterben müssen wir alle. Daher ist es so lebens- und überlebenswichtig, dass wir uns immer wieder, wie Petrus es empfiehlt, an das Taborlicht und damit an die Auferstehung Jesu halten. Dass unmittelbar auf den Tod die Auferstehung folgt, bekennen wir zwar im Geheimnis des Glaubens, doch wird dieser Zusammenhang unmittelbar als Wirklichkeit erfahren, wenn wir uns immer wieder im Gebet der Ganzhingabe Gott überlassen. Dann sehen wir ein, warum Jesus, wenn er vom Tod sprach, es immer nur in Verbindung mit der Auferstehung tat. Wir dürfen darauf vertrauen, dass in unserem Leben und ganz besonders und gewiss auf unserem Weg zum Tod die Herrlichkeit Gottes wie eine Stichflamme uns einleuchtet, die erst jenseits des Todes für uns vollkommen offenbar wird.

Die Ostkirche setzt das Evangelium von der Verklärung Jesu auf dem Berg Tabor mit den entsprechenden Ikonen dem Evangelium von der Auferstehung Jesu mit den entsprechenden Ikonen gleich. Die Ikonen von der Verklärung Jesu gehören zu den wichtigsten Ikonen in der östlichen Bilderwelt. Das Ereignis der Verklärung Christi gilt in der gesamten Orthodoxie als Zentrum in der Lebensgeschichte Jesu, weil es im Vorhinein sichtbar macht, was Auferstehung bedeutet.

Als Auferstandener ist der Herr den Jüngern nicht in diesem Lichtglanz erschienen, sondern in menschlicher Gestalt hinter verschlossenen Türen, als Mann am Ufer, als Gärtner, als ein Fremdling, der sich den Emmausjüngern zugesellt. Dieses Sichtbarwerden Jesu ist ganz anders als bei der Verklärung auf dem Berg Tabor, wo das Göttliche in Jesus für die Jünger deutlich und für die Sinne wahrnehmbar wurde. Bisher kannten sie ihren Herrn eigentlich nur als Menschen. Nun lernen sie ihn auch als Gott kennen. Es ist Wirklichkeit, was die Jünger, aus dem Tiefschlaf erwachend, sehen und was ihr Innerstes zutiefst ergreift. Abraham erwachte aus dem tiefen Schlaf und erfuhr Gottes Offenbarung durch das Wort; Adam erkannte, aus dem Tiefschlaf erwachend, dass da ein anderer Mensch war, mit dem er den Bund leben sollte.

Jesus besaß immer schon in seinem Inneren die göttliche Lichtgewalt, doch jetzt, da er betet, tritt sie so stark aus ihm hervor, dass er davon leuchtet. Zwischen liebenden Menschen geschieht etwas Ähnliches. Wenn sie aneinander denken und – noch weitaus mehr – wenn sie sich begegnen, leuchtet etwas in ihnen auf und sie beginnen zu strahlen. Lieben sich zwei Menschen aus einer echten gefestigten personalen Liebe heraus, dann ist ihr Antlitz von diesem Strahlen geprägt.

Könnte dies nicht ein Hinweis auf das Leuchten Jesu sein, als er auf dem Berg Tabor betete? Diese Liebesstrahlkraft Jesu haben die Jünger sehen und erleben dürfen, um uns aus ihrer eigenen Erfahrung sagen zu können: Mensch, wenn du alles aus der Hand legst und im Loslassen von allem, was dich besetzt und fesselt, wahrhaft betest, dann kann es geschehen, dass auch du von Gott strahlst. Sei gegenwärtig vor Gott wie ein Kind: einfach und einfältig, ohne Erwartung, hingebend an den Augenblick und der Herr wird dich seine liebende Nähe spüren lassen.

Es gibt Menschen, die so mit Gott und in Gott leben, dass ihr Gesicht davon zu leuchten beginnt. Es ist ein inneres Strahlen, das sie nicht mehr verlässt, auch wenn sie krank und eventuell depressiv sind und meinen, alles sei dunkel in ihnen und um sie herum.

Die Jünger schwiegen über das, was sie gesehen hatten. Im Evangelium von der Verklärung Jesu steht bei Matthäus und Markus, dass Jesus den Jüngern eigens befahl, nicht darüber zu sprechen, bis er von den Toten auferstanden sei. Es gibt Erfahrungen und Erlebnisse, von denen kann und soll man nicht gleich sprechen; sie müssen erst tief innerlich aufgenommen und verarbeitet werden, sodass sie unsere ganze Wirklichkeit durchdringen. Die Wahrhaftigkeit Jesu Christi leuchtete den Jüngern ein und darauf gründeten sie ihr Leben. Nach Pfingsten, als die Jünger erfuhren, dass es viele waren, denen der Herr das Herz für die frohe Botschaft geöffnet hatte, erzählten sie von der Verklärung Jesu. Eine ganz besondere Betonung lag bei ihnen auf dem Taborlicht, damit auch andere und damit auch wir von ihm erreicht und ergriffen werden.

Wir sollten wissen, dass ein jeder von uns in dieses Licht, in diese Verklärung, gerufen ist. In unserer liebenden Hingabe an Gott, vornehmlich im Ruhegebet und in der Eucharistie, werden wir einen Vorgeschmack der Auferstehung erfahren, die uns allen zugedacht ist, wenn uns das Taborlicht berührt. Es möchte sich in uns entfalten, bis wir einmal ganz durchlichtet sind von Gott. Die Wirklichkeit des Taborlichtes schenkt sich ebenso in unsere Seele hinein, wenn wir aufrichtig und selbstlos lieben und das Wort Gottes hören. Bei der Verklärung Jesu auf dem Berg Tabor *erscholl eine Stimme aus der Wolke: Dieser ist mein auserwählter Sohn, auf ihn sollt ihr hören* (Lukas 9,35). Das Wort zu hören ist wichtig, denn es erklärt uns das, was unsere Seele sieht. Ohne das innere Sehen und das dazu gehörige Wort Gottes könnten wir nicht wahrhaft und wirklich glauben.

Wie gewinnen wir Augen dafür, inmitten des Unscheinbaren und Alltäglichen das göttliche Licht aufzunehmen? Orientieren wir uns nicht zu häufig an den Positionslichtern, die am Bug unseres eigenen Lebensschiffes befestigt sind? Dieses strahlende Licht können wir nicht wahrnehmen und ins Herz einlassen, indem wir etwas Glänzendes tun und Ansehen gewinnen, sondern nur, wenn wir beten, auf das Wort Gottes hören und uns durch die heilige Kommunion in das Geheimnis des Glaubens versenken. In jeder Liebe, in jedem Du, erscheint das innere Licht. Vielleicht wird nichts anderes von uns verlangt, als ein Gesicht leuchten zu machen, bis es durchsichtig wird und der Abglanz des Göttlichen in ihm aufleuchtet.

Die lichtreichen Geheimnisse

Jesus, der uns die Eucharistie geschenkt hat

Das Sakrament der Liebe

Der Alte Bund, den Gott auf dem Sinai mit seinem Volk geschlossen hat, ist hinfällig geworden, da Gottes Volk die Treue brach. Durch Jesus gilt die neue Weissagung, die der Prophet Jeremia nach dem Untergang des Ersten Bundes in Aussicht stellte.

> *Siehe, Tage kommen – Spruch des Herrn –, da schließe ich mit dem Haus Israel und dem Haus Juda einen Neuen Bund. Er ist nicht wie der Bund, den ich mit ihren Vätern geschlossen habe an dem Tag, als ich sie bei der Hand nahm, um sie aus dem Land Ägypten herauszuführen. Diesen meinen Bund haben sie gebrochen, obwohl ich ihr Gebieter war – Spruch des Herrn. Sondern so wird der Bund sein, den ich nach diesen Tagen mit dem Haus Israel schließe – Spruch des Herrn:*

Ich habe meine Weisung in ihre Mitte gegeben und werde sie auf ihr Herz schreiben. Ich werde ihnen Gott sein und sie werden mir Volk sein. Keiner wird mehr den anderen belehren, man wird nicht zueinander sagen: Erkennt den Herrn!, denn sie alle, vom Kleinsten bis zum Größten, werden mich erkennen – Spruch des Herrn. Denn ich vergebe ihre Schuld, an ihre Sünde denke ich nicht mehr (Jeremia 31,31–34).

Wenn Jesus im Abendmahlssaal vom Blut des Neuen Bundes spricht, weist er auf diese Worte des Propheten Jeremia hin, die das Ende aller Herrschaft von Menschen über Menschen im Namen Gottes bedeuten. Friede wird im Herzen eines jeden Menschen sein und niemand wird gehindert, wenn er sich auf den geistlichen Weg begibt – auf die Suche nach Gott.

Und er nahm das Brot, sprach das Dankgebet, brach es und reichte es ihnen mit den Worten: Das ist mein Leib, der für euch hingegeben wird. Tut dies zu meinem Gedächtnis! Ebenso nahm er nach dem Mahl den Kelch und sagte: Dieser Kelch ist der Neue Bund in meinem Blut, das für euch vergossen wird (Lukas 22,19–20).

Auf diesem Bild sieht man Judas rechts am äußeren Bildrand, wie er die Gemeinschaft verlässt – ihr förmlich den Rücken zuwendet. In seiner rechten Hand trägt er den Beutel mit den dreißig Silberstücken (vgl. Matthäus 26,15). *Als Judas den Bissen Brot genommen hatte, fuhr der Satan in ihn* (Johannes 13,27). Der Maler hat die schwarzen Haare des Judas zu Hörnern geformt. Seine Gestalt ist im Vergleich zu den anderen Jüngern verschwindend klein. *Als Judas*

den Bissen Brot genommen hatte, ging er sofort hinaus. Es war aber Nacht (Johannes 13,30). Dass es Nacht war, besagt keine Zeitangabe, sondern eine Zustandsangabe. Ein Mensch, der sich von Jesus trennt, der Jesus verrät, befindet sich in der »Nacht«.

Erst jetzt, nachdem Judas hinausgegangen war, konnte Jesus zu seinen Jüngern von seiner Verherrlichung sprechen und ihnen das neue Gebot der Liebe offenbaren. Jetzt beginnt die Stunde, in der Jesus durch den Tod am Kreuz verherrlicht wird. Diese Stunde wird durch den Weggang des Verräters eingeleitet.

> *Ein neues Gebot gebe ich euch: Liebt einander! Wie ich euch geliebt habe, so sollt auch ihr einander lieben. Daran werden alle erkennen, dass ihr meine Jünger seid: wenn ihr einander liebt* (Johannes 13,34–35).

Das »neue« Gebot, die Nächstenliebe nach dem Vorbild Jesu bis zum Tod, überbietet das alttestamentliche Gesetz. Die Erfüllung dieses Gebotes wird zum kennzeichnenden Merkmal der Jünger Jesu. Jesus konnte sich nur den Seinen offenbaren, nachdem Judas – gemeint ist damit die widergöttliche Kraft – den Abendmahlssaal verlassen hatte.

Im Tod Jesu wird sein Leib hingegeben und sein Blut vergossen. Seine Heilstat und seine Heilsgabe

sind gegenwärtig, wenn wir das Gedächtnismahl feiern. Brot und Wein sind zu Leib und Blut Christi geworden. Diese Gaben liebender Hingabe werden allen gereicht, die danach verlangen, damit sie immer neu und immer tiefer die geistliche Verbundenheit mit Gott erfahren. Jesus schenkt im Sakrament der Liebe Anteil an sich selbst, wie es inniger nicht denkbar ist. »Ich bin das Brot«, »Ich bin der Wein« – sind Worte, die auf einen tiefen verborgenen Sinn deuten, auf Bleibendes, auf Ewiges, für das es keine Worte gibt.

Ist der Kelch des Segens, über den wir den Segen sprechen, nicht Teilhabe am Blut Christi? Ist das Brot, das wir brechen, nicht Teilhabe am Leib Christi? (1. Korintherbrief 10,16).

Im Wortgottesdienst führt die Betrachtung zum inneren Gebet. Das innere Gebet führt zum Schweigen, in das hinein sich das Mahl der Liebe, die Eucharistie, schenkt. Dieses Sakrament der Liebe ist der Schlüssel zu verborgenen Räumen unserer Seele.

Bereite dich und empfange das Brot des Lebens und den Kelch des Heiles. Du wirst das gegenwärtige Leben – wenn es schwer für dich geworden ist – besser ertragen und durchhalten können. Du wirst eine noch größere Freude an deinem Leben gewinnen, da durch dich das Licht des Jenseitigen bereits in dieser Welt transparent wird.

Jesus Christus, vor aller Ewigkeit auserwählt und vom Vater gesegnet, wurde durch den Tod am Kreuz gebrochen und als Brot der Welt hingegeben. Wenn der Priester in der Eucharistiefeier das Brot nimmt, es segnet, es bricht und es mit den Worten »der Leib Christi« austeilt, beten wir darum, dass der Wille Gottes an uns geschehe und wir unser Leben mit der Lehre Christi in Einklang bringen.

Wir sollten uns auf die heilige Messe und die Kommunion vorbereiten, um Geschmack zu finden an dem, was uns aus der göttlichen Welt entgegenkommt und uns wandeln möchte. Geschmack einzig und allein an dem zu finden, was es in den Supermärkten dieser Welt gibt, reicht nicht aus, um den Hunger unserer Seele zu stillen. »Wir werden, was wir empfangen«, sagt Augustinus im Hinblick auf das eucharistische Geheimnis. Man könnte auch sagen: »Wir werden, was wir sind. Wir sind Kinder Gottes.« Als Kinder Gottes liegt unsere Bestimmung und Aufgabe darin, mit Gott geeint und zu seinem Ebenbild zu werden.

Das Sakrament der Versöhnung und vor allem der Empfang der heiligen Eucharistie tragen wesentlich dazu bei, dass der Mensch sich für Christus, für seine Botschaft und für sein Wesen, öffnet. Lebendiger Glaube entsteht, eine bis in den innersten Grund reichende Offenheit, damit uns das Wesen Christi und damit das Wesen Gottes einleuchtet. *Wer mich gesehen hat,* sagt Jesus, *hat den Vater gesehen* (Johannes 14,9). So wie die Erde sich um die Sonne dreht, so bewegt sich der von Gott berührte Mensch um Christus als das Licht seines Lebens. Hierin liegt ein ahnungshafter Hinweis auf die Auferstehung, in die Christus uns mit hinein nehmen möchte, und auf die kommende Verklärung.

Dem Todesleiden Jesu gingen seine Liebeserweise voraus, und zwar nicht nur für diejenigen, für die er den Tod auf sich zu nehmen gekommen war, sondern auch für den, der ihn dem Tod überliefern wollte. So groß ist der Nutzen der Demut für den Menschen, dass die erhabene Gottheit sie durch Übung empfahl; denn der stolze Mensch geht ewig verloren, wenn ihn der demütige Gott nicht findet. Und der durch Stolz des Versuchers verloren war, wurde gerettet durch die Demut des gütigsten Erlösers (Illation des Gründonnerstag).

Brot für das Leben

Es kommt immer wieder vor, wenn eine Messe für irgendeine Gemeinschaft gefeiert wird – sei es eine Schulklasse, eine Hochzeitsgesellschaft, eine Familie mit ihren Angehörigen, die Feuerwehr, eine Schützengesellschaft oder eine Trauergemeinde –, dass alle gemeinsam zur heiligen Kommunion gehen. Keiner will zurückbleiben. Dabei ist zu fragen: Haben sich diese Menschen denn wirklich vorbereitet? Ist ihre Seele geöffnet für dieses Mysterium?

Wenn auch viele Argumente dafür sprechen, unvorbereitet zur Kommunion zu gehen im Glauben, dass die damit verbundene Gnade eine heilende und

Einsicht gebende Wirkung hat, so möchte ich doch an dieser Stelle auf ein wichtiges Pauluswort hinweisen:

Denn sooft ihr von diesem Brot esst und aus dem Kelch trinkt, verkündet ihr den Tod des Herrn, bis er kommt. Wer also unwürdig von dem Brot isst und aus dem Kelch des Herrn trinkt, macht sich schuldig am Leib und am Blut des Herrn. Jeder soll sich selbst prüfen; erst dann soll er von dem Brot essen und aus dem Kelch trinken. Denn wer davon isst und trinkt, ohne den Leib zu unterscheiden, der zieht sich das Gericht zu, indem er isst und trinkt (1. Korintherbrief 11,26–29).

Wer sich generell nicht für Christus und für das Christentum als Lebensform ent-scheidet, wer nur bei einer gesellschaftlichen Gelegenheit zum Tisch des Herrn geht, weil die anderen auch gehen, der unter-scheidet auch nicht. Diese Unterscheidung kommt immer mehr zum Erliegen.

Wir alle aber schauen mit enthülltem Angesicht die Herrlichkeit des Herrn wie in einem Spiegel und werden so in sein eigenes Bild verwandelt, von Herrlichkeit zu Herrlichkeit, durch den Geist des Herrn (2. Korintherbrief 3,18).

Wenn die undurchsichtige oder kaum durchsichtige Hülle von unseren Augen genommen ist, die uns Christus verbirgt, beginnt nach dem zunächst notwendigen Reinigungsvorgang der Verklärungsprozess. Jeder mystische Weg besteht aus drei Stufen: Reinigung, Erleuchtung und Einigung. Wer zum Beispiel das Ruhegebet betet, erfährt nicht nur diese drei Schritte nacheinander, sondern inmitten des Reinigungsprozesses kann für Momente ein Gnadenstrahl einleuchten oder das Einssein mit Gott geschenkt werden.

Es gibt viele Menschen, die beherrscht sind von dem Gedanken an irdisches Auskommen, Fortkommen, an Geld, an Leistung und an einen entsprechenden Konsum. Diese und ähnliche Prioritäten in ihrem Leben bestimmen ihr Verhalten und verhindern es, dass sie tiefere, seelische Bedürfnisse in sich entdecken. Das eigentlich Wesentliche erreicht und verändert das Leben dieser Menschen nicht. Über ihren Augen liegt noch eine undurchsichtige Decke.

Die grundlegende Gnade in unserem Leben besteht darin, dass Gott diese Decke von uns nimmt. Christus hat durch sein Kommen in diese Welt, durch seinen Tod und seine Auferstehung, uns Möglichkeiten angeboten und gegeben, sodass unsere Schuld getilgt und unsere Seele licht wird. Dadurch wird die Decke über unseren Augen immer durchlässiger und durchsichtiger. Es ist wunderbar, Menschen zu erleben, in deren Leben die Stunde anbricht, in der sich ihr Herz dem Licht zu öffnen beginnt und sie die Vergänglichkeit und Brüchigkeit alles Irdischen erkennen. Dies geschieht bei ihnen nicht intellektuell, sondern mit dem Herzen, indem sie sich Gott ganz anheimgeben.

Anschließend ein paar Worte zum würdigen Empfang der heiligen Kommunion. Nach dem Wort des Paulus: *Ein Brot ist es. Darum sind wir viele ein Leib; denn wir alle haben teil an dem einen Brot* (1. Korintherbrief 10,17) sollten wir beim Empfang der heiligen Kommunion wenigstens in Werktagsmessen oder in Messen mit kleinen Gruppen auf einanderwarten, um dann gemeinsam mit dem Priester zu kommunizieren. Dadurch wird uns bewusst und wir bringen es zum Ausdruck, dass wir eine Einheit der Liebe bilden. Die Aussage des Paulus sollte nicht nur symbolisch vollzogen, sondern auch leibhaftig werden, damit wir von ihr innerlich ergriffen werden und sie sich auch in unseren Alltag hinein verwirklicht. Es besteht ein großer Unterschied, ob wir auf einanderwarten oder ob jeder für sich allein isst.

Sowohl die Hand- als auch die Mundkommunion sind möglich und es bleibt jedem selbst überlassen, welche Form er für sich wählt. Die Handkom-

munion macht dem Gläubigen deutlich, dass der ganze Mensch von Gott in Anspruch genommen wird. Ich empfange den Leib des Herrn, der sich mir aushändigt, mit meiner Hand, die weniger sündigt als meine Zunge. Wie häufig sagen wir Schlechtes über andere, urteilen vorschnell über sie, üben an ihnen unberechtigte Kritik oder sagen die Unwahrheit. Auf der anderen Seite gibt es viele Gläubige, die eine derart große Ehrfurcht vor dem Allerheiligsten haben, dass sie es nicht mit der Hand berühren möchten. Sie möchten den Leib des Herrn gereicht bekommen und gleich schmecken, was droben ist. Dass viele Menschen dabei knien möchten, versteht sich. »Niemals ist der Mensch größer, als wenn er kniet« (Papst Johannes XXIII., 1881–1963).

Die Entscheidung, ob ich die Hand- oder Mundkommunion empfange, steht in keinem Verhältnis zu der Gewohnheit, dass jeder für sich allein kommuniziert. Die Gläubigen kommen einzeln im »Gänsemarsch« vor den Altar und gehen »kauend« wieder zurück. So etwas tut man nicht einmal bei einem gewöhnlichen Mahl, bei dem wir uns um einen Tisch setzen und aufeinander warten, um gemeinsam zu essen. In früheren Zeiten kniete man an der Kommunionbank und stand gemeinsam auf, nachdem alle den Leib des Herrn empfangen hatten. Dieser Rest von Gemeinschaft ist heute in totale Vereinzelung übergegangen. Jeder empfängt die Kommunion für sich und es dringt nicht ins Bewusstsein, dass hier der eine Herr uns zu einem Leib zusammenführen möchte.

Darum sollte man wenigstens, wie gesagt, die Chance der Werktagsmessen wahrnehmen, um sich um den Altar zu versammeln und mit der heiligen Kommunion aufeinander zu warten. Es muss doch wenigstens einmal während der Messe zum Ausdruck kommen, dass wir eine Gemeinschaft bilden. In Sonntagsmessen ist es aber auch möglich, gemeinsam zu kommunizieren, wenn man an der Kommunionbank oder an der Stufe zum Altar aufeinander wartet. Einer empfängt das Brot des Herrn und nimmt es nicht eher zu sich, bis sein Nachbar es auch empfangen hat.

Der Priester spricht in der Vollmacht, die ihm die Weihe gibt: *Nehmet und trinket alle daraus: Das ist der Kelch des Neuen und Ewigen Bundes, mein Blut, das für euch und für alle vergossen wird zur Vergebung der Sünden. Tut dies zu meinem Gedächtnis.* Dieser Kelch enthält den Neuen Bund im Blut Christi. Die Vergießung des Blutes Christi, die Geistausgießung, die Darreichung des Kelches und die Sünden tilgende Geistmitteilung sind in der Tiefe ein und dasselbe Geschehen. Wer im Trinken des Blutes begreift, was Gott in der Hingabe Jesu Christi für ihn tat und tut, den hat Gottes Geist ergriffen.

Bei jedem Mahl ergänzen sich Speise und Trank. Die einfachste und elementarste Lebensbetätigung ist das Stillen des Durstes. Gleich nach der Geburt beginnt das Kind sein Leben mit dem Wunsch, zu trinken; und das Leben des Sterbenden endet mit dem Stillen seines Durstes. Sowohl das Kind als auch der Sterbende sind angewiesen auf die Liebe, die zu Trinken reicht und den Durst stillt. Die einfachste Lebensform, das Trinken, hat Jesus dazu ersehen, uns seinem himmlischen Vater näherzubringen und unseren Heilsdurst zu stillen.

Aus dem Herzen des Herrn fließen Ströme lebendigen Wassers. Im Abendmahlskelch offenbaren sie sich in der sakramentalen Wirklichkeit. Aus der Seite des Gekreuzigten flossen Blut und Wasser (vgl. Johannes 19,34). Die geöffnete Seite Jesu ist der Quellort der Ströme lebendigen Wassers. Dieses Blut und dieses Wasser sind nicht nur Zeichen eines gewöhnlichen Todes, sondern es ist auch geheimnisvoll identisch mit der messianischen Gabe, dem Heiligen Geist. *Drei sind es, die Zeugnis ablegen: der Geist, das Wasser und das Blut; und diese drei sind eins* (1. Johannesbrief 5,7–8).

Der Priester sollte des Öfteren die Gläubigen auch zur Kelchkommunion einladen. Dabei muss nicht jeder aus demselben Kelch trinken; der Priester kann die Hostie in das Blut Christi tauchen und sie dann den Gläubigen reichen. Durch die Teilnahme am Kelch, dem Blut Christi, schenkt sich größere Glaubenskraft und innere Erneuerung.

Es ist offenbar eine Sehnsucht vieler Menschen, zum Leib Christi auch das Blut Christi zu empfangen.

Seele Christi, heilige mich.
Leib Christi, rette mich.
Blut Christi, tränke mich.
Wasser der Seite Christi, wasche mich.
Leiden Christ, stärke mich.

O guter Jesus, erhöre mich.
Birg in deinen Wunden mich.
Von dir lass nimmer scheiden mich.
Vor dem bösen Feind beschütze mich.
In meiner Todesstunde rufe mich,
mit deinen Heiligen zu loben dich
in deinem Reiche ewiglich. Amen.

Die schmerzhaften Geheimnisse

Jesus, der für uns Blut geschwitzt hat

Dann verließ Jesus die Stadt und ging, wie er es gewohnt war, zum Ölberg; seine Jünger folgten ihm. Als er dort war, sagte er zu ihnen: Betet, dass ihr nicht in Versuchung geratet! Dann entfernte er sich von ihnen ungefähr einen Steinwurf weit, kniete nieder und betete: Vater, wenn du willst, nimm diesen Kelch von mir! Aber nicht mein, sondern dein Wille soll geschehen.
Da erschien ihm ein Engel vom Himmel und stärkte ihn. Und er betete in seiner Angst noch inständiger und sein Schweiß war wie Blut, das auf die Erde tropfte (Lukas 22,39–44).

Das Gebet Jesu am Ölberg

Ein zweites Mal durften den Herrn seine Lieblingsjünger Petrus, Jakobus und Johannes zum Gebet begleiten: im Garten Getsemani. Seiner Gewohnheit entsprechend ging Jesus mit den Jüngern über den Kidronbach zum Ölberg. Wenn er in Jerusalem war, pflegte er regelmäßig zum Gebet dorthin zu gehen. *Dann verließ Jesus die Stadt und ging, wie er es gewohnt war, zum Ölberg* (Lukas 22,39). Judas, der mit dieser festen Gewohnheit Jesu vertraut war, konnte somit im Voraus seinen Verrat planen (vgl. Johannes 18,2).

Der Menschensohn ging in die völlige Einsamkeit, in der er zum Vater betete. Zu Beginn seines Wirkens betete Jesus in der Morgenfrühe um Klarheit für seinen Weg, jetzt in tiefer Nacht im Garten Getsemani um das Bestehen des Endes seines irdischen Lebens. Als Jesus mit seinen Jüngern im Garten Getsemani ankam, bat er sie, zu beten, um nicht in Versuchung zu geraten. Dann nahm er seine drei Lieblingsjünger mit, entfernte sich einen Steinwurf weit, kniete auf die Erde nieder und betete.

Jesus, der sein Leiden und die Kreuzigung vor seinem inneren Auge sah, wurde von Angst geschüttelt und begann zu verzagen. Er sagte zu Petrus, Jakobus und Johannes: *Meine Seele ist zu Tode betrübt. Bleibt hier und wacht mit mir!* (Matthäus 26,38). Und er ging ein Stück weiter, warf sich auf sein Gesicht und betete: *Mein Vater, wenn es möglich ist, gehe dieser Kelch an mir vorüber. Aber nicht, wie ich will, sondern wie du willst* (Matthäus 26,39). Die Angst Jesu verstärkte sich. Er betete noch inständiger mit den gleichen Worten, die er dreimal wiederholte.

- *Aber nicht, wie ich will, sondern wie du willst* (Matthäus 26,39).
- *Mein Vater, dein Wille geschehe* (Matthäus 26,42).
- *Mein Vater, dein Wille geschehe* (Matthäus 26,44).

Der Evangelist Markus schreibt: *Abba, Vater, alles ist dir möglich. Nimm diesen Kelch von mir! Aber nicht, was ich will, sondern was du willst* (Markus 14,36). Jesus betete dieses Gebet dreimal mit den gleichen Worten.

Beim Evangelisten Lukas heißt es: *Vater, wenn du willst, nimm diesen Kelch von mir! Aber nicht mein, sondern dein Wille soll geschehen* (Lukas 22,42).

Es ist durchaus anzunehmen, dass sich dieses einfache Gebet Jesu in einer mehrmaligen Wiederholung fortsetzte. Das Anliegen Jesu war und ist es, seine Jünger und uns zum Gebet und damit zu größerer Verbundenheit mit Gott zu führen. Er wollte, dass auch wir – wie er selbst im Gebet am Ölberg – uns fest auf Gott ausrichten, um alle Angst zu verlieren und das Leben bestehen zu können.

Ähnlich wie Jesus, der zum Beten ein Stück weiterging, um allein zu sein, haben auch große Gottesmänner des Alten Bundes ihre Gefährten zurückgelassen, wenn sie im Gebet vor Gottes Angesicht traten.

- *Da sagte Abraham zu seinen Jungknechten: Bleib mit dem Esel hier! Ich aber und der Knabe, wir wollen dorthin gehen und uns niederwerfen; dann wollen wir zu euch zurückkehren* (Genesis 22,5).
- *Zu den Ältesten sagte er* (Mose)*: Bleibt hier, bis wir zu euch zurückkehren … Dann stieg Mose auf den Berg und die Wolke bedeckte den Berg* (Exodus 24,14a.15).

Beim Beten Jesu, als er in der Wiederholung seines Gebetes noch inständiger betete, trat Schweiß aus, der wie Blutstropfen auf die Erde fiel. Jesus sprach im Garten Getsemani im Gebet zum Vater sein Innerstes aus. Er wusste, dass er den Weg bis zum Ende gehen musste. Wusste er aber auch, dass der Tod ihn nicht festhalten würde? Jesus war von Angst durchdrungen und von tiefer Not bedrängt. Während er betete, sah er seinen Kreuzestod vor sich. Er begann zu zittern und entsetzliche Angst ergriff ihn.

Und er betete in seiner Angst noch inständiger und sein Schweiß war wie Blut, das auf die Erde tropfte (Lukas

22,44). Alles Schreckliche, alles Böse, das es in der Welt gibt, zog sich gegen ihn zusammen. Der Hinweis auf den Todesschweiß Jesu lässt an den Schweiß Adams denken, von dem gesagt wird: *Im Schweiße deines Angesichts wirst du dein Brot essen, bis du zum Erdboden zurückkehrst* (Genesis 3,19).

Wie Adam, der gefallene Mensch, unter Mühen sein Brot erwirbt, so hat Jesus unter Todesmühen unsere Schuld aufgearbeitet. Sein Hunger bestand darin, dass wir Heil erfahren. Gestillt jedoch wurde letztlich sein Hunger, indem er unsere Not, ja, unsere Todesangst auf sich nahm und durchlitt. Jesus wurde Mensch, einer von uns, und er erlitt all das, was wir erleiden, noch weitaus tiefer als wir. Unsere Todesangst wird auch in aller Zukunft von seiner Angst unterfangen und getragen.

Als Jesus sich dreimal vom Gebet erhob und zu den Jüngern zurückkam, fand er sie schlafend. Auf diesem, seinem letzten Weg in Freiheit hatte er sich von seinen Lieblingsjüngern erhofft, dass sie ihn durch ihre Gegenwart und ihr Gebet mittragen und stärken. Die Müdigkeit nach äußerster seelischer Anstrengung hatte sich jedoch der Jünger bemächtigt. Sie wussten weder etwas von der großen Bedeutung dieser Nacht noch was sie ihnen bringen würde.

Es war drückend heiß. Ein Chamsin, ein trockener Wüstenwind, fegte über Jerusalem. Jesus rief erneut – geschüttelt von Todesangst – zu seinem Vater. Er wusste, dass sein Weg nach Jerusalem ein Opfergang ist und dass er das Leben bis zum Tod auf sich nehmen musste. Gerade Jesus, der keinen Menschen ausstoßen konnte, war in dieser Nacht selbst ein Ausgestoßener. Bebend vor Angst sah er seiner Auslieferung und Hinrichtung entgegen.

Der seelische Schmerz jedoch war noch tiefer. Die Erschütterung, die ihn ergriff, bestand darin, dass nicht der Himmel ihn verlassen hatte, sondern die Menschen. In dieser Stunde war die Kluft zwischen Jesus und den Jüngern unendlich groß. Da Jesus wusste, was im Menschenherzen vorging (vgl. Johannes 2,25), erlebte er diese Nacht noch dunkler und furchtbarer. Er verstand, was Menschen tun, und konnte es nicht ändern. Er sah, was in ihnen vorging, und konnte nichts verhindern.

Man kann diesen Bericht nicht lesen und betrachten, ohne selbst zutiefst berührt zu sein. Hier bangt ein Jesus um sein Leben und leidet entsetzliche seelische Schmerzen, da ihn seine Freunde verlassen haben und ihn sogar verraten werden. Die Verbundenheit mit seinem Vater jedoch ermöglichte ihm die Hingabe an den göttlichen Willen – diese Hingabe darf man schlicht und einfach Ruhegebet nennen. Sie gab Jesus Vertrauen und Stärke, die ihn bis zum Ende aushalten ließen.

Die Hinweise auf das Beten Jesu – besonders auf sein Beten auf dem Berg Tabor und im Garten Getsemani – erlauben uns, uns von Jesu eigenem Beten ein Bild zu machen, das als geschichtlich begründet angesehen werden darf. Belege fehlen dafür, dass Jesus mit seinen Jüngern eine besondere Gemeinschaft des Gebetes pflegte.

Die Evangelisten berichten, dass Jesus zum Gebet sich als Erstes der Erde zuwandte:

- *Und er ging ein Stück weiter, warf sich auf sein Gesicht und betete* (Matthäus 26,39a).
- *Und er ging ein Stück weiter, warf sich auf die Erde nieder und betete* (Markus 14,35a).
- *Dann entfernte er sich von ihnen ungefähr einen Steinwurf weit, kniete nieder und betete* (Lukas 22,41).

Auch im Alten Testament warfen sich zum Gebet sowohl die Gottesmänner als auch das ganze Volk auf die Erde nieder:

- *Abram fiel nieder auf sein Angesicht nieder. Und Gott redete mit ihm* (Genesis 17,3).
- *Da warfen sich Mose und Aaron vor der ganzen Versammlung der Gemeinde der Israeliten auf ihr Gesicht nieder* (Numeri 14,5).

- *Das ganze Volk sah es, warf sich auf das Angesicht nieder und rief: Der Herr ist Gott, der Herr ist Gott!* (1. Buch der Könige 18,39).

Alle Gebete Jesu, über die Näheres in der Evangelien-Überlieferung berichtet wird, beginnen immer mit der Anrede Gottes als Vater. Jesus hat Gott stets mit »mein Vater« angeredet und dabei das aramäische Wort »Abba« verwandt.

- *Abba, Vater, alles ist dir möglich* (Markus 14,36a).
- *Vater, vergib ihnen, denn sie wissen nicht, was sie tun!* (Lukas 23,34a).
- *Ich preise dich, Vater, Herr des Himmels und der Erde* (Matthäus 11,25a).

Auch das Vaterunser und das Hohepriesterliche Gebet Jesu sind an den Vater gerichtet. *Denn ihr habt nicht einen Geist der Knechtschaft empfangen, sodass ihr immer noch Furcht haben müsstet, sondern ihr habt den Geist der Sohnschaft empfangen, in dem wir rufen: Abba, Vater!* (Römerbrief 8,15).

Jesus sprach im Garten Getsemani im Gebet zum Vater sein Innerstes aus. Er wusste, dass er den Weg bis zum Ende gehen musste; er wusste aber auch, dass der Tod ihn nicht festhalten würde. Jesus war von Angst durchdrungen und von tiefer Not bedrängt.

Trotz dieser Angst und Not ging das Gebet Jesu in reine Hingabe an den Vater über. Jesus stellte sich im Gebet auf dem Ölberg ganz unter die Regel der dritten Vaterunserbitte. Das, was er die Jünger im Vaterunser zu beten lehrte, das betete Jesus selbst. Wird der göttliche Wille nicht ausgeführt, dann wird das Kommen des Reiches Gottes verzögert und die Macht der Liebe geschmälert. Und gerade an diesem Abend auf dem Ölberg soll die Liebe am meisten offenbar werden – in der Preisgabe des Sohnes durch den Vater und in der grenzenlosen Hingabe des Sohnes an die Menschen.

Jesus betete sich mehr und mehr in den Willen Gottes hinein und war bis zum Letzten bereit, alles ihm Zugedachte aus der Hand des Vaters anzunehmen. So ging das Gebet Jesu über in die Einheit mit dem Willen des Vaters. Den Willen des Vaters an die erste Stelle zu setzen, ist auch ein dem Psalter vertrauter Gedanke.

- *Deinen Willen zu tun, mein Gott, war mein Gefallen und deine Weisung ist in meinem Innern* (Psalm 40,9).
- *Preist den Herrn, all seine Heerscharen,*
  seine Diener, die seinen Willen tun! (Psalm 103,21).
- *Lehre mich tun, was dir gefällt,*
  denn du bist mein Gott!
  Dein guter Geist leite mich auf ebenem Land (Psalm 143,10).

Im Nicht-Nachlassen des Wachens und Betens gewann Jesus Klarheit über seinen Weg und konnte tiefer und tiefer dem Willen des Vaters zustimmen. Im Gebet erklärte er sich einverstanden mit dem, was ihm Gott als sein Vater unvermeidbar auferlegen würde. Mit der Bereitschaftslosigkeit zu wachen und zu beten, gefährdeten dagegen die Jünger ihre Zugehörigkeit zu Jesus Christus und damit die Erfahrungen ihres Glaubens.

In der dreimaligen Wiederholung desselben Gebetswortes – man darf viele weitere Wiederholungen annehmen – drückt sich die Intensität und die Dauer des Betens Jesu aus.

- Paulus bittet dreimal um Schonung: *Dreimal habe ich den Herrn angefleht, dass dieser Bote Satans von mir ablasse* (2. Korintherbrief 12,8).
- Bileam segnet Israel dreimal: … *du aber hast sie schon dreimal gesegnet* (Numeri 24,10b).
- Da rief der Herr den Samuel wieder, zum dritten Mal (1. Buch Samuel 3,8a).
- David verneigt sich dreimal vor Jonatan: *David warf sich mit dem Gesicht zur Erde nieder und verneigte sich dreimal* (1. Buch Samuel 20,41b).

Jesus ging immer wieder an einsame Orte, um mit seinem Vater allein zu sein und zu beten. Als Mensch benötigte Jesus diese Art des innerlichen Gebetes. Er brauchte es für sich selbst und gab es uns als Leitbild. Die einsamen leid- und angstvollen Stunden Jesu im Garten Getsemani zeigen, dass die Angst überwunden werden kann, die uns immer wieder hindert, wirklich und wahrhaftig zu sein. Wir stellen uns unumgänglichen Lebenssituationen, fliehen nicht vor der Wahrheit, nehmen Unvermeidliches an und sind offen für himmlische Kräfte: *Da erschien ihm ein Engel vom Himmel und stärkte ihn* (Lukas 22,43).

Einmal wird es diese Angst nicht mehr geben, die uns von Gott, von uns selbst und von anderen Menschen so schmerzhaft trennt. Jesus zeigt den Jüngern und damit auch uns an seinem eigenen Beispiel, dass die satanische Versuchung, in die ein Mensch geraten kann, allein im Gebet zu bestehen ist (vgl. Lukas 22,40).

Das Gebet Jesu am Ölberg möchte an die Notwendigkeit des Betens erinnern. Es besagt, dass Gott, der Vater, in jeder Situation und in tiefster menschlicher Not noch immer mächtig ist, zu helfen. Wenn im Leben Jesu diese einsamen Gebetsstunden wichtig und für ihn als Mensch notwendig waren, um in der Kraft und Liebe des Heiligen Geistes zu bleiben, zeigt das, wie unverzichtbar das Gebet erst recht für uns ist. Auch in unserem Leben muss das Viele dem

Einen, dem Notwendigen, weichen: die Verbundenheit mit Gott, dem Vater.

Das Anliegen Jesu war und ist es, uns zum Gebet, und speziell zum Gebet der Hingabe und damit zu größerer Verbundenheit mit Gott, zu führen. Er wollte, dass auch wir – wie er selbst im Gebet am Ölberg – unseren Glauben fest auf Gott richten und von uns selbst absehen, um alle Angst zu verlieren. Im Augenblick der äußersten Herausforderung im Leben Jesu sprach er die dritte Vaterunserbitte und wiederholte einige Male, dass nicht sein, sondern der Wille Gottes geschehen möge.

Im Garten Getsemani geschah genau das: die Verwandlung des gesamten Daseins in ein einziges Gebet der Hingabe und Annahme dessen, was geschehen soll. So ging das Gebet Jesu über in die Einheit mit dem Willen des Vaters.

Die Evangelien berichten, wie wir gesehen haben, sehr wenig vom Gebet Jesu. Aller Wahrscheinlichkeit nach lebte Jesus in einem ständigen Gebet, in der Verbundenheit mit dem Vater. Wenn jedoch die Heilige Schrift vom Beten Jesu spricht, sind diese Aussagen von großer Bedeutung für diejenigen, die in der Nachfolge Christi stehen, das heißt, für alle Christen. Aus dem Gebet Jesu im Garten Getsemani können wir für unser Beten Folgendes ablesen:

- Beten ist lebensnotwendig und ihm sollte nichts vorgezogen werden.
- Die Regelmäßigkeit des Betens ist von großer Bedeutung.
- Wenn möglich, sollten für das tägliche Gebet der gleiche Ort und die gleiche Zeit gewählt werden.
- Es ist empfehlenswert, sich allein an einen einsamen beziehungsweise ruhigen Ort zurückzuziehen.
- Vor dem Gebet sollte möglichst ein enger Kontakt mit der Erde aufgenommen werden.
- Die Ausrichtung auf Gott, den Vater, den Schöpfer des Himmels und der Erde, sollte durch ein Kreuzzeichen und ein Vaterunser eingeleitet werden.
- Ein Gebetswort, das die völlige Hingabe an Gott zum Inhalt hat, wird innerlich oftmals wiederholt.
- Wir sollten wissen: Unter Ausschaltung aller Erwartungen und eigener Wünsche wird der Wille Gottes an uns geschehen.
- Den Ja-Geist Gottes, dass er uns liebt und es unendlich gut mit uns meint, sollten wir annehmen und ihn sowohl im Gebet als auch außerhalb des Gebetes verinnerlichen und leben.

Angst überwinden

In seiner Todesstunde am Kreuz überfiel Jesus noch einmal diese entsetzliche Todesangst, als er rief: *Mein Gott, mein Gott, warum hast du mich verlassen?* (Matthäus 27,46). Aber gerade inmitten dieses Dunkels bleibt ein Halt, eine Gewissheit in aller Todesangst: *Vater, in deine Hände lege ich meinen Geist* (Lukas 23,46). Gott, der barmherzige Vater, führt ins Leben; er hat am dritten Tag seinen Sohn auferweckt von den Toten und in den Himmel aufgenommen. Wir dürfen seinen Tod und seine Auferstehung im Gottesdienst feiern, in dem er uns seinen Frieden, die Befreiung von aller Angst und unendliche Geborgenheit in Gott schenkt.

Jesus Christus ist in die Welt gekommen, um uns alle Angst und letztlich die Todesangst zu nehmen. *Jesus, ihn sehen wir um seines Todesleidens willen mit Herrlichkeit und Ehre gekrönt; es war nämlich Gottes gnädiger Wille, dass er für alle den Tod erlitt* (Hebräerbrief 2,9).

Trotz all des Schönen, das wir in dieser Welt und Zeit erleben dürfen, kehrt doch immer wieder eine gewisse Angst zu uns zurück, der wir aus eigener Kraft nicht entrinnen können. Jeder von uns weiß, dass das Leben in dieser Welt irgendwann ein Ende hat und wir sterben müssen. Doch die entscheidende Gnade unseres Lebens besteht darin, dass wir im Glauben an Jesus Christus uns durchdringen lassen dürfen von einer neuen Wirklichkeit. Diese Wirklichkeit heißt: Gott ist die Liebe und Gott ist das Leben. Und Gott hat dich dem Leben wiedergegeben. Du bist gerettet.

Jesus Christus hat uns allen ein zeitüberlegenes und zeitüberdauerndes Leben eingesenkt. Doch besteht immer wieder eine innere Notwendigkeit darin, diese Verbundenheit mit Christus zu erneuern. Denn nur in dieser Verbundenheit mit ihm überwinden wir die Angst. Wenn sie dich jedoch einmal wieder überfallen sollte, so wisse: Da ist noch etwas Tieferes in dir, tiefer als alle Angst. Die Angst kann hochkommen und versuchen, dich zu überwältigen. Wenn jedoch dein durch Erfahrung gereifter Glaube tief ist, wird die Angst niemals mehr etwas Übermächtiges bekommen. Jesus Christus ist die Wirklichkeit in unserem Leben, die trägt, die durchträgt und die alles gut macht.

In der Welt seid ihr in Bedrängnis; aber habt Mut: Ich habe die Welt besiegt (Johannes 16,33).

Die schmerzhaften Geheimnisse

Jesus, der für uns gegeißelt worden ist

Gefangennahme Jesu

Nachdem Jesus sein einsames Gebet im Ölberggarten beendet hatte, kehrte er zu den Jüngern zurück und fragte sie: *Schlaft ihr immer noch und ruht euch aus? Siehe, die Stunde ist gekommen und der Menschensohn wird in die Hände von den Sündern ausgeliefert. Steht auf, wir wollen gehen! Siehe, der mich ausliefert, ist da* (Matthäus 26,45–46).

Was mag in dem Mann aus Judäa, Judas Iskariot, vorgegangen sein? Voller Begeisterung hatte er sich Jesus angeschlossen und war ihm gefolgt. Welches Motiv bewegte Judas, auf seinen besten Freund zuzugehen und ihm gar noch einen Kuss zu geben – das Zeichen für Frieden und Freundschaft? Hatte ihn das Geld, die dreißig Silberstücke, gelockt, seinen Herrn und Meister zu verkaufen? Oder könnte

es noch einen anderen Grund geben, Jesus den Händen seiner Feinde zuzuführen? Judas wird sich zerrissen gefühlt haben zwischen der althergebrachten jüdischen Lehre und dem Anliegen und der Lehre Jesu.

Judas war gewiss von der Botschaft Jesu überzeugt – konnte sie jedoch nicht mit der Lehre der religiösen Autoritäten seines jüdischen Volkes in Einklang bringen. Kann es daher nicht sein, dass dieser

Judas verzweifelt gerungen hat, um Gemeinsames zu finden? Wollte er eine offene Auseinandersetzung zwischen Jesus und dem Hohen Rat herbeiführen und sie durch seine Handlung gewaltsam erzwingen? Vielleicht wollte Judas den Hohen Rat nötigen, der Botschaft Jesu zuzuhören und sich mit ihr auseinanderzusetzen? Sicher war Judas entsetzt, als Jesus gleich darauf gefangen genommen und abgeführt wurde. Später, als Jesus zum Tod verurteilt war, reute Judas seine Tat.

> *Er brachte den Hohenpriestern und den Ältesten die dreißig Silberstücke zurück und sagte: Ich habe gesündigt, ich habe unschuldiges Blut ausgeliefert. Sie antworteten: Was geht das uns an? Das ist deine Sache. Da warf er die Silberstücke in den Tempel; dann ging er weg und erhängte sich* (Matthäus 27,3b–5).

In der Stunde des Verrats am Ölberg wurde das Versagen aller Jünger und die völlige Verlassenheit Jesu offenbar. Die Jünger, die einstmals alles verließen, um Jesus nachzufolgen, hatten jetzt den Meister verlassen. Mit der Auslieferung des Menschensohnes an seine Feinde begann die Passion Jesu. Ganz allein ging er seinen schweren Weg weiter – mit Ruhe und in Würde trat Jesus denen entgegen, die ihn ergreifen und abführen wollten. Schließlich war er ganz

von seinen Feinden umgeben. Selbst in dieser Bedrängnis nutzte Jesus seine Macht nicht, um sich zu widersetzen. Im Gegenteil: Er nutzte seine Macht, um Geschlagene zu heilen und den Feinden Gutes zu tun. Er bleibt Heiland auch für seine Gegner.

> *Zu den Hohenpriestern aber, den Hauptleuten der Tempelwache und den Ältesten, die vor ihm standen, sagte Jesus: Wie gegen einen Räuber seid ihr mit Schwertern und Knüppeln ausgezogen. Tag für Tag war ich bei euch im Tempel und ihr habt nicht Hand an mich gelegt. Aber das ist eure Stunde und die Macht der Finsternis* (Lukas 22,52–53).

Jetzt war die Stunde der Feinde Jesu da, in der sie als Werkzeug des Widergöttlichen handelten. In dieser Stunde, in der die Gegner Jesu ihre Pläne verwirklichten, konnte sich die Macht der Finsternis verbreiten, denn die Stunde der Finsternis lauert immer darauf, dass ihr Macht gegeben wird.

Jesus, der keine Gewalt anwendete, wurde nun gefesselt und ging konsequent bis zum Ende den Weg der Gewaltlosigkeit, den er im Evangelium lehrt.

Die Ergreifer schrien laut – so wie Sieger schreien, wenn sie nach der Niederlage der Feinde mit Beute beladen zurückkehren. Die heilenden und segnenden Hände Jesu waren mit groben Stricken zusammengebunden. Als er abgeführt wurde, schlug man auf ihn ein. Die Finsternis dieser Menschen war jedoch nicht in der Lage, die lichtvolle Ausstrahlung Jesu zu überschatten.

Noch in der Nacht brachten die Soldaten, ihre Befehlshaber und die Gerichtsdiener Jesus zu Hannas, bei dem das Verhör für die Nacht angesetzt war. Hannas, der nicht mehr amtierende Hohepriester, galt als politische Vertrauensperson. Die Hohenpriester waren unter der römischen Herrschaft die maßgeblichen politischen Führer des Judentums.

Wenn auch Jesus als Gefesselter und Geschlagener äußerlich ohnmächtig war, so war doch seine geistige Kraft ungebrochen.

> *Der Hohepriester befragte Jesus über seine Jünger und über seine Lehre. Jesus antwortete ihm: Ich habe offen vor aller Welt gesprochen. Ich habe immer in der Synagoge und im Tempel gelehrt, wo alle Juden zusammenkommen. Nichts habe ich im Geheimen gesprochen. Warum fragst du mich? Frag doch die, die gehört haben, was ich zu ihnen gesagt habe; siehe, sie wissen, was ich geredet habe* (Johannes 18,19–21).

Mit sachlicher Überlegenheit verwies Jesus auf sein früheres öffentliches Wirken und damit auf seine

Auseinandersetzung mit dem Judentum. Jesus, der in aller Offenheit und aller Öffentlichkeit redete, wurde mit seiner Antwort an den Hohenpriester zum Verteidiger seiner Lehre gegen die Angriffe der religiösen Führer.

> *Als er dies sagte, schlug einer von den Dienern, der dabeistand, Jesus ins Gesicht und sagte: Antwortest du so dem Hohenpriester? Jesus entgegnete ihm: Wenn es nicht recht war, was ich gesagt habe, dann weise es nach; wenn es aber recht war, warum schlägst du mich?* (Johannes 18,22–23).

Trotz des demütigenden Schlages ins Gesicht blieb Jesus gefasst und ruhig. Ungeachtet der Schamlosigkeit dieser schmachvollen Misshandlung, erteilte Jesus dem Diener eine hoheitsvolle Antwort. Danach schickte ihn Hannas gefesselt und streng bewacht zu Kajaphas, seinem Schwiegervater, der in jenem Jahr Hoherpriester war.

Verhör vor dem Hohen Rat

Der Hohepriester Kajaphas wusste genau, was er sagte und was er tat. Er wusste, dass Jesus unschuldig war – doch sah er ihn durch dessen wachsende

Macht als gemeingefährlich, da er verkündete, durch ihn bräche eine neue Zeit an. Jesus wurde zur Last gelegt, die politische sowie die religiöse Ordnung des Landes infrage zu stellen. Der Hohepriester sagte zu Jesus: *Ich beschwöre dich bei dem lebendigen Gott, sag uns: Bist du der Christus, der Sohn Gottes? Jesus antwortete: Du hast es gesagt* (Matthäus 26,63–64a).

Jesus offenbarte sich nicht den Menschen, die nach Gott suchten und fragten, sondern seinen böswilligen Richtern, deren Hass und Aggressivität ihn von Anfang an umgab. Obwohl Jesus nun von allen Seiten bedrängt wurde, behielt er seinen festen Standpunkt des reinen Vertrauens auf Gott – einen Standpunkt ohne Angst.

> *Ich kenne deine Bedrängnis und deine Armut; und doch bist du reich. Und ich kenne die Lästerung von denen, die sagen, sie seien Juden; sie sind es aber nicht, sondern sind Synagoge des Satans* (Offenbarung 2,9).

Die Behauptung des Angeklagten, er sei der Messias, wurde in den Augen der Ratsmitglieder als Gotteslästerung gewertet. Jesus bezeugte das, was er in Wirklichkeit ist, und wurde vom Hohen Rat als Messias zum Tod verurteilt. Kajaphas hatte lange das Problem erkannt: den Konflikt zwischen der Messias-Hoffnung der Menge und der römischen Machtpolitik. Seine Aufgabe bestand darin, dieses Problem nicht nur zu entschärfen, sondern es gänzlich aus der Welt zu schaffen. Da der Hohepriester Kajaphas zwischen jüdischem Tempel und römischer Verwaltung zu vermitteln hatte, handelte er seiner »Verantwortung« entsprechend, wenn er Jesus beseitigte. Ein Mann wie Jesus war undurchschaubar, nicht zu fassen und nicht festzulegen, ungreifbar, nicht zu widerlegen, geheimnisvoll und somit äußerst gefährlich sowohl für das jüdische Volk als auch für die römische Herrschaft – davon war der in seiner politischen Zweideutigkeit gefangene Kajaphas fest überzeugt.

> *Kajaphas aber war es, der den Juden den Rat gegeben hatte: Es ist besser, dass ein einziger Mensch für das Volk stirbt* (Johannes 18,14). *Sie antworteten: Er ist des Todes schuldig. Dann spuckten sie ihm ins Gesicht und schlugen ihn. Andere ohrfeigten ihn und riefen: Messias, du bist doch ein Prophet, sag uns: Wer hat dich geschlagen?* (Matthäus 26,66–68).

Der Hohe Rat versuchte auf diese gewaltsame Weise, die alte Ordnung wiederherzustellen. Kaum war die Verhandlung in dieser Nacht beendet, da fielen auch die Wachmannschaften über Jesus her. Böser Spott begleitete ihn sowohl von den jüdischen Die-

nern als auch von den römischen Soldaten. Dann begannen auch die Instinkte des Pöbels sich auszutoben. Jesus wurde misshandelt und war rechtlos den Schlägen roher Fäuste ausgeliefert.

> *Ich hielt meinen Rücken denen hin, die mich schlugen, und meine Wange denen, die mir den Bart ausrissen. Mein Gesicht verbarg ich nicht vor Schmähungen und Speichel* (Jesaja 50,6).

Geißelung Jesu

> *Als die Juden gerufen hatten, nicht Jesus sollte ihnen von Pilatus auf Ostern frei gegeben werden, sondern der Räuber Barabbas, nicht der Heiland, sondern der Mörder, nicht der Geber des Lebens, sondern der Zerstörer, da ließ Pilatus Jesus ergreifen und geißeln. Dies hat Pilatus, wie anzunehmen ist, aus keinem anderen Grunde getan, als damit die Juden, durch seine Misshandlungen zufrieden gestellt, es für genügend erachten und ablassen möchten, so lange zu wüten, bis er getötet würde* (Augustinus, Johannes-Evangelium).

Die Geißelung gehörte als Vorstrafe zur Kreuzigung, um den Verurteilten zu schwächen und die Qualen der Kreuzigung noch unerträglicher zu machen. Zunächst jedoch war Pilatus nicht davon ausgegangen, Jesus kreuzigen zu müssen. Er glaubte, die Geißelung Jesu würde das aufgebrachte Volk beruhigen, sodass die Todesstrafe nicht mehr verhängt werden müsste.

Jesus blieb jedoch nichts von den Schmerzen erspart, die sich Menschen für Menschen ausgedacht haben. Die römische Geißelung wurde auf barbarische Weise vollzogen. Der Verurteilte wurde entkleidet, an einen Pfahl oder an eine Säule gebunden und von mehreren Folterknechten so lange geschlagen,

bis das Fleisch des Verurteilten in blutigen Fetzen herabhing. Die Folterknechte waren eigens zur Geißelung angestellte Sklaven. Die Geißelung bestand aus einer Auspeitschung mit der »Geißel« oder einer Peitsche aus Lederriemen oder eisernen Ketten. Die Riemen und Ketten hatten am Ende einen Stachel oder mehrere aufgereihte Knochenstücke, Steine oder Bleiklumpen. Eine solche Geißelung galt als äußerst grausam und schrecklich. Ein Höchstmaß von Schlägen war nicht vorgesehen, sodass nicht selten während der Exekution der Tod eintrat.

Das Volk und die Gegner Jesu waren derartig aufgebracht, dass sie sich mit der Geißelung nicht zufrieden gaben. Alles Gute, was er ihnen erwiesen hatte, war vergessen. Jetzt hatten sie Angst vor Jesus, denn seine Lehre schien ihnen auf einmal unverständlich, und sie meinten, etwas Fremdes ginge von ihm aus. Jetzt wurde er als Feind betrachtet, als Bedrohung, die nicht nur die politische Ordnung infrage stellte, sondern auch die eigene persönliche Denk- und Lebensweise. Sie fühlten sich durch das Fremde, das das Gewohnte infrage stellte, verletzt und verlangten, dass es ausgerottet werde.

Pilatus sah sich hierzu gezwungen und glaubte nicht anders handeln zu können: Er vollendete die Auslieferung Jesu mit der Auslieferung an die Soldaten zur Kreuzigung. Somit war die Geißelung Jesu

zur Begleitstrafe dieser grausamen Todesstrafe geworden.

Betrachte, wie abgesondert und grenzenlos allein Jesus die unsagbaren Schmerzen ertrug – ohne ein Wort der Schmach. Schaue ihn an, wie er an eine Säule gefesselt war und schweigend unzählige Geißelhiebe auf sich nahm. Er, der Sohn Gottes, der Herr der Heerscharen, der Herr der Mächte und Gewalten, hatte zu dieser Stunde keinen Verteidiger auf Erden, keinen Fürsprecher und vielleicht auch nicht einmal einen Menschen, der Mitleid mit ihm hatte.

Jesus, der für uns mit Dornen gekrönt worden ist

Verspottung durch die Soldaten

> *Das Schweigen Jesu bei den Geißelhieben und den vielen Beschimpfungen, die er erlitt, zeigte Standhaftigkeit und Selbstbeherrschung. Und diese erhabene Sanftmut bewahrte er auch, als seine Feinde ihn verspotteten, ihm den Purpurmantel anzogen, den Dornenkranz auf sein Haupt setzten und statt eines Zepters ihm das Rohr in die Hand gaben; auch nicht ein unedles, auch nicht ein unwilliges Wort äußerte er zu denen, die so schlimme Dinge an ihm verübten* (Origenes, Gegen Celsus).

Nach der Verurteilung Jesu zum Tod mussten die Vorbereitungen für die Hinrichtung getroffen werden. Diese Zwischenzeit nutzten die Soldaten, Jesus zu verspotten. Die ganze Kohorte wurde zusammengeholt, um diesen grausamen Spott mit Jesus, dem »König der Juden«, zu genießen. Unter den römischen Soldaten – die Juden waren unter der römischen Herrschaft vom Militärdienst befreit – befanden sich auch syrische Hilfstruppen, die wegen ihres Judenhasses bekannt waren. In der Verspottung des »Judenkönigs« kam also der allgemeine Judenhass zum Ausdruck. Die Soldaten hatten zusätzlich ihren Spaß daran, den Messias-Anspruch Jesu lächerlich zu machen. Es bereitete ihnen Vergnügen, in der Person Jesu den gesamten »Wahn« der jüdischen Messias-Hoffnung zunichtezumachen. Doch tiefer gesehen ging es auch darum, den Anspruch aller Könige, aller Autoritäten und Vorgesetzten in einer solchen Verspottung, wie sie Jesus zugefügt wurde, mit Füßen zu treten. Jesus wurde als lächerlicher Königskandidat erklärt, verhöhnt, verlacht und verspottet. Man huldigte dem »König« in zynischer Frechheit.

Der Ort der Verspottung war das Innere des Prätoriums der Herodesburg, der Jerusalemer Residenz des Stadthalters.

Sie erwiesen ihm falsche Ehre, indem sie ihn »König« nannten; dadurch spielten sie auf die Anklage der Juden an, die gesagt hatten, er habe sich selbst zum König der Juden gemacht. Und darum erwiesen sie ihm

dreifache Königsehre, aber falsche: erstens durch eine Spottkrone; zweitens durch ein Spottgewand; drittens durch einen spöttischen Gruß. Denn damals war es, wie auch heute, noch Gewohnheit, dass jene, die zum König kamen, ihn grüßten. Backenstreiche gaben sie ihm, um anzuzeigen, dass es spöttisch gemeint war, dass sie ihm solche Ehre erwiesen (Thomas von Aquin, Johannes-Kommentar).

Der an die Römer ausgelieferte Menschensohn erfuhr in der Verspottung durch die Soldaten vor seiner Kreuzigung die tiefste Erniedrigung. Die Verhöhnung und Demütigung Jesu, der zum wehrlosen Opfer wurde, gingen nun über in Misshandlungen.

> *Sie zogen ihn aus und legten ihm einen purpurroten Mantel um. Dann flochten sie einen Kranz aus Dornen; den setzten sie ihm auf das Haupt und gaben ihm einen Stock in die rechte Hand. Sie fielen vor ihm auf die Knie und verhöhnten ihn, indem sie riefen: Heil dir, König der Juden! Und sie spuckten ihn an, nahmen ihm den Stock wieder weg und schlugen ihm damit auf seinen Kopf* (Matthäus 27,28–30).

Das Anspeien und das Schlagen auf das Haupt – Akte ungezügelter Böswilligkeit – drückten höchste Verachtung und Schmähung aus. In Wahrheit jedoch

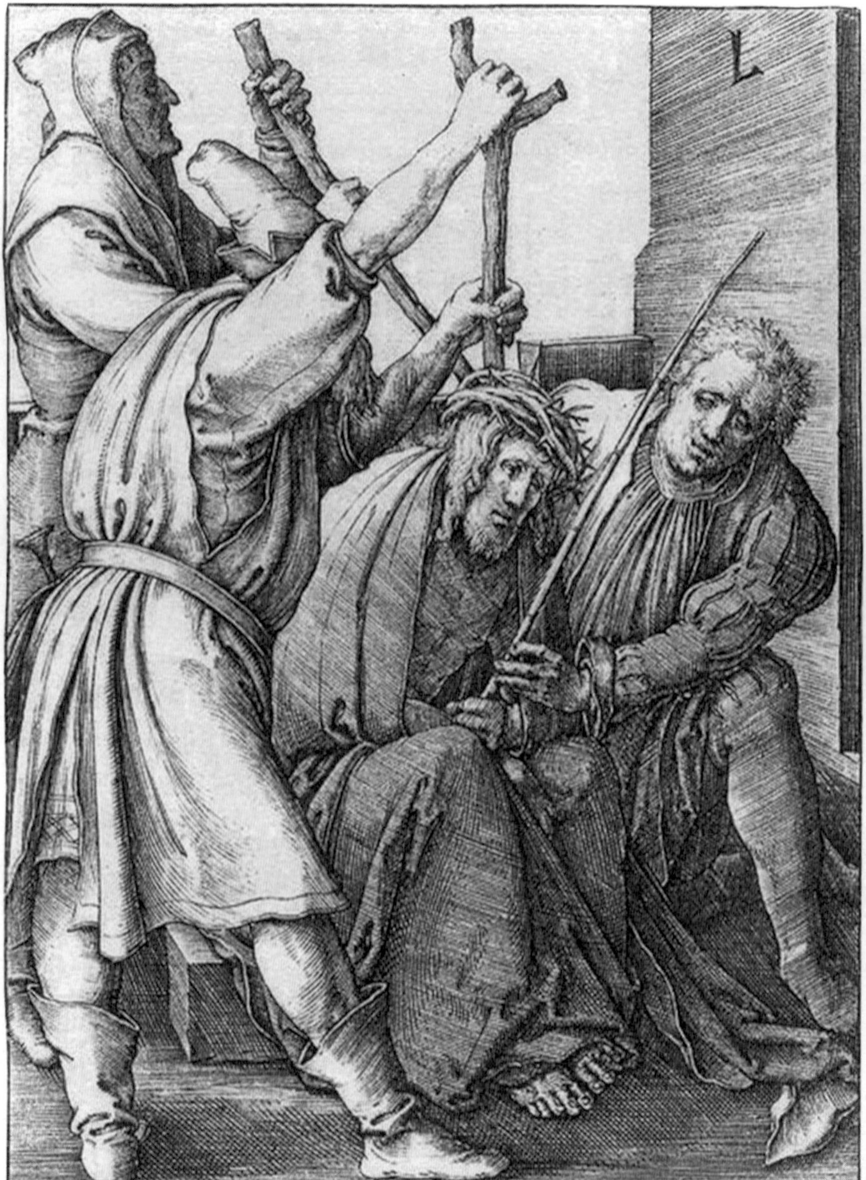
L

war und ist Jesus König, da er dies alles schweigend ertrug und sein Herrschen im Dienen und Lieben ausübt. Für die vielen, die leiden mussten, die jetzt leiden und die leiden werden, trug er die Wunden der Geißelung, die des Dornenkranzes und die Qual der Verspottung. Jesus ist der Gottessohn, dem die Menschen – wir – die größte Schmach angetan haben und antun. Trotzdem liebt Gott die Menschen und hat es so beschlossen, um sie durch ihre Bosheit und durch seine verborgene und vergebende Liebe zur Umkehr zu führen.

Das Schicksal des Gottesknechtes ist in Jesus Christus Wirklichkeit geworden.

Er wurde verachtet und von den Menschen gemieden,
ein Mann voller Schmerzen, mit Krankheit vertraut.
Wie einer, vor dem man das Gesicht verhüllt,
war er verachtet; wir schätzten ihn nicht.
Aber er hat unsere Krankheit getragen
und unsere Schmerzen auf sich geladen.
Wir meinten, er sei von Gott geschlagen,
von ihm getroffen und gebeugt.
Doch er wurde durchbohrt wegen unserer Verbrechen,
wegen unserer Sünden zermalmt.
Zu unserem Heil lag die Züchtigung auf ihm,
durch seine Wunden sind wir geheilt.

Wir hatten uns alle verirrt wie Schafe,
jeder ging für sich seinen Weg.
Doch der Herr ließ auf ihn treffen
die Schuld von uns allen.
Er wurde bedrängt und misshandelt,
aber er tat seinen Mund nicht auf.
Wie ein Lamm, das man zum Schlachten führt,
und wie ein Schaf vor seinem Scherer verstummt,
so tat er seinen Mund nicht auf.

(Jesaja 53,3–7)

Die schmerzhaften Geheimnisse

Jesus, der für uns das schwere Kreuz getragen hat

Jesus trägt das schwere Kreuz

Das Urteil wurde meist sofort nach der Verkündung vollstreckt. Pilatus hatte mit dem Todesurteil über Jesus eine Militärstrafe verhängt. Daher musste die Garde des Prokurators für die Exekution sorgen. Hinrichtungen wurden nicht in der Stadt, sondern vor dem Tor außerhalb der Stadtmauern vollzogen. Der Kreuzweg Jesu vom Herodespalast zur Stadtmauer und von dort bis zur Richtstätte war nicht sehr weit; er betrug nur etwa sechshundert Meter. Der Weg führte absichtlich durch belebte Straßen, denn die Strafe der Kreuzigung sollte abschrecken.

Jesus wies das Kreuz nicht zurück. Er nahm es bereitwillig auf sich. Bei regulären Hinrichtungen trugen die Verurteilten nicht das ganze Kreuz, sondern nur den Querbalken – so auch Jesus. Als Längsbalken des Kreuzes dienten Pfähle, die an der Hinrichtungsstätte fest in die Erde eingerammt waren. Der Hügel, auf dem Jesus hingerichtet werden sollte, lag im Norden Jerusalems – außerhalb des Stadttores. Er trug den Namen »Golgota«, zu Deutsch »Schädelhöhe«, da der steil ansteigende Hügel die Form eines Schädels hatte.

> *Deshalb hat auch Jesus, um durch sein eigenes Blut das Volk zu heiligen, außerhalb des Tores gelitten* (Hebräerbrief 13,12).

Jesus war aufgrund der Geißelung und der Folterung nicht mehr in der Lage, den schweren Balken selbst bis zur Hinrichtungsstätte zu tragen. Er war so geschwächt und am Ende seiner Kraft, dass die Soldaten noch innerhalb der Stadt einen Mann, der zufällig vom Feld kam, zwangen, Jesus das Kreuz abzunehmen. Die römische Besatzungstruppe hatte das Recht, jeden zum öffentlichen Dienst heranzuziehen.

Dieser Mann war Simon von Zyrene, ein Diaspora-Jude, der früher im nordafrikanischen Zyrene lebte. Dort gab es eine große jüdische Kolonie. Viele Juden zogen im Alter jedoch wieder zurück nach Jerusalem. So war auch Simon zurückgekehrt, um

Sadeler ex

sich in der Nähe des Tempels auf das kommende Leben vorzubereiten.

Kein Jünger und kein Apostel war zur Stelle, um Jesus zur Seite zu stehen und ihm zu helfen, obwohl er ihnen gesagt hatte, dass seine Nachfolge Kreuzes-Nachfolge sei.

- *Zu allen sagte er: Wenn einer hinter mir hergehen will, verleugne er sich selbst, nehme täglich sein Kreuz auf sich und folge mir nach* (Lukas 9,23).
- Alle Jünger hatten ihre Bereitschaft beteuert, mit Jesus in den Tod zu gehen.
  Da sagte Petrus zu ihm: Und wenn ich mit dir sterben müsste – ich werde dich nie verleugnen. Das Gleiche sagten auch alle Jünger (Matthäus 26,35).
- Nun war auf dem Kreuzweg Jesu nicht einmal mehr einer da, der ihm half, das schwere Holz zu tragen. Ein Fremder musste dies tun.
  Als sie Jesus hinausführten, ergriffen sie Simon, einen Mann aus Kyrene, der gerade vom Feld kam. Ihm luden sie das Kreuz auf, damit er es hinter Jesus hertrage (Lukas 23,26).

Weint nicht über mich, sagte Jesus auf seinem Gang in den Tod zu einigen Frauen, die um ihn klagten und weinten. Der Anblick der Stadt Jerusalem und die Begegnung mit ihren Bewohnern, die ihm gutgesinnt waren, veranlassten Jesus, sein Vorauswissen

um das Ende dieser Stadt und seine Liebe zu ihr und den Menschen zu offenbaren.

Als sie Jesus an den Ort namens Golgota gebracht hatten, reichten sie ihm Wein, der mit Myrrhe gewürzt war. Bei den Juden war es Brauch, dem Hinzurichtenden ein berauschendes Getränk zu geben, damit er die Qualen besser ertrage. Der gewürzte Wein war ein Betäubungsgetränk, um die furchtbaren Schmerzen aushalten zu können. Als Jesus das betäubende Getränk gekostet hatte, lehnte er es ab. Er wollte keine künstliche Linderung der Schmerzen – ein Zeichen, dass Jesus die Qualen und den Tod bewusst erdulden wollte. Es war sein Wunsch, mit vollem Bewusstsein in den Tod zu gehen und damit den Kelch, den ihm der Vater reichte, bis zur Neige auszutrinken.

Die Verhöhnung bricht mir das Herz,
ich bin krank vor Schmach und Schande.
Ich hoffte auf Mitleid, doch vergebens,
auf Tröster, doch fand ich keinen.
Sie gaben mir Gift als Speise,
für den Durst gaben sie mir Essig zu trinken.

(Psalm 69,21–22)

Glaubst auch du, dass der zum Tod verurteilte Jesus der Heiland der Welt ist? Eine wirklich glaubwürdige Antwort kannst du dir geben, wenn du durch dein Leben wenigstens etwas dazu bei-»getragen« hast, das Leid eines Menschen zu lindern und es ihm ein wenig zu erleichtern.

Die schmerzhaften Geheimnisse

Jesus, der für uns gekreuzigt worden ist

Kreuzigung Jesu

Diese Betrachtung soll an den Karfreitag erinnern und dazu beitragen, dass sich der Betrachtende dem Geheimnis des Kreuzes, des Todes und der Auferstehung Jesu nähert.

Es war üblich, die Schuld des Verurteilten öffentlich bekannt zu machen. Auf der Tafel, die Jesus auf seinem Kreuzweg vorangetragen wurde, stand »Der König der Juden«. Nach der Kreuzigung wurde diese Tafel am Balken über dem Kopf des Gekreuzigten angebracht. Dass Pilatus schreiben ließ »Der König der Juden« und nicht »Er gab sich als König der Juden aus«, war eine Verhöhnung des jüdischen Volkes. Die Hinrichtung am Kreuz galt in den römischen Provinzen als Sklavenstrafe, die sowohl zur Abschreckung der Freiheitskämpfer als auch zur

Aufrechterhaltung öffentlicher Ordnung und Sicherheit diente.

Mit letzter Kraft und unter größten Mühen hatte Jesus die Richtstätte, Golgota, erreicht. Der schwere Querbalken des Kreuzes wurde Simon von Zyrene abgenommen. Nachdem die Soldaten Jesus entkleidet hatten, nagelten sie ihn am Boden liegend mit ausgestreckten Armen an das Querholz. Dieses wurde dann zusammen mit dem Körper am senkrecht im Boden eingerammten Hinrichtungspfahl hoch gezogen und in einer Kerbe am oberen Teil des Pfahls befestigt. Unter unsagbaren Schmerzen nagelten sie nun die Füße Jesu an den Längsbalken. Dieses Schlagen ans Kreuz, das mit großem Blutverlust verbunden war, leitete den Tod Jesu ein.

Da das Geschehen der Kreuzigung den damaligen Menschen als äußerst grausam bekannt war und die Christen aus Ehrfurcht eine Schilderung des Martyriums ihres Herrn vermeiden wollten, gibt es nur die kurz gefassten Berichte der Evangelisten.

Die Menschen der Antike empfanden die Kreuzesstrafe als die grausamste. Der römische Redner, Politiker und Schriftsteller Tullius Cicero (106–43 v. Chr.), nennt sie die »ärgste, höchste, grausamste und fürchterlichste Todesstrafe, die es gibt«. Für Josephus Flavius, jüdischer Geschichtsschreiber (38–100 n. Chr.), ist die Kreuzigung die »erbärm-

lichste aller Todesstrafen«. Der römische Geschichtsschreiber Cornelius Tacitus (55–116 n. Chr.) bezeichnet sie als »sklavische Todesstrafe«. Das Kreuz war und ist das qualvollste Marterinstrument der Weltgeschichte.

Am Morgen des Karfreitag hatten noch andere Prozesse stattgefunden. Mit Jesus wurden zwei weitere Männer gekreuzigt. Es waren Bandenkrieger, zelotische Freiheitskämpfer, die mit Recht zu den Aufständischen um Barabbas gezählt wurden.

> *Damals saß gerade ein Mann namens Barabbas im Gefängnis, zusammen mit anderen Aufrührern, die bei einem Aufstand einen Mord begangen hatten* (Markus 15,7).

Da das eine Kreuz des Bandenkriegers zur Rechten und das andere zur Linken Jesu stand, verspotteten die Soldaten umso mehr den »König der Juden«, der von den »Großen seines Reichs«, von »seinen Wesiren«, umgeben war.

> *Deshalb gebe ich ihm Anteil unter den Großen und mit den Mächtigen teilt er die Beute, weil er sein Leben dem Tod preisgab und sich unter die Abtrünnigen rechnen ließ. Er hob die Sünden der Vielen auf und trat für die Abtrünnigen ein* (Jesaja 53,12).

Nach römischem Recht fiel das Eigentum, das ein Exekutierter am Leib trug, den Henkern zu. Die Bekleidung Jesu bestand aus einem Ober- und einem Untergewand, einem Gürtel, Sandalen und vielleicht auch aus einer Kopfbinde. Das Hinrichtungskommando würfelte um die Kleider Jesu und die Soldaten verteilten sie dann unter sich.

Selbst noch am Kreuz war Jesus von Spott und Schmähungen umgeben. Die Vorübergehenden und die Zuschauer, die sich bei der Hinrichtung eingefunden hatten, verhöhnten ihn auf hässlichste Weise. Auch einer der Mitgekreuzigten schmähte ihn mit Schimpfworten. Vor allem bezog sich die Verhöhnung auf das Messiasbekenntnis Jesu. Man glaubte, der wahre Messias, den man erwartete, würde niemals am Kreuz hängen und leiden, sondern seine Gegner radikal vernichten.

Auch die religiösen Autoritäten verhöhnten den Anspruch Jesu, denn seine Kreuzigung war für die jüdischen Schriftgelehrten die Widerlegung seiner Messianität. Jesus wurde zum Tod verurteilt, gefoltert und an ein Kreuz genagelt, weil der Gott des Erbarmens und der Liebe, den er verkündete, den maßgebenden Kreisen in seinem Volk widersprach. Die Macht seiner Freiheit und seiner Unbefangenheit sowie die Kraft seiner Güte wurden für seine Gegner unerträglich.

B
I.N.R.I.
A
E
C
F
L
N
I
D
M
G
Hieronymus W. sculp.
H

Einer der Spötter tauchte einen Schwamm in sauren Wein, steckte ihn auf einen Stock und hielt ihn vor die Lippen Jesu. Da Jesus an einem Hochkreuz hing und er ihn nicht mit ausgestreckter Hand erreichen konnte, musste er sich eines langen Stockes bedienen, auf den er den getränkten Schwamm steckte. Saurer Wein war ein minderwertiges Volksgetränk, das jedoch durststillend und erfrischend wirkte. Dieser Trank, der von Soldaten und Arbeitern bevorzugt wurde, hatte nichts mit dem Betäubungstrank zu tun, der Jesus vor der Kreuzigung gereicht wurde. Der saure Wein sollte einerseits das Wundfieber und den Durst des Gekreuzigten lindern – andererseits jedoch auch sein Leben und damit die entsetzlichen Todesqualen verlängern.

> *Wir wollen sehen, ob seine Worte wahr sind, und prüfen, wie es mit ihm ausgeht. Ist der Gerechte wirklich Sohn Gottes, dann nimmt sich Gott seiner an und entreißt ihn der Hand seiner Gegner. Durch Erniedrigung und Folter wollen wir ihn prüfen, um seinen Gleichmut kennenzulernen und seine Widerstandskraft auf die Probe zu stellen. Zu einem ehrlosen Tod wollen wir ihn verurteilen; er behauptet ja, es werde ihm Hilfe gewährt* (Weisheit 2,17–20).

Der gekreuzigte Jesus blieb beständig im beobachtenden Blick sowohl der Soldaten als auch der Umherstehenden. Die unmenschliche Grausamkeit der Hinrichtung am Kreuz zeigte sich gerade darin, dass sie auf einen sehr langsamen und immer wieder hinausgezögerten Tod ausgerichtet war. Der Gekreuzigte hing, sobald seine Beine versagten und er keine Kraft mehr hatte, mit seinem gesamten Körpergewicht an den Armen. Schon nach kurzer Zeit traten schwere Durchblutungsstörungen auf, beklemmende Atemnot und Kreislaufversagen. Zwischen der sechsten und der neunten Stunde hörte die Sonne auf zu scheinen und es kam Finsternis über das Land. Am Leiden und Sterben Jesu nahm der gesamte Kosmos Anteil.

> *An jenem Tag – Spruch Gottes, des Herrn – lasse ich am Mittag die Sonne untergehen und breite am helllichten Tag über die Erde Finsternis aus. Ich verwandle eure Feste in Trauer und all eure Lieder in Totenklage. Ich lege um alle Hüften das Trauergewand und schere jeden Kopf kahl. Ich bringe Trauer über das Land wie die Trauer um den Einzigen und das Ende davon wird sein wie der bittere Tag* (Amos 8,9–10).

Jesus litt nicht nur unter den unermesslichen Qualen des Kreuzes, sondern auch unter unermesslichen

IHS
I.N.R.I.
In crvce dvm pendet Mvndi servator IESVS,
Offertvr svmmo victima grata Patri.
Anton. Wierx inuent. & excud.

Qualen der Seele. Auch seine seelische Verfassung kann kein Mensch ergründen. Die Verlassenheit Jesu in diesen Stunden der Finsternis war abgrundtief. Im Dunkel dieser »Gottverlassenheit« wandte er sich im Gebet an Gott, seinen Vater.

Die sieben Worte Jesu am Kreuz

Erstes Wort Jesu am Kreuz:
Vater, vergib ihnen, denn sie wissen nicht, was sie tun.
Jesus hat nicht nur Feindesliebe gelehrt, sondern sie auch noch am Kreuz selbst vorgelebt.

> *Sie kamen an den Ort, der Schädelhöhe heißt; dort kreuzigten sie ihn und die Verbrecher, den einen rechts von ihm, den anderen links. Jesus aber betete: Vater, vergib ihnen, denn sie wissen nicht, was sie tun!* (Lukas 23,33–34a).

Während Jesus gekreuzigt wurde, betete er noch für seine Feinde und Peiniger. Er verwarf seine Gegner nicht, sondern gewährte ihnen Verzeihung, entschuldigte ihr Verhalten und bat den Vater, ihnen zu vergeben. Alles hatte Jesus hingegeben, um auch denen Gutes zu erweisen, die ihn hassten, und denen, die, ohne selbst nachzudenken, die Befehle der Obrigkeit ausführten. Er gab seine Freiheit hin durch die Kreuzigung, seine Ehre durch die Einreihung unter die Verbrecher und seine Kleider durch den Anspruch der Henker. Besonders für die Soldaten bat Jesus um Vergebung und er entschuldigte sie vor dem Vater. Er wusste, dass gerade diese Menschen sein Erbarmen und seine Liebe brauchten, denn es fehlte ihnen an Einsicht und Erkenntnis.

Herr Jesus Christus,
selbst unter den größten körperlichen
und seelischen Schmerzen
hast du noch für diejenigen gebetet,
die dir diese Qualen zufügten.
Vergib mir meine Schuld und gib mir die Kraft,
denen zu vergeben, die mir Unrecht tun.
Denn du bist gütig und liebevoll zu uns allen,
obwohl wir uns immer wieder
von deiner Liebe entfernen.

Zweites Wort Jesu am Kreuz:
Heute noch wirst du mit mir im Paradies sein.
Das Volk, die Soldaten, die Schriftgelehrten wie auch einer der beiden Mitgekreuzigten verhöhnten Jesus auf gemeinste Weise.

> Einer der Rebellen, die neben Jesus hingen, sagte: *Uns geschieht Recht, wir erhalten den Lohn für unsere Taten; dieser aber hat nichts Unrechtes getan. Dann sagte er: Jesus, denk an mich, wenn du in dein Reich kommst! Jesus antwortete ihm: Amen, ich sage dir: Heute noch wirst du mit mir im Paradies sein* (Lukas 23,41–43).

Niemand sonst bekannte sich in dieser Stunde öffentlich zu seinem Glauben an Christus. Es herrschten Ärgernis, Hohn und Spott. Selbst die Apostel zweifelten und angstvolle Traurigkeit erfüllte ihre Herzen. Gerade in der Zeit, in der die Jünger sich versteckten und Maria das Schwert durch die Seele drang – wie es ihr Simeon im Tempel verheißen hatte –, erhob einer der Schächer mutig seine Stimme. Er wandte sich an Jesus, der neben ihm am Kreuz hing, und bekannte rückhaltlos seine Schuld. Er begann, von ganzem Herzen zu glauben und innerlich gegen seinen Irrtum anzukämpfen. Durch die Fanatiker um ihn herum ließ er sich nicht verwirren, sondern bekannte laut, dass Jesus eine Herrlichkeit bevorstehe, in der er seiner gedenken würde. Dieser Schächer kam zur Erkenntnis seiner Schuld durch den Anblick Jesu, von dessen Unschuld er überzeugt war. Für ihn war Jesus der Messias, der nun in sein eigentliches Reich zurückkeh-

ren würde, in das Paradies – eine überirdische Wirklichkeit.

In der Bitte des Schächers kommt das Jesus-Gebet zum Ausdruck, das in der Not des Kreuzes geboren wurde. Selbst im Sterben war Jesus noch Heiland und Freund der Sünder. Das Entscheidende seiner Zusage waren die Worte »heute noch«. Damit ging die Verheißung Jesu weit über das Erbetene hinaus.

Herr Jesus Christus, du bist mein Bruder und mein Freund.
Du gehst mit mir in den Tod und darüber hinaus.
Dein Weg führt ins Leben.
Und so bitte ich dich:
Lass deinen Weg auch zu meinem Weg werden.
Wenn ich untreu werde, so bleibst du, Herr, mir treu.
Wenn ich auf Abwege gerate,
führst du mich zurück auf den rechten Weg.
Durch das Bekenntnis des Schächers hast du mir gezeigt,
dass es für die Umkehr niemals zu spät ist.
Herr Jesus Christus, du hast das Los des Sterbens
mit allen Menschen geteilt.
Lass mich an deine Verheißung glauben,
dass auch ich mit dir leben werde.
Sei mit mir, jetzt und in der Stunde meines Todes.
Denn du bist der Weg, die Wahrheit und das Leben.

Drittes Wort Jesu am Kreuz:
Siehe, dein Sohn! – Siehe, deine Mutter!
Die Evangelisten Matthäus, Markus und Lukas berichten weder etwas von einem Wort Jesu an seine Mutter und an seinen Lieblingsjünger noch sagen sie etwas von der Anwesenheit Marias und des Jüngers unter dem Kreuz. Nur im Passionsbericht des Evangelisten Johannes werden Anhänger Jesu unter dem Kreuz erwähnt: einige Frauen, darunter die

Mutter Jesu, und der Jünger, den Jesus besonders lieb hatte.

> *Als Jesus seine Mutter sah und bei ihr den Jünger, den er liebte, sagte er zur Mutter: Frau, siehe, dein Sohn! Dann sagte er zu dem Jünger: Siehe, deine Mutter!* (Johannes 19,26–27a).

Schon lange vor diesem Leiden, als ihm sein lebensbedrohlicher Weg bewusst wurde, wird Jesus für seine Mutter gesorgt haben. Den Jünger, dem er besonders zugetan war, betraute er mit dieser Sorge. Johannes bringt nun diese Fürsorge Jesu mit in das Geschehen der Kreuzigung hinein. Nach jüdischem Recht war es die Pflicht eines Sohnes, seine Mutter zu versorgen. Diese Rechtspflicht im jüdischen Gesetz basierte auf dem vierten Gebot.

> *Ehre deinen Vater und deine Mutter, damit du lange lebst in dem Land, das der Herr, dein Gott, dir gibt!* (Exodus 20,12).

Da Jesus diese Aufgabe nicht mehr erfüllen konnte, setzte er den Jünger als seinen Rechtsnachfolger und Stellvertreter ein. Die fürsorgenden Worte Jesu an seine Mutter und den Jünger bilden eine Einheit und haben etwas mit der Vollendung des Werkes Jesu zu

tun. Die Mutter Jesu soll den Jünger, den Jesus liebte, als ihren Sohn annehmen und bei ihm bleiben. Aber auch der Jünger wurde an Maria als Mutter verwiesen. Über die Fürsorgepflicht hinaus gibt es eine tiefere Bedeutung dieses Wortes Jesu am Kreuz.

Der Jünger, der mit Maria unter dem Kreuz stand, wird als Evangelist Johannes gesehen. Jesus hatte ihn dazu erwählt, seine Lehre und seine Offenbarung weiterzugeben. Ab diesem Zeitpunkt trug der Lieblingsjünger Jesu, der Maria und später viele Heil-Suchende bei sich aufnahm, Sorge dafür, dass Jesu Worte nicht verhallten und seine »Zeichen« richtig gedeutet und verstanden wurden. In Maria wiederum werden alle, die vom erhöhten Christus das Heil erwarteten und das Wort Jesu annehmen wollten, dem Johannes und damit seinem Evangelium anvertraut. In der Erfüllung dieses letzten Wunsches sah Jesus das Werk als vollendet an, das der Vater ihm aufgetragen hatte.

Jesus offenbarte den beiden Menschen, die ihm am nächsten standen, dass auch sie einander nahestehen. Wie hier ein alternder Mensch an einen jungen und ein junger Mensch an einen alternden verwiesen wurde, so sind auch wir in unseren Unterschieden und Gegensätzen aufeinander angewiesen. Durch Jesus Christus sind wir miteinander verwandt und auch der Fernste ist unser Bruder oder unsere Schwester. Je näher wir zum Gekreuzigten und Auferstandenen kommen, desto näher kommen wir zueinander.

Herr Jesus Christus, du hast Ja zu mir gesagt.
Lass mich so leben, wie es deinem Willen entspricht,
damit auch ich die Menschen, die mir begegnen,
annehmen kann, wie du mich angenommen hast.

Viertes Wort Jesu am Kreuz:
Mein Gott, mein Gott, warum hast du mich verlassen?
Dieser furchtbarste aller Klagerufe lässt eine Ahnung von der Einsamkeit eines Menschen aufkommen, der nicht nur von seinen Mitmenschen verlassen wurde, sondern der sich auch von Gott verlassen fühlt.

Um die neunte Stunde schrie Jesus mit lauter Stimme: Eli, Eli, lema sabachtani?, das heißt: Mein Gott, mein Gott, warum hast du mich verlassen? Einige von denen, die dabeistanden und es hörten, sagten: Er ruft nach Elija (Matthäus 27,46–47).

Ob die Umstehenden Jesus wirklich missverstanden hatten oder ob sie ihn erneut verhöhnen wollten, bleibt offen. Der Prophet Elija galt bei den Juden als wirksamer Nothelfer, der besonders in Todesgefahr

1513

angerufen wurde. Viele Leute auf dem Richtplatz »gafften« Jesus an – je näher er seinem Tod kam, desto mehr verspotteten sie ihn.

Die Wirklichkeit des Kreuzes bedeutete für Jesus die totale Distanzierung von den Menschen – aber auch eine Entfernung von Gott. Die Dunkelheit, die drei Stunden über das Land fiel, hatte auch die Seele Jesu eingehüllt. In dieser Finsternis schien die Einheit zwischen dem Vater und dem Sohn zu zerbrechen. Kann es denn möglich sein, dass der Vater seinen Sohn Jesus Christus nicht nur den Händen der Menschen preisgab, sondern ihn auch in diesen Stunden der Finsternis aus seiner eigenen Liebe entließ?

In der Agonie am Kreuz pochte Jesus noch einmal an die Tür Gottes. Er rief und schrie nach Gott, seinem Vater, aus der Angst, von ihm gänzlich aufgegeben und verlassen zu sein. Von dieser leidvollsten Erfahrung des menschlichen Daseins – wenn Gott entschwindet, bleibt nur das reine Nichts – wurde Jesus bis ins Tiefste erschüttert. Gott, von dem Jesus Hilfe und Heil erwartete, blieb für ihn verborgen und fern. Dass Gott nicht antwortete – darin lag die eigentliche und zutiefst schmerzhafte Bitterkeit des Verlassenseins.

Nicht nur der Leib Jesu war durch Schmerzen entstellt und von Dämonen und Feinden umringt, sondern auch seine Seele. In dieser Not, die Jesus wie eine eigenständige Macht umgab, trat er hinein in das Urleiden einer vermeintlichen Gottverlassenheit. In dieser Stunde wurde Jesus eins mit der gesamten Fülle des Leidens, die es gab, die es gibt und die es je geben wird. Der Weg des vom Himmel kommenden Menschensohnes führte hinab in das allertiefste Elend.

Die Wiederholung des Aufschreis »Mein Gott, mein Gott« war ein Zeichen für die Tiefe des Leidens, aus der Jesus in seiner Gottverlassenheit zu Gott rief. Das schwere, unfassbare und unergründliche Leid der Gottesferne zeigte sich dann nochmals und verstärkt in der Frage: »Warum hast du mich verlassen?« In diesem Schrei Jesu erreichte der Schmerz der Welt für immer seinen Höhepunkt. Mit seinem Schmerzensruf der Verzweiflung stieg Jesus in eine Tiefe hinab, die jenseits der Tiefe jeglichen menschlichen Leidens lag und liegt.

Ob wir es wollen oder nicht: Wir müssen dieses Wort des gekreuzigten und sterbenden Jesus in der Härte seiner Aussage annehmen und aushalten.

Der Aufschrei »Mein Gott, mein Gott, warum hast du mich verlassen?« ist der Anfangsvers des 22. Psalms. Ob Jesus dieses Gebet eines Menschen im äußersten Leid weitergebetet hat, wissen wir nicht. Das Gebet in Psalm 22 ist ein Hinweis auf Jesus, der das gesamte Leid der Welt auf sich genommen hat – auch das Leid, das Menschen noch in der Zukunft begegnen wird.

Mein Gott, mein Gott, warum hast du mich verlassen,
bleibst fern meiner Rettung, den Worten meines Schreiens?
Mein Gott, ich rufe bei Tag, doch du gibst keine Antwort;
und bei Nacht, doch ich finde keine Ruhe.
Ich aber bin ein Wurm und kein Mensch,
der Leute Spott, vom Volk verachtet.

Alle, die mich sehen, verlachen mich.
Verziehen die Lippen, schütteln den Kopf:
Wälze die Last auf den Herrn! Er soll ihn befreien,
er reiße ihn heraus, wenn er an ihm Gefallen hat!
Meine Kraft ist vertrocknet wie eine Scherbe,
die Zunge klebt mir am Gaumen,
du legst mich in den Staub des Todes.
Denn Hunde haben mich umlagert,
eine Rotte von Bösen hat mich umkreist.
Sie haben mir Hände und Füße durchbohrt.
Sie verteilen unter sich meine Kleider
und werfen das Los um mein Gewand.

(Psalm 22,2–3.7–9.16–17.19)

Der Weg des Leidenden im Psalm 22 schlägt auf dem Höhepunkt der Gottverlassenheit und damit des tiefsten seelischen Schmerzes in Gotteserfahrung um. Der zweite Teil des Psalms drückt aus, der Betende habe in seinem Inneren das »Fürchte dich nicht« wahrgenommen und die feste Zusage, Gott werde seinen Sohn nicht verlassen, sondern mit ihm sein. An die Stelle äußerster Not und Verzweiflung ist der Lobpreis getreten. Das Psalmwort endet im Dank und Lob an Gott.

Denn er hat nicht verachtet,
nicht verabscheut des Elenden Elend.
Er hat sein Angesicht nicht verborgen vor ihm;
er hat gehört, als er zu ihm schrie.
Die Armen sollen essen und sich sättigen;
den Herrn sollen loben, die ihn suchen.
Aufleben soll sein Herz für immer.
Seine Heilstat verkündet man einem Volk,
das noch geboren wird: Ja, er hat es getan.

(Psalm 22, 25.27.32)

Herr Jesus Christus, von der Erde verlassen
und noch nicht vom Himmel aufgenommen,
hast du alle Einsamkeit und Hoffnungslosigkeit
des Lebens durchlitten.
Du bist in die Hölle der Einsamkeit hinabgestiegen.

Hilf mir, die »Abwesenheit Gottes« zu ertragen.
Hilf mir, dass ich niemals aufhöre,
zu Gott zu beten und nach ihm zu rufen.
Du kennst die Not der Menschen
und hast darum gesagt:
»Wenn ich von der Erde erhöht bin,
werde ich alle an mich ziehen.«

Fünftes Wort Jesu am Kreuz:
Mich dürstet.
Als Jesus sein Werk in dieser Welt nahezu vollendet sah, sprach er die Worte »Mich dürstet«.

> *Danach, da Jesus wusste, dass nun alles vollbracht war, sagte er, damit sich die Schrift erfüllte: Mich dürstet. Ein Gefäß mit Essig stand da. Sie steckten einen Schwamm mit Essig auf einen Ysopzweig und hielten ihn an seinen Mund* (Johannes 19,28–29).

Dieser Ausruf des sterbenden Jesus am Kreuz weist noch einmal auf alle entsetzlichen körperlichen Qualen hin, die er bis zu seinem Ende auszuhalten hatte. »Mich dürstet« hat jedoch noch eine tiefere Bedeutung. Der Lebens- wie auch der Leidensweg Jesu waren im göttlichen Plan, der Vergangenes, Gegenwärtiges und Zukünftiges umfasst, genau festgelegt. Die Worte im Alten Testament, die sich auf den erwarteten Messias beziehen, sollten ihre volle und letzte Erfüllung finden.

Sie gaben mir Gift als Speise,
für den Durst gaben sie mir Essig zu trinken.

(Psalm 69,22)

In der Betrachtung dürfen wir jedoch noch einen Schritt weitergehen. Jesus sagte zu seinen Jüngern, die ihm etwas zu essen geben wollten:

Meine Speise ist es, den Willen dessen zu tun, der mich gesandt hat, und sein Werk zu vollenden (Johannes 4,34).

Und später bei der Gefangennahme antwortete er Petrus:

Der *Kelch, den mir der Vater gegeben hat – soll ich ihn nicht trinken?* (Johannes 18,11b).

Hunger und Durst werden hier zum Bild für den Auftrag und das Verlangen Jesu, den Willen des Vaters bis zum Letzten zu erfüllen. Jesus wollte und musste den Leidens- und Todeskelch bis zum letzten Tropfen trinken. Er konnte es daher nicht vermeiden, auch diesen sauren Trank, der ihm am Kreuz gereicht wurde, anzunehmen. Der sogenannte Essig war der saure Wein, ein minderwertiges Volksgetränk, das die Soldaten mit sich führten.

Dass sie gerade einen Ysopzweig benutzten, auf den sie den getränkten Schwamm steckten, hat ebenfalls tiefere Bedeutung. Der Ysop erinnert an alte kultische Gebräuche. Dieser buschigen Pflanze, die auch feste und längere verholzte Stängel besitzt, wurde schon von alters her eine reinigende Kraft zugeschrieben. Ein solcher verbreiteter Reinigungsritus fand dann auch Aufnahme im Alten Testament.

> *Dann nehmt einen Ysopzweig, taucht ihn in die Schüssel mit Blut und streicht etwas von dem Blut in der Schüssel auf den Türsturz und auf die beiden Türpfosten!* (Exodus 12,22).

Alle Sehnsucht dieser Welt ist in dem Wort »Mich dürstet« enthalten. Und alle Enttäuschung und Schwere dieser Welt spiegelt sich symbolisch in dem sauren Wein wider.

> *Herr, meine Sehnsucht ist größer als jede Erfüllung,*
> *die die Erde geben kann.*
> *Ich hungere und dürste nach einem Wort von dir.*
> *Du bist es, der meinen Hunger und Durst stillen kann.*
> *Du bist die Quelle, aus der das Wasser ewigen Lebens strömt.*

Du wirst all meine Sehnsucht erfüllen
und einmal alles Schwere, das ich zu tragen habe,
von mir nehmen.

Sechstes Wort Jesu am Kreuz:
Es ist vollbracht.
Johannes drückt in seinem Evangelium das verborgene Geheimnis des Todes Jesu aus: Jesus ist trotz des großen Leidens und der Schmach durch die Menschen der in Gottes Plan »hoheitsvoll Erhöhte«. Der Sohn Gottes ging durch das Tor des Todes zum Vater, nachdem er sein irdisches Werk vollbracht hatte. Diese Auffassung steht im Gegensatz zu der »Gottverlassenheit«, wie sie die drei anderen Evangelisten schildern.

> *Als Jesus von dem Essig genommen hatte, sprach er: Es ist vollbracht! Und er neigte das Haupt und übergab den Geist* (Johannes 19,30).

Das innere Wissen und Vorherwissen Jesu, der die Seinigen bis zum Letzten geliebt hat, lässt ihn dieses Wort sagen. Jesus wusste, dass in dieser Stunde alles »vollendet« oder »vollbracht« war. Er wusste um seinen Weg und um seine Aufgabe, die er zu erfüllen hatte.

Und er (der Vater), *der mich gesandt hat, ist bei mir; er hat mich nicht alleingelassen, weil ich immer das tue, was ihm gefällt* (Johannes 8,29).

Selbst sein Sterben hat Jesus widerstandslos angenommen. Er verstand dieses unabwendbare Schicksal als Selbsthingabe an den Vater.

Siehe, die Stunde kommt und sie ist schon da, in der ihr versprengt sein werdet, jeder in sein Haus, und mich alleinlassen werdet. Aber ich bin nicht allein, denn der Vater ist bei mir (Johannes 16,32).

Nach der Vollendung seines Auftrags in dieser Welt ging Jesus in großem Frieden zu seinem Vater hinüber. Vollendet war die Liebe Jesu zu den Seinen, vollendet war auch die Hingabe seines irdischen Lebens. *Deshalb liebt mich der Vater, weil ich mein Leben hingebe, um es wieder zu nehmen* (Johannes 10,17).

Das Scheitern Jesu in der äußeren Welt ist zur Vollendung geworden – die tiefste Erniedrigung zur höchsten Erhöhung.

Ich habe dich auf der Erde verherrlicht und das Werk zu Ende geführt, das du mir aufgetragen hast. Jetzt verherrliche du mich, Vater, bei dir mit der Herrlichkeit, die ich bei dir hatte, bevor die Welt war! (Johannes 17,4–5).

Nachdem Jesus sein Haupt geneigt und seinen Geist aufgegeben hatte, kehrte er in die himmlische Lichtwelt zurück, von der er ausgegangen war.

Herr Jesus Christus,
der Trost, der aus deinen Worten spricht –
selbst noch im Sterben –,
offenbart mir etwas
vom Geheimnis meines eigenen Todes.
Ich weiß:
Im Augenblick des Todes ist das Leben geboren.
Diesen Weg zum Leben
hast du mir durch dein Leiden und deinen Tod geöffnet.
Du, Herr, hast das vom Vater aufgetragene Werk vollendet.
Hilf mir, dass auch ich meine Aufgaben in dieser Welt
mutig angehe und sie vollende.
Stehe mir bei, wenn mich die Finsternis des Todes überfällt,
und führe mich aus dieser Dunkelheit
in dein wunderbares Licht.

Siebtes Wort Jesu am Kreuz:
Vater, in deine Hände lege ich meinen Geist.
Jesu Leben, Leiden und Sterben war die Erfüllung eines sich langsam vollendenden Gebetes. Jesus war erfüllt von der Gewissheit, dass bei Gott, seinem Vater, das Leben auf ihn wartete.

> *Die Sonne verdunkelte sich. Der Vorhang im Tempel riss mitten entzwei und Jesus rief mit lauter Stimme: Vater, in deine Hände lege ich meinen Geist. Nach diesen Worten hauchte er den Geist aus* (Lukas 23,45–46).

Mit diesem letzten Wort, das Jesus im Lukasevangelium spricht, wendet er sich voll Vertrauen und in Hingabe an seinen Vater. Zwischen diesem Wort Jesu und dem ersten Wort seiner Selbst- und Gottesoffenbarung besteht eine enge Beziehung. Er stellt beide Male Gott, seinen Vater, in den Mittelpunkt sowohl seines Lebens als auch seines Sterbens. Der zwölfjährige Jesus sagte zu seinen Eltern:

> *Warum habt ihr mich gesucht? Wusstet ihr nicht, dass ich in dem sein muss, was meinem Vater gehört?* (Lukas 2,49).

Das Gebet »Vater, in deine Hände lege ich meinen Geist« ist der sechste Vers von Psalm 31. Dieser Psalm drückt das Vertrauen eines tödlich Bedrohten aus. Die Juden wie auch die spätere christliche Kirche sprachen und sprechen diese Worte als Abendgebet. Der Schlaf gilt frommen Juden als Vorstufe des Sterbens. Die volle Geborgenheit in Gott kommt in diesem Gebet zum Ausdruck. Wahrscheinlich hat Jesus dieses Abendgebet seit seiner Kindheit gesprochen. Am Kreuz sprach er es mit lauter Stimme: Das, was er bereits als Kind betete, wurde zu seinem Sterbegebet. Jesus wusste im Vorhinein, was ihn erwartete. Im Gehorsam und im Vertrauen bejahte er das Ende seines irdischen Auftrags.

Jesus versammelte die Zwölf um sich und sagte zu ihnen: Siehe, wir gehen nach Jerusalem hinauf; und es wird sich alles erfüllen, was bei den Propheten über den Menschensohn steht. Denn er wird den Heiden ausgeliefert, wird verspottet, misshandelt und angespuckt werden und man wird ihn geißeln und töten und am dritten Tag wird er auferstehen. Doch die Zwölf verstanden das alles nicht; der Sinn der Worte war ihnen verschlossen und sie begriffen nicht, was er sagte (Lukas 18,31–34).

Sterbend am Kreuz gab Jesus sein Leben mit großem Vertrauen in die Hände Gottes zurück. Er lieferte damit seinen Geist, der Träger des Lebens ist, seinem Vater vollkommen aus. Dies geschah im Wissen und aus der Erfahrung, dass in Gottes Händen und in seiner Vatergüte die Seele geborgen ist. Leiden und Sterben des Messias wurden zur unerlässlichen Voraussetzung für seine Auferstehung in der Herrlichkeit Gottes.

> *Musste nicht der Christus das erleiden und so in seine Herrlichkeit gelangen?* (Lukas 24,26).

Das Gebetswort »Vater, in deine Hände lege ich meinen Geist« kannst du – wer du auch bist und wo du auch stehst – mitten in deinem aktiven Leben einüben. Diese Erfahrung der Hingabe hat Jesus seit seiner Kindheit gemacht. Lukas zeigt, wie Jesus sein Sterben und seinen Tod im Vertrauen auf die Liebe des Vaters bewältigte. Er zeigt damit auch uns, wie wir unseren eigenen Tod gläubig bewältigen können. Der Tod als unabwendbare Wirklichkeit eines jeden Lebens muss nicht nur erlitten, sondern auch letztlich bejahend vollbracht werden. Es ist eine Arbeit, die mit, durch und in Jesus Christus getan werden muss.

Herr Jesus Christus,
du hast dich ganz dem Vater anvertraut.
Immer wieder hast du in deinem Leben
deinen Geist in seine Hände gelegt –
bis du durch den Tod
in seine Herrlichkeit aufgenommen wurdest.
Zeige auch mir den Weg der Hingabe,
damit ich dir ähnlich werde
und der Wille des Vaters an mir geschehe.
Führe mich nicht in Versuchung,
sondern erlöse mich von dem Bösen.
Denn dein ist das Reich
und die Kraft und die Herrlichkeit. Amen.

Die Seitenwunde Jesu

Der bevorstehende Sabbat war ein großer Feiertag, denn es wurde gleichzeitig an diesem Tag das Paschafest begangen. Die Juden befürchteten, dass die Hingerichteten noch an diesem heiligen Feiertag am Kreuz hängen und dahinsiechen würden. Nach dem Gesetz des Mose mussten die Leichen der Hingerichteten vor Einbruch der Nacht abgenommen und begraben werden, damit sie nicht das Land verunreinigten (vgl. Exodus 21,22). Daher traten die Juden mit der Bitte an Pilatus heran, den Gekreuzig-

B
I.N.R.I.
A
C

ten die Beine zerschlagen und dann die Leichen abnehmen zu dürfen. Das Zerbrechen der Beinknochen beschleunigte den Tod, falls er noch nicht eingetreten war. Die Soldaten führten den Befehl des Pilatus zunächst an den beiden Mitgekreuzigten aus. Das Zerbrechen der Beine war eine grausame Praxis, die den Tod auf der Stelle herbeiführte. Jesus wurde davor bewahrt, denn als die Soldaten zu ihm kamen, stellten sie fest, dass er bereits gestorben war.

> *Und ihr sollt keinen Knochen des Pascha-Lammes zerbrechen* (Exodus 12,46). *Und ihr sollt keinen seiner Knochen zerbrechen* (Psalm 34,21).

Jesus Christus ist zum neuen und wahren Pascha-Lamm geworden, das für die Christen den alten Brauch ablöst. Damit ist auch der Alte Bund erfüllt und der Neue Bund tritt in Kraft. Um ganz sicherzugehen, dass Jesus nicht doch mit einem Funken Leben vom Kreuz abgenommen würde, stieß ihm einer der Soldaten – statt ihm die Beine zu zerbrechen – mit einer Lanze in die Seite. Und sogleich flossen aus der Herzwunde Blut und Wasser. Die Öffnung der Seite Jesu galt als Beweis seines sicheren Todes.

> *Und sie werden auf mich blicken, auf ihn, den sie durchbohrt haben. Sie werden um ihn klagen, wie bei der Klage um den Einzigen; sie werden bitter um ihn weinen, wie man um den Erstgeborenen weint* (Sacharja 12,10b).

Für den Evangelisten Johannes ist Jesus dieser »Durchbohrte« und gleichzeitig der »Erhöhte«, auf den jetzt alle zu ihrem Heil blicken werden. Der johanneische Zeugenbericht ist also nicht nur an äußeren Tatsachen orientiert, sondern er schließt auch ein Geheimnis auf, das letztlich nur durch den Glauben zugänglich ist. Der bloße historische Tatbestand wird also zu einem Offenbarungsereignis und damit zum Ziel der Sendung Jesu.

> *Und wie Mose die Schlange in der Wüste erhöht hat, so muss der Menschensohn erhöht werden, damit jeder, der glaubt, in ihm ewiges Leben hat. Denn Gott hat die Welt so sehr geliebt, dass er seinen einzigen Sohn hingab, damit jeder, der an ihn glaubt, nicht verloren geht, sondern das ewige Leben hat* (Johannes 3,14–16).

Jesus Christus ist der »Erhöhte«. Als Auferstandener trägt er noch die Wundmale an seinem verklärten Körper. Sie sind Kennzeichen seines Menschseins, seines Leidens und Sterbens. Die fünf Wunden an den Händen, den Füßen und an der Seite Christi werden sich erst dann schließen, wenn die gesamte Schöpfung und damit auch der letzte, der Gott fernstehendste Mensch, erlöst sein wird.

> *Jesus sagte zu ihnen: Friede sei mit euch! Nach diesen Worten zeigte er ihnen seine Hände und seine Seite …* Thomas entgegnete den Jüngern: *Wenn ich nicht das Mal der Nägel an seinen Händen sehe und wenn ich meinen Finger nicht in das Mal der Nägel und meine Hand nicht in seine Seite lege, glaube ich nicht* (Johannes 20,19b–20a.25).

Die Kirchenväter verstanden den Lanzenstich als Symbolhandlung. Der Evangelist Johannes sagt nicht, dass der Soldat die Seite Jesu durchbohrte oder verwundete. Johannes gebraucht die Formulierung »er öffnete sie«, damit dort die Tür des Lebens aufgetan würde. Von hier strömen die Sakramente der Kirche aus, ohne die man in das wahre Leben nicht eingeht. Das Blut ist Zeichen des erlösenden Todes Jesu. Er hat es zur Vergebung der Sünden vergossen. Das Wasser symbolisiert Geist und Leben.

> *Dieser ist es, der durch Wasser und Blut gekommen ist: Jesus Christus. Er ist nicht nur im Wasser gekommen, sondern im Wasser und im Blut. Und der Geist*

ist es, der Zeugnis ablegt; denn der Geist ist die Wahrheit. Denn drei sind es, die Zeugnis ablegen: der Geist, das Wasser und das Blut; und diese drei sind eins (1. Johannesbrief 5,6–8).

Wie am Ursprung der Menschheit die Mutter alles menschlichen Lebens, Eva, aus der geöffneten Seite des schlafenden Adam hervorging, so strömen aus der Herzwunde, der geöffneten Seite Jesu Christi, die Sakramente der Taufe und der Eucharistie.

Bevor du in deiner Betrachtung das Kreuz und den Tod Jesu verlässt, um mit ihm in die Auferstehung zu gehen, vergegenwärtige dir noch einmal kurz den zeitlichen Ablauf der Passion. Das Kreuzesgeschehen steht klar im Raum der Geschichte. Der Ort und die Zeit sind festgelegt und für alle nachweisbar.

- In der Frühe, gegen sechs Uhr, wird Jesus an Pilatus ausgeliefert (vgl. Markus 15,1).
- Um die dritte Stunde, gegen neun Uhr, wird Jesus gekreuzigt (vgl. Markus 15,25).
- Von der sechsten bis zur neunten Stunde, also zwischen zwölf und fünfzehn Uhr, tritt die große Finsternis ein (vgl. Markus 15,33).
- In der neunten Stunde, gegen fünfzehn Uhr, stirbt Jesus (vgl. Markus 15,34.37).

- Gegen Abend, noch am Rüsttag, dem Tag vor dem Sabbat und dem Paschafest, wird Jesus begraben (vgl. Markus 15,46).
- Der Sabbat, der Samstag nach dem Tod Jesu, wird bei Markus 16,1 erwähnt: *Als der Sabbat vorüber war …*
- Der Gang der Frauen zum Grab geschieht in der Frühe des ersten Wochentages, des Sonntags (vgl. Markus 16,2).

Du hast noch einmal das Leiden und den Tod Jesu in zeitlicher Abfolge betrachtet. Stelle dir nun einige Fragen und lasse dir viel Zeit für die Beantwortung jeder einzelnen Frage.

- Wie hättest du dich verhalten, wenn du als Anhänger oder Anhängerin Jesu damals seinen Leidensweg mit angesehen hättest?
- Hättest du den Mut gehabt, dich offen unter das Kreuz zu stellen und dich zu ihm zu bekennen?
- Was bedeutet das Kreuz für dich?
- Was empfindest du beim Lesen dieses Satzes: »Wir verehren nicht das Kreuz, sondern den Gekreuzigten und Auferstandenen.«
- Kannst du die Auffassung bejahen, dass wir damit aufhören sollten, das Leiden heiligzusprechen?

- Wie stehst du zu der Aussage: »Das Kreuz sucht man nicht; es wird auferlegt«?
- Kannst du im Tragen deines eigenen Kreuzes den Blick zum Vater heben?
- Worin besteht bei dir die Versuchung eines Weggehens von ihm?
- Gelingt es dir, auf den Gekreuzigten und Auferstandenen zu schauen und daraus Kraft zu schöpfen, wenn du in dieser Welt einen Ausweg sehen und mitten in der Dunkelheit Licht wahrnehmen willst?
- Wie weit bist du in der Lage, etwas zu ertragen und mitzutragen?
- Stelle dir die Frage, ob und wie man nach den Karfreitagen in der Menschheitsgeschichte das Kreuz für alle Zeit vermeiden kann.
- Wenn du bedenkst, dass Menschen, die wir wirklich lieb haben, in unserer Vorstellung und in unseren Herzen nicht sterben können: Kann da nicht jeder Karfreitag zu einem neuen Anfang werden?

Die glorreichen Geheimnisse

Jesus, der von den Toten auferstanden ist

Abnahme vom Kreuz und Begräbnis Jesu

Die Abnahme Jesu vom Kreuz und seine Grablegung war der Übergang von aller Schmach zur Herrlichkeit. Wer nach römischem Recht hingerichtet wurde, verlor damit auch das Recht auf die Totenehrung. Der Tote wurde in der Regel in einem Massengrab beigesetzt. Wer die Leiche eines Hingerichteten eigenmächtig entfernte, musste mit einer hohen Bestrafung rechnen. Der römische Statthalter Pilatus war für die Freigabe des toten Jesus zur Bestattung zuständig.

Da mit dem Sonnenuntergang bereits der nächste Tag begann – also der Sabbat und das Paschafest –, war Eile geboten. Die Hingerichteten mussten nach dem Gesetz noch am Tag ihrer Hinrichtung verbrannt oder beerdigt werden. Vor dem Aufleuchten des ersten Sterns musste das Begräbnis stattgefunden haben.

Josef, ein vornehmer Ratsherr und Mitglied des Hohen Rates, hatte schon länger seinen Wohnsitz in Jerusalem. Da er aus Arimathäa, einer Stadt im Norden Judäas, kam, wurde er »Josef von Arimathäa« genannt. Als heimlicher Anhänger und Jünger Jesu hatte er sich an den Beratungen des Hohen Rates zur Auslieferung und Verurteilung Jesu nicht beteiligt. Obwohl er den Tod Jesu auf tiefste und schmerzlichste Weise miterlebt hatte, war er nicht in der Lage, einzuschreiten.

Doch jetzt führte der Tod Jesu bei ihm zum Durchbruch einer entschiedenen Glaubenshaltung. Josef von Arimathäa überwand seine Schwäche, zeigte Mut und wagte es, zu Pilatus zu gehen, der wegen seiner Härte bekannt war. Er bat den Statthalter um den Leichnam Jesu, um ihn vom Kreuz abnehmen und ihn noch vor dem Aufleuchten des ersten Sterns bestatten zu dürfen. Pilatus ließ sich zunächst den Tod Jesu durch einen Hauptmann bestätigen. Da Pilatus im Geheimen von der Unschuld Jesu überzeugt war und Josef von Arimathäa beim Statthalter seinen Einfluss geltend machte, gelang es ihm, den Leichnam Jesu freizubekommen.

Bei den Juden herrschte eine hohe Wertschätzung der Totenbestattung. Sie erfolgte privat – ohne irgendeinen Kult. Die Gräber wurden in Grundstücken angelegt, die man außerhalb der Wohnorte dafür erwarb. Sehr gern benutzte man Felsen- oder Höhlengräber, die mehrfach belegt werden konnten. Der Verstorbene wurde in eine ausgehauene Felsnische gelegt. Nach einigen Jahren nahm man die Gebeine heraus und legte sie in einen kleinen Steinsarkophag, sodass das Grab neu belegt werden konnte. Ein großer Stein wurde vor den Eingang der Gruft gewälzt, damit das Grab vor Tieren und Räubern gesichert war. Meist benutzte man einen sogenannten Rollstein. Er lief auf einer zum Grabeingang gesenkten Rille und konnte deshalb nicht leicht fortbewegt werden.

Ein solches Felsengrab hatte sich Josef von Arimathäa in einem Garten in der Nähe von Golgota errichten lassen. Es war ein neues Grab – niemand war vorher hier beigesetzt worden. In dieses Familiengrab wollte er den Leichnam Jesu legen. Josef von Arimathäa wusste, dass diese Handlung ihn verunreinigen und ihn vom Paschafest ausschließen würde. Er durfte somit auch nicht mehr am Verzehr des Pascha-Lammes teilnehmen. Sein Entschluss, Jesus vom Kreuz zu nehmen und ihn seiner Würde und Heiligkeit entsprechend zu bestatten, offenbarte die Größe der Liebe zu Jesus und die Größe seines Glaubens an ihn. Für Josef von Arimathäa war der ge-

kreuzigte Jesus wichtiger als das Pascha-Lamm des Alten Bundes.

Schafft den alten Sauerteig weg, damit ihr neuer Teig seid! Ihr seid ja schon ungesäuertes Brot; denn als unser Pascha-Lamm ist Christus geopfert worden (1. Korintherbrief 5,7).

Der Ausklang der Passion Jesu geschah nun in Frieden und großer Ruhe. Behutsam nahm Josef von Arimathäa Jesus vom Kreuz. Da es als große Schmach empfunden wurde, einen Toten unbekleidet zu bestatten, hatte er vorher ein reines Leinentuch erworben. Es kam auch Nikodemus, ein führender Mann unter den Juden, der Jesus bei Nacht aufgesucht hatte, um mit ihm ein geistliches Gespräch zu führen. Nikodemus, der sonst Jesus ebenfalls nur im Geheimen anhing, trat jetzt mutig hervor. Er hatte eine Menge wohlriechender Gewürze mitgebracht, um den toten Körper vor Leichengeruch zu bewahren. Damit wollte er Jesus einen letzten Liebesdienst erweisen, denn auch bei Nikodemus hatte der Tod Jesu zum Durchbruch einer entschiedenen Glaubenshaltung geführt.

Das duftende Gewürz war eine Mischung von Myrrhe, einem wohlriechenden Harz, und Aloe, einer duftenden Holzart. Die Mischung dieser beiden

pulverisierten Duftstoffe streuten die Männer auf das Leinentuch, mit dem sie dann den Leichnam Jesu umwickelten. Es war nach jüdischer Anschauung eine große Ehre, die man einem Toten erwies. Bei den Juden war eine Einbalsamierung von Verstorbenen wie in Ägypten nicht üblich. Durch diese liebevolle Behandlung des Leichnams Jesu wurde ihm eine außergewöhnliche Verehrung zuteil.

Josef von Arimathäa und Nikodemus trugen Jesus noch in der letzten Stunde des Tages vor dem

Sabbat und Paschafest zu Grabe – noch bevor der erste Stern am Himmel zu leuchten begann. Als Erster der Entschlafenen wurde Jesus in das neue Grab gebettet. Indem Josef von Arimathäa Jesus in seinem eigenen Familiengrab beisetzte, nahm er ihn als seinen Bruder auf. Das Grab Josefs, das nun zum Grab Jesu geworden war, liegt zwischen Golgota und Ostern, zwischen Geschichte, Zeit und Ewigkeit. Einige Frauen, die sich in der Nähe des Grabes niedergelassen hatten, um das Begräbnis zu beobachten, wurden zu Zeugen des Geschehens.

Hier endet das Leben, das Leiden und der Tod Jesu und es beginnt die Heilsgeschichte Christi.

Der Gang Jesu zu den Toten

Die Heilsgeschichte Christi beginnt mit einer großen Stille, denn die Evangelien schweigen für die Zeit zwischen der Grablegung und der Auferstehung. Über den Karsamstag erfahren wir nichts.

Im neunten Jahrhundert nahm die Römische Kirche den Satz »Hinabgestiegen in das Reich des Todes« in ihr Glaubensbekenntnis auf. Jesus ist am Kreuz gestorben und begraben worden. Wie er auf Erden solidarisch war mit den Lebenden, so ist er in und nach seinem Tod solidarisch mit den Toten. Die

Abnahme vom Kreuz und das Begräbnis sind schlichte Zeugnisse für diese Solidarität. Da Jesus als Toter – allen menschlichen Toten gleich – von sich aus keine Bewegung mehr vollbringen konnte, trifft das Wort »hinabsteigen« im eigentlichen Sinn nicht zu. Ein »Sein« Jesu mit den Toten entspricht diesem Zustand weit mehr. Das Sein Jesu mit den Unerlöst-Toten in der unteren Welt währte so lange, wie sein Leib im Grab ruhte. Die Unerlöst-Toten entbehren der Anschauung Gottes und unter ihnen selbst gibt es kein Leben. Die Solidarität Jesu besteht darin, zusammen mit ihnen einsam zu sein.

> *Denn wie Jona drei Tage und drei Nächte im Bauch des Fisches war, so wird auch der Menschensohn drei Tage und drei Nächte im Schoß der Erde sein* (Matthäus 12,40).

Einen solchen Tod, wie er den Unerlösten auferlegt ist, nahm Jesus auf sich. Er machte die unmittelbare Erfahrung dieser vollkommensten Strafe, die ein Ergebnis des Sich-Entfernens von Gott ist. Da nun der Tod Jesu ein vollkommener war, erfuhr er den untersten Grund der Unteren Welt, wo nicht die Anschauung Gottes, sondern die Anschauung des Todes herrscht. Das Leiden der Seele Christi, das Größte, das sich denken lässt, war wie das Leiden derjenigen, die sich durch Missbrauch ihrer Freiheit ins tiefste Unten der Unteren Welt gebracht haben – dahin, wo es kein weiteres Entferntsein von Gott mehr gibt. Nach seinem Tod durchlitt die Seele Christi die gesamte Dimension des Rein-Gegengöttlichen, das wir »Hölle« nennen.

Wenn Gott, der barmherzige Vater, alles – und damit auch die menschliche Freiheit – geschaffen hat, dann gehört auch die »Hölle« zu dem von ihm ursprünglich Geschaffenen. Wenn der Vater den Sohn in die Welt sendet, um, statt zu richten, zu retten, dann muss er ihn als den Menschgewordenen auch in die »Hölle« einführen.

Versuche während deiner Betrachtung die »Hölle« nicht als Ort ewiger Verdammnis und als ewiges Horrorszenarium zu verstehen, sondern als die letzte Folge missbrauchter geschöpflicher Freiheit. Wie Jesus am Karsamstag in den Abgründen des Todes weilte, so vollbringt er auch immer wieder einen geistigen »Abstieg« in die Verlorenheiten der sündigen Herzen. Somit erschließt er allen den Weg zum Himmel.

Das Sein Jesu mit den Toten war die letzte Stufe seines vom Vater übernommenen Erlösungsauftrags. Wirklich in die »Hölle« eingeführt zu werden, konnte der Sohn nur als Toter am Karsamstag. Das »Gehen« Jesu zu den Unerlöst-Toten war und ist

Voraussetzung, wenn die Toten die Stimme des Sohnes Gottes hören und als Hörende leben sollen.

- *In ihm ist er auch zu den Geistern gegangen, die im Gefängnis waren, und hat ihnen gepredigt* (1. Petrusbrief 3,19).
- *Denn auch Toten ist das Evangelium dazu verkündet worden, dass sie zwar wie Menschen gerichtet werden im Fleisch, aber wie Gott das Leben haben im Geist* (1. Petrusbrief 4,6).

Alle Teile der Schöpfung – auch die tiefsten Tiefen der Unteren Welt – hat der Herr und Erlöser berührt, damit jeder überall Christus finden kann.

> *Die Stunde kommt und sie ist schon da, in der die Toten die Stimme des Sohnes Gottes hören werden; und alle, die sie hören, werden leben* (Johannes 5,25).

Durch seinen Erlösungsauftrag und durch seine eigene unermesslich große Tiefe erreichte Jesus Christus alle Tiefen der Unterwelt. Erst als er die »Hölle« schaute und das Unterste der Unteren Welt erfuhr, konnte nach dem Willen des Vaters die Umkehr einsetzen. Der Sohn musste das Unvollendete und Chaotische in Augenschein nehmen und es in seiner Seele zutiefst schmerzhaft erfahren, um allen Unerlöst-

Toten die Erlösung anzubieten. Das, was Gefängnis war, hat er in einen Aus-Weg verwandelt, der in die Freiheit führt.

> *Heute ist er als König in das Gefängnis gekommen, heute hat er die ehernen Pforten und eisernen Riegel durchbrochen, er, der wie ein gewöhnlicher Toter verschlungen wurde, hat die Hölle in Gott verwüstet* (Proklus von Konstantinopel).

Bei seiner Auferstehung, die Jesus in den tiefsten Tiefen der Unteren Welt vom Vater geschenkt wurde, erhielt er das Leben zurück. Gleichzeitig wurden ihm als Christus die Macht über die Unterwelt und die Schlüssel zu ihren Pforten übergeben.

> *Ich war tot, doch siehe, ich lebe in alle Ewigkeit und ich habe die Schlüssel zum Tod und zur Unterwelt* (Offenbarung 1,18).

Jesus erlitt den Kreuzestod und wurde begraben. Er solidarisierte sich nicht nur mit den Lebenden, sondern auch mit den Toten – insbesondere mit den Unerlöst-Toten. Nachdem Jesus Christus nun in der Einheit des Vaters und des Heiligen Geistes ewig lebt, hat er den Tod für sich und für uns alle zur Vergänglichkeit entmachtet. Unser Tod-Sein vor Gott beinhaltet somit immer einen mehr oder weniger langen Übergang in das ewige Leben.

Gott aber hat ihn von den Wehen des Todes befreit
und auferweckt; denn es war unmöglich,
dass er vom Tod festgehalten wurde.
David nämlich sagt über ihn:
Ich hatte den Herrn beständig vor Augen.
Er steht mir zur Rechten, dass ich nicht wanke.
Darum freut sich mein Herz und frohlockt meine Zunge
und auch mein Leib wird in Hoffnung wohnen;
denn du gibst mich nicht der Unterwelt preis,
noch lässt du deinen Frommen die Verwesung schauen.
Du hast mir die Wege zum Leben gezeigt,
du wirst mich erfüllen mit Freude vor deinem Angesicht.

(Apostelgeschichte 2,24–28)

Auferstehung Jesu Christi

Die gesamte Schöpfung hält den Atem an, bevor das Neue beginnt. Der Auferstandene erschien denen zuerst, die ihn glühend liebten.

Der Sabbat, der siebte Wochentag, endete mit dem Sonnenuntergang. Als die Frauen am nächsten Morgen unterwegs zum Grab Jesu waren, ging die

Sonne auf. Die Morgenfrühe, die Zeit des Sonnenaufgangs, galt als Zeit der Hilfe Gottes. So sollten an diesem Ostermorgen die Rettungstaten Gottes in besonderer Weise offenbar werden. Die Frauen scheuten keine Mühe. Sie hatten sich früh auf den Weg gemacht, um den Toten mit kostbaren Salben einzubalsamieren. Doch ihr Bemühen und ihre Suche waren vergeblich, da Jesus nicht mehr bei den Toten zu finden war. Was das geöffnete und leere Grab mit dem weggerollten Stein wortlos sagte, das verkündete der Engel den Frauen.

Wie der Hauptmann unterhalb des Kreuzes bekannte, dass Jesus wahrhaft Gottes Sohn sei, so bestätigte jetzt der Engel von oben diese Wahrheit. Von ihm wurden die Frauen über ihr eigenes Suchen hinausgewiesen: »Was sucht ihr den Lebenden bei den Toten?« Der Engel am leeren Grab hatte den Frauen mit der Auferweckungsbotschaft ein überwältigendes Geheimnis anvertraut, das sie aus den Bahnen ihres bisherigen Denkens und Vorstellens gewaltsam herausriss. »Der gekreuzigte und hier begrabene Jesus von Nazaret ist von Gott auferweckt worden und nicht im Grab zu finden. Es ist leer, denn Gott hat Jesus als Lebenden aus dem Grab befreit.«

Der Engel beauftragte die Frauen, die zu Zeugen der Nicht-Auffindbarkeit Jesu wurden, mit einer Botschaft an die Jünger. Sie, die zu Boten des göttli-

E
D
B
A
C
F
B

chen Boten wurden, waren zwar nicht Zeugen der Auferstehung, doch Zeugen der die Auferstehung Jesu begleitenden Umstände. Eine große Freude brach in ihnen auf, die sich nochmals steigerte, als sie später den Auferstandenen sahen. Keine Erscheinung des auferstandenen Herrn hätte sowohl die Frauen als auch die Jünger auf die Dauer vom Leben Christi überzeugen können, hätten sie nicht einen tiefen Eindruck seiner Person im Herzen besessen. Eine große Freude brach in ihnen auf, denn sie hatten das Endgültige und Bleibende gefunden – den ewigen Morgen eines Lichtes, das keinen Untergang mehr kennt.

Im Johannesevangelium repräsentiert Maria Magdalena die Frauen. Auch sie wurde Botschafterin des Glaubens. Maria Magdalena suchte Jesus zunächst in der Vergangenheit – bei den Toten. In ihrer großen Trauer um den Gekreuzigten und voll der Tränen war ihr Blick getrübt. In ihrem Suchen war sie soweit nach rückwärts gewandt, dass sie nicht sah, wie der von den Toten auferweckte Jesus vor ihr stand.

»Halte mich nicht fest«, sagte Jesus zu Maria Magdalena. Jesus Christus ist nicht zu fassen, denn Neues hat sich ereignet. Bis heute ist es nicht zu fassen und zu begreifen. Der Wandel von der Trauer zur Freude, wie er in den Abschiedsreden Jesu zum Ausdruck kommt, spiegelt die Erfahrung der Maria Magdalena wider. Jesus rief sie von jenseits der Todesgrenze bei ihrem Namen. Der Osterglaube entsteht für alle Menschen in der Begegnung mit dem Auferstandenen – in Wort und Antwort der Liebe. Eine Botschaft jenseits des Grabes ist stets eine Botschaft der Liebe.

> *Ich bin die Auferstehung und das Leben. Wer an mich glaubt, wird leben, auch wenn er stirbt, und jeder, der lebt und an mich glaubt, wird auf ewig nicht sterben. Glaubst du das?* (Johannes 11,25–26).

Maria Magdalena gehörte nicht zu den Aposteln und war doch die Erste, die diese Osterbotschaft verkündete: Die Liebe, die uns leben lässt, kann selbst niemals sterben. Maria Magdalena wie auch die anderen Frauen verkündeten am Ostermorgen die Auferstehung ins Leben. Um diese Botschaft wirklich zu erfassen und an sie glauben zu können, muss man der Wahrheit und dem Leben in der Betroffenheit seiner ganzen Existenz begegnet sein. Um zu glauben, muss man die Botschaft Jesu in seiner eigenen Lebensgeschichte erlebt und oft sogar durchlitten haben.

1512

Die Himmel erzählen die Herrlichkeit Gottes
und das Firmament kündet das Werk seiner Hände.
Ein Tag sagt es dem anderen,
eine Nacht tut es der anderen kund.
Die Worte meines Mundes mögen dir gefallen;
was ich im Herzen erwäge, stehe dir vor Augen,
Herr, mein Fels und mein Erlöser.

(Psalm 19,2–3.15)

Ostern steht für ein Leben, das durch den Tod hindurchgegangen ist. Daher ist der Karfreitag unumgänglich. Wir dürfen ihn niemals vergessen.

Bevor die Jünger die Osterbotschaft von den Frauen erfuhren, trauerten sie noch um den Toten, der doch lebt. Obwohl Jesus, als er noch in Galiläa weilte, seinen Tod am Kreuz und seine Auferstehung am dritten Tag vorausgesagt hatte, fehlte den Jüngern der Glaube an die Auferstehung.

Oft führt der Zweifel – wie im Fall des Thomas – erst zur intensiven Auseinandersetzung mit dem Glauben. Gerade der Zweifel führt letztlich näher an den Glauben heran und auch tiefer in ihn hinein. Die Jünger, die Jesus als Toten nach der Kreuzigung nicht mehr sahen, da sie geflohen waren, schauten ihn nun als Lebenden – denn sie waren innerlich zu ihm zurückgekehrt. Mögen auch Angst und Verschlossenheit noch so groß sein: Der Auferstandene

hat die Fähigkeit, durch verschlossene Türen zu dringen. Er klopft immer wieder an unsere »verschlossene Welt«, um sie durch seine Wirksamkeit zu einer »offenen Welt« zu machen.

Die Jünger erkannten den Auferstandenen an seinen Wundmalen. Die Wunden sind tief eingegraben in die Existenz Jesu. Er, der Sohn Gottes, an dessen Tod und Auferstehung wir glauben, geht nicht an den Wunden der Welt vorbei. Er trägt sie selbst und hat gerade dadurch die Kraft zu heilen. Christus besitzt die göttliche Vollmacht, zu heilen, was verwundet ist. Er bleibt der Welt zugewandt, indem er mit allen ist. Christus hat seine Jüngerinnen und Jünger – und damit auch uns – beauftragt, sich den Menschen in einem umfassenden Sinn zuzuwenden. Das ist der Osterglaube: Mitten im unbegreiflichen Leid dieser Welt wird uns Hoffnung gewährt, jegliches Leid und alle Karfreitage zu überwinden.

Jesus Christus steht immer und immer wieder in den Seelen der Menschen auf, die sich der Wahrheit und dem Leben gegenüber öffnen.

Warum waren die Emmausjünger – und warum bist vielleicht auch du – für die Osterbotschaft verschlossen? Für viele von uns ist – wie für die Emmausjünger – am Ostertag noch nicht Ostern geworden. Trauer und Zweifel haben die Oberhand. Das Verstehen ist begrenzt und das Herz, der Ort der

religiösen Entscheidungen und der Offenbarung, ist verschlossen, stumpf und träge. Für das Wesentliche im Leben, das Tragende und Bleibende, muss das Herz des Menschen geöffnet werden.

Zwei der Jünger Jesu, die der Bericht der Frauen über das leere Grab und die Botschaft des Engels bewegt, aber doch mit lebhaftem Zweifel aufgenommen hatten, waren auf dem Weg nach Emmaus. Jesus gesellte sich zu ihnen, doch sahen sie den mitwandernden Auferstandenen vorerst nicht.

So blieb ich stumm und still;
ich schwieg, vom Glück verlassen,
doch mein Schmerz war aufgerührt.
Heiß wurde mir das Herz in der Brust,
bei meinem Grübeln brennt ein Feuer;
da redete ich mit meiner Zunge.

(Psalm 39,3–4)

Den Jüngern wurde erst langsam bewusst, dass der Schlüssel der Heiligen Schrift der auferstandene Christus ist. Diese beiden ehrlich suchenden Männer erfuhren durch ihren auferstandenen Herrn selbst, dass ihnen die Frauen die Wahrheit verkündet hatten.

Beim Brechen des Brotes wurde es ihnen zur Gewissheit: Jesus lebt und der Wanderer ist der Auferstandene. Er ist der Wegbereiter – wenn zwei oder drei in seinem Namen unterwegs sind, ist er bei ihnen. Jesus Christus, der sich zu allen ehrlich Suchenden und allen, die auf dem Weg zu ihm sind, bekennt, feiert mit uns das Mahl der Liebe. Die Eucharistie ist das große Zeichen der Auferstehung des Herrn, das Zeichen, an dem wir erkennen, dass der Herr lebt und gegenwärtig ist.

Diese Erfahrung kannst du nur machen, wenn du dich auf den geistlichen Weg begibst. Viele in der Welt sehen zwar das Zeichen, doch glauben sie dem Wunder der Auferstehung nicht. Du darfst sicher sein: Wenn du dich auf den Weg zu Jesus Christus begibst, wird er dir, wie er auch den Emmausjüngern erschien, seine geistige Gegenwart nicht verweigern. Letztlich ist Ostern unsagbar. Ob wir erst im Augenblick der Erfüllung erkennen, wie nah Christus uns ist?

Die Auferstehung Jesu ist damals wie heute nur im Glauben zugänglich. Da sie sich gänzlich unserem äußeren Blick entzieht, kann sie auch geschichtlich nicht erfasst werden. Mit der Auferweckung Jesu wird sein Hinübergehen in eine neue Existenzform ausgedrückt – eine Existenzform, die den Tod ein für alle Mal hinter sich gelassen hat. An diesem Punkt wird die Geschichte, die wir Menschen schreiben, überschritten. Das älteste Zeugnis von der Auf-

1571
P. BRVEGEL INVENTOR
P. GAL. FE.

erstehung Jesu Christi ist das von Paulus den Korinthern ins Gedächtnis gerufene Glaubensbekenntnis.

> *Christus ist für unsere Sünden gestorben, gemäß der Schrift, und ist begraben worden. Er ist am dritten Tag auferweckt worden, gemäß der Schrift, und erschien dem Kephas, dann den Zwölf. Ob nun ich verkündige oder die anderen: Das ist unsere Botschaft und das ist der Glaube, den ihr angenommen habt* (1. Korintherbrief 15,3–4.11).

Ohne den Glauben an den Tod und die Auferstehung Jesu Christi gibt es keine christliche Kirche. Bereits in den ersten Gemeinden sind Kreuzestod und Begräbnis mit der Auferstehung und Erscheinung des Auferstandenen zu einer Bekenntnis-einheit verbunden. So wird Ostern zur Mitte unseres Glaubens. Die Auferstehung Jesu ist keine bloße Überwindung des Todes – sie ist die Verwandlung des Todes selbst. Der Tod wird durch die Auferstehung Jesu zu einer Brücke in die Unendlichkeit. Was wären wir ohne die Erwartung der Ewigkeit? Das ist die Botschaft von Ostern: Über Jesus ist der Himmel offen. Er verbindet den Himmel mit der Erde und Gott mit den Menschen.

Es kommt auch in deinem Leben darauf an, richtig und wahr zu leben. Da Gott mit der Auferstehung

Jesu, der den Tod besiegte, einen neuen Anfang gesetzt hat, wirst auch du deinen Schmerz besiegen und den Tod annehmen – im Wissen, dass die Dunkelheit niemals das letzte Wort behält, sondern überleitet zur Wiederkehr des Lichtes. Besonders in den Zeiten, in denen es dunkel um dich ist, weißt du, wer dich am Ende deines dunklen Weges erwartet. Wenn auch Christus, der Auferstandene, die Nacht nicht aufhebt, die du durchschreiten musst, so erleuchtet er sie doch.

Der Osterglaube behebt zwar nicht den Schmerz der Welt, wie wir es uns wünschen, doch ist es ein Glaube, der zu trösten weiß und eine berechtigte Hoffnung auf ein neues Leben schenkt. Es ist ein Glaube, der uns erfahrbar werden lässt, dass etwas in unserer Person für alle Zeiten unzerstörbar ist.

Die glorreichen Geheimnisse

Jesus, der in den Himmel aufgefahren ist

Christi Himmelfahrt

Jesus Christus trat als Auferstandener in die Mitte seiner Jünger und sprach den Friedensgruß. Doch sie erschraken und hatten Angst.

> *Was seid ihr so bestürzt? Warum lasst ihr in eurem Herzen Zweifel aufkommen?* (Lukas 24,38).

Nachdem sich Jesus durch die Wundmale zu erkennen gegeben hatte, öffnete er ihnen die Augen für das Verständnis der Schrift.

> *Der Christus wird leiden und am dritten Tag von den Toten auferstehen und in seinem Namen wird man allen Völkern Umkehr verkünden, damit ihre Sünden vergeben werden. Angefangen in Jerusalem, seid ihr Zeugen dafür* (Lukas 24,46–48).

Die Jünger staunten und konnten es vor lauter Freude kaum fassen, dass der Herr als Lebender unter ihnen weilte. Jesus versprach den Seinen, die Gabe des Heiligen Geistes, die der Vater verheißen hatte, auf alle herabzusenden.

> *Dann führte er sie hinaus in die Nähe von Betanien. Dort erhob er seine Hände und segnete sie. Und es geschah, während er sie segnete, verließ er sie und wurde zum Himmel emporgehoben. Sie aber fielen vor ihm nieder. Dann kehrten sie in großer Freude nach Jerusalem zurück* (Lukas 24,50–52).

Eine Frau aus dem Jüngerkreis, die aus Angst vor den Juden und vor dem, was mit Jesus geschah, zu lange abseits gestanden hatte, bedauerte ihr Verhalten. Sie, deren Namen wir nicht kennen, da sie unbekannt bleiben wollte, drückte ihre Klage mit folgenden Worten aus:

> *Du bist hinweggegangen, mein Herr und mein Gott, und hast auf mich nicht Bedacht genommen. Beim Abschied hast du die Deinen gesegnet und ich habe es nicht gesehen; die Engel haben versprochen, dass du zurückkehren werdest, und ich habe es nicht gehört!* (nach Petrus von Alcántara).

M de vos fi
Sadl: ex

Die Jünger aber, die den Abschied Jesu miterleben durften, waren weder enttäuscht noch fühlten sie sich ihres Herrn beraubt. Voll der Freude, reich beschenkt und beschützt, kehrten sie nach Jerusalem zurück. An die Stelle der sichtbaren Gegenwart Jesu trat nun in ihrem Herzen seine unsichtbare Gegenwart. Das Bild des segnenden und in dieser Haltung scheidenden Herrn hatte sich den Jüngern unauslöschlich eingeprägt. Alle wussten sich mit dem Gesegneten weiter verbunden. Vor allem wurden die Apostel Ohrenzeugen der letzten Verheißung Jesu, so, wie sie auch Augenzeugen seines irdischen Wirkens bis zur Himmelfahrt waren. Jesus erfüllte die Bitte seiner Jünger, indem er ihnen versprach, sie und somit auch uns bis zur Vollendung der Welt nicht zu verlassen. Auf ähnliche Weise hatte sich im Alten Testament der Wunsch des Propheten Elischa erfüllt.

> Elija sagte zu Elischa: *Sprich eine Bitte aus, die ich dir erfüllen soll, bevor ich von dir weggenommen werde! Elischa antwortete: Möchten mir doch zwei Anteile deines Geistes zufallen. Elija entgegnete: Du hast etwas Schweres erbeten. Wenn du siehst, wie ich von dir weggenommen werde, wird es dir zuteilwerden* (2. Buch der Könige 2,9–10).

Noch im Augenblick, als der Prophet Elija vor den Augen des Elischa entrückt wurde, empfing dieser seinen doppelten Geist. Um wie viel mehr dürfen wir uns über die Zusage Jesu freuen:

> *Aber ihr werdet Kraft empfangen, wenn der Heilige Geist auf euch herabkommen wird; und ihr werdet meine Zeugen sein in Jerusalem und in ganz Judäa und Samarien und bis an die Grenzen der Erde* (Apostelgeschichte 1,8).

Nach diesen Worten schied Jesus von den Seinen, die er segnete und sie so mit ihrem Auftrag unter Gottes Schutz stellte. Durch den Segen verband und verbindet sich Jesus Christus mit den Zurückgebliebenen, zu denen wir alle gehören. Sein Wunsch ist es, dass keine Macht der Welt uns mehr von ihm zu trennen vermag.

> *Ihr seid die Söhne der Propheten und des Bundes, den Gott mit euren Vätern geschlossen hat, als er zu Abraham sagte: Durch deinen Nachkommen sollen alle Geschlechter der Erde Segen erlangen. Für euch zuerst hat Gott seinen Knecht erweckt und gesandt, damit er euch segnet und jeden von seiner Bosheit abbringt* (Apostelgeschichte 3,25–26).

Die Apostelgeschichte lenkt den Blick auf eine himmlische Deutung, auf die Wiederkunft Christi »auf den Wolken des Himmels«.

> *Johannes hat mit Wasser getauft, ihr aber werdet schon in wenigen Tagen mit Heiligem Geist getauft werden … Als er das gesagt hatte, wurde er vor ihren Augen emporgehoben und eine Wolke nahm ihn auf und entzog ihn ihren Blicken. Während sie unverwandt ihm nach zum Himmel emporschauten, siehe, da standen zwei Männer in weißen Gewändern bei ihnen und sagten: Ihr Männer von Galiläa, was steht ihr da und schaut zum Himmel empor?*
> *Dieser Jesus, der von euch fort in den Himmel aufgenommen wurde, wird ebenso wiederkommen, wie ihr ihn habt zum Himmel hingehen sehen. Dann kehrten sie von dem Berg, der Ölberg genannt wird und nur einen Sabbatweg von Jerusalem entfernt ist, nach Jerusalem zurück* (Apostelgeschichte 1,5.9–12).

Es folgt die Rückkehr der Jünger nach Jerusalem, um dort die Geistsendung zu erwarten. Die Himmelfahrt und die Herabkunft des Heiligen Geistes sind eng miteinander verknüpft. Man darf einen Zwischenzustand Jesu annehmen zwischen der Auferstehung und der endgültigen Aufnahme in Gottes Herrlichkeit. Jesus sagte zu Maria Magdalena, die ihren Herrn unter den Toten suchte, ihn aber unter den Lebenden fand: *Halte mich nicht fest; denn ich bin noch nicht zum Vater hinaufgegangen* (Johannes 20,17a).

Jesus kam als das »fleischgewordene Wort« vom Himmel herab. Er kehrte nun, während er die Seinen segnete, nach vollbrachtem Werk wieder zum Vater zurück. Die Christuszeit – von der Taufe bis zur Himmelfahrt – war vollendet. Die Saat, die er ausgestreut hatte, war und ist im Aufgehen.

Mit dem Bericht der Himmelfahrt wollen die Evangelisten – vor allem Lukas in seinem Evangelium und in der Apostelgeschichte – den Übergang Jesu in die Welt Gottes anschaulich darstellen. Der Weggang des Auferstandenen »in den Himmel«, seine Erhöhung, wird durch das Bild einer Entrückung zum Ausdruck gebracht. Im biblisch-jüdischen Bereich wurde zwischen den Vorstellungen einer »Himmelsreise« und einer »Entrückung« unterschieden. Bei der »Himmelsreise« handelt es sich um die zeitliche Wanderung einer Seele; bei der »Entrückung« hingegen ist allein die Sicht der irdischen Zuschauer maßgebend.

Der Abschied Jesu aus dieser Welt bedeutet für uns nicht, dass er uns verlassen oder sich von der Erde abgesetzt hat. Jesus Christus ist immerwährend in geistiger Gestalt in der gesamten Schöpfung gegenwärtig. Er bürgt weiter für die Liebe und Treue

Gottes zu seiner Schöpfung – zur Erde und den Menschen. Gerade in Jesus Christus erfahren wir eine Treue, die bis zum Letzten geht, denn er ist »hinabgestiegen in das Reich des Todes«. Auch bis dorthin erstreckt sich das Himmelreich, das nicht außerhalb von uns, sondern in uns zu suchen ist.

Der Himmel ist jedoch ebenso in der Erfüllung unserer Aufgaben zu finden, die uns in dieser Welt zukommen. Christus gibt uns nicht nur den Auftrag, das Reich Gottes in uns selbst zu suchen. Er bittet uns auch, in alle Welt hinauszugehen. So wie du von Gott gesegnet bist und dir eine Aufgabe zugewiesen wurde, so solltest du auf andere zugehen, um sie zu segnen. Lege ihnen die Hände auf und lass sie deine Nähe spüren. Wisse, dass in dem Segen, den du weitergibst, Heil liegt. Lass andere an deinem Gottvertrauen teilhaben und gewähre ihnen einen Schutzort der Geborgenheit. Schenke ihnen das Gefühl und die Sicherheit, in ihrem ganzen Dasein angenommen zu sein.

Sieh es als deine Aufgabe an, die Erde wieder mit dem Himmel zu verbinden. Wir blieben für immer Gefangene dieser Erde, hätten wir den Ausblick zum Himmel nicht. Jesus Christus ist vom Himmel in unser menschliches Dasein heruntergekommen. Er hat unserer Menschennatur in Gott Raum gegeben, sie neu in Gott verankert und beheimatet. Gerade uns

und dieser Erde in ihrer Zerrissenheit und Dunkelheit gilt die Verheißung Gottes. Ohne den Himmel geraten die Erde, die menschliche Gemeinschaft und die gesamte Schöpfungsordnung aus dem Gleichgewicht.

Lass auch du dich – wie die Jünger und Jüngerinnen Jesu ab dem Tag seiner Himmelfahrt – vom Himmel und der Liebe tragen, damit du zum Hoffnungsträger in unserer Welt wirst.

Die glorreichen Geheimnisse

Jesus, der uns den Heiligen Geist gesandt hat

Ich verneige mich vor dir, Herr,
und bitte um deinen Heiligen Geist,
dass ich in meinem Inneren
an Kraft und Stärke zunehme und
von der Fülle Gottes erfüllt werde.

Nimm alles von mir,
was nicht zu mir gehört und
mich auf dem Weg zu dir hindert.
Jede nutzlose Sorge und Angst
mögen mein Herz verlassen.
Befreie es von allem Ballast und
mache es weit, um dich fassen zu können.
Gib mir einen klaren Blick für die Dinge
wie sie wirklich sind.

Ich sehe sie noch zu sehr
mit menschlichen Augen
und lasse mich blenden.
Unter der Sonne bewegt sich alles
und das Bleibende ist verborgen.
Erleuchte meine Seele mit dem
Geheimnis deiner Liebe,
die ewig ist. Amen.

Komm, Schöpfer Geist

Pfingsten ist das Fest des Aufbruchs, aber auch das Fest großer Verlegenheit. Nach oftmals einem langen Winter fühlen viele von uns eine starke Sehnsucht, aufzubrechen, um die Natur in ihrer großen Fülle und in ihrem Reichtum zu erleben und um aus ihr neue Kraft zu schöpfen. Das Pfingstfest lädt dazu ein. Leider geschieht dies allzu oft auf Kosten des Gottesdienstes und der Innerlichkeit. Pfingstausflüge werden an die erste Stelle gesetzt, denn man sagt sich: »Das Pfingstfest ist ja nicht so wichtig wie Weihnachten und Ostern«! Was heißt das schon: »Komm, Schöpfer Geist« oder »Herabkunft des Heilligen Geistes«?

Pfingsten ist das Fest großer Verlegenheit geworden. Viele wissen nichts mehr damit anzufangen. Es herrscht zwar Aufbruchsstimmung, aber wohin?

Es hat eine Auswanderung aus der Welt des Geistes in die rein materielle Welt und damit in die Welt der Sünde begonnen. Es stellt sich die berechtigte Frage: »Ist in dieser Gott fernen Welt der Dunkelheit und des Schattens überhaupt noch Be-geisterung möglich? Die Antwort lautet »Ja«, aber einzig und allein durch Gott, durch Jesus Christus, unseren Erlöser. Und dies geschieht durch den Heiligen Geist.

Der aus der Liebessehnsucht Gottes ausgesandte Geist trifft auf seinen Gegensatz, auf eine mehr und mehr lieblos und geistlos werdende Welt – wie das Leben schaffende Wasser auf den dürren Boden. Als Schöpfer und Erlöser verströmt Gott seine Liebe in die Welt. Er lässt sie jedem zuteilwerden, der sich danach sehnt und sich öffnet. Der Geist hilft unserer Schwachheit, sodass auch die Menschen, die Gott abgewandt und in den Niederungen dieser Welt leben, zum Aufbruch gebracht werden können. Wenn Gott Israel aus Ägypten – nennen wir es beim Namen – »aus dem Dreck« geführt hat, spüren wir noch heute Begeisterung und Freude.

Pfingsten herrscht Aufbruchsstimmung, doch stellen wir uns noch einmal die Frage: »Wohin brechen wir auf«? Als Papst Johannes XXIII. nach dem Sinn des Konzils und der Zukunft der Kirche gefragt wurde, stand er auf, ging ans Fenster und öffnete es. Kirche wird zum Ort des Heils, wenn sie und wir uns immer wieder ehrlich und wahrhaftig begegnen. Genau den gleichen Prozess des Aufbrechens, den wir immer wieder im Leben durchlaufen müssen, muss auch die Kirche durchmachen, indem sie sich immer wieder neu definiert, nach der Wahrheit sucht und sich nicht nur den Gläubigen öffnet, sondern der gesamten Welt.

> *Als der Tag des Pfingstfestes gekommen war, waren alle zusammen am selben Ort. Da kam plötzlich vom Himmel her ein Brausen, wie wenn ein heftiger Sturm daher fährt, und erfüllte das ganze Haus, in dem sie saßen. Und es erschienen ihnen Zungen wie von Feuer, die sich verteilten; auf jeden von ihnen ließ sich eine nieder. Und alle wurden vom Heiligen Geist erfüllt und begannen, in anderen Sprachen zu reden, wie es der Geist ihnen eingab* (Apostelgeschichte 2,1–4).

Fragen wir uns: »Ziehen wir uns zurück oder brechen wir auf? Haben wir unsere Religion eingemauert und halten Christus innerhalb der Kirche unter Verschluss?« Wenn wir auch im Gottesdienst noch eine betende und singende Kirche sind, außerhalb sind wir eine schweigende und schlafende Kirche. Auch kirchliche Vereine und Verbände leben in der großen Gefahr, hohl zu werden, wenn sie sich nicht immer wieder vom Feuer des Heiligen Geistes entzünden

lassen. *Wir können unmöglich schweigen über das, was wir gesehen und gehört haben,* sagen Petrus und Johannes (Apostelgeschichte 4,20). Auch uns ist es jederzeit möglich, »Feuer und Flamme« für Gott zu werden.

Mündige Christen zu sein und zu werden, heißt, den Mund aufzumachen. Dahin brechen wir auf: den Heiligen Geist zu erfahren und ihn zu erkennen. Erkannt werden kann er nur an seinem Wirken. Er bringt Bewegung und Auseinandersetzung in die Welt. Heiliger Geist kommt aus dem Auferstandenen, denn Jesus musste erst durch seinen Tod unsere Blockaden beseitigen, denn erst dann sind wir in der Lage, das Geistgeschenk anzunehmen. Das Lamm hat die Schuld der Welt hinweggenommen und uns neu geöffnet für Gott. Obwohl viele zu Egoisten wurden, gibt uns Gott immer wieder die Chance, aufzubrechen und uns nach Wahrheit, Gerechtigkeit und Liebe zu sehnen. So wird Pfingsten zur Austeilung der innersten Geheimnisse. die sich in Kreuz und Auferstehung ausdrücken.

Doch Gott ist noch weitergegangen, über das Kreuz hinaus bis in die Tiefe unseres Wesens: ein Geschenk des Heiligen Geistes. Hier setzt Gott fort, was er in Christus begonnen hat. Das Unsagbare geschieht: Gott selbst beginnt, in der Tiefe unserer Seele zu wohnen. Seine unendliche Liebe zu uns ist so groß, dass er sich immer wieder allen Menschen zuwendet. Er sendet uns seinen Heiligen Geist, den Geist Jesu Christi als Gabe der Versöhnung an die Welt. Diese Erneuerung geschieht zuerst im Inneren eines jeden von uns. Da, wo auf Erden Sünden vergeben werden, ist Heiliger Geist; aber auch, wenn wir einander entgegenkommen und uns gegenseitig helfen.

Pfingsten ist auch das Fest der Nachfolge Christi. Fragen wir uns vielleicht noch einmal ganz nüchtern, was denn eigentlich Heiliger Geist ist, wo und woran wir ihn erkennen. Der Heilige Geist hat kein Angesicht, kein Antlitz; nur an seinem Wirken können wir ihn erkennen. »Heiliger Geist« bedeutet eine innere Verwandtschaft mit Jesus Christus, die in unserem Leben ganz klar realisiert werden kann. Seine Wesenszüge beginnen auch bei uns, Wirklichkeit zu werden. Jesus hat die Freiheit allem gegenüber gehabt; er ließ sich nicht festlegen durch Buchstaben und äußere Gesetze. Durch das Kommen seines Heiligen Geistes gerät zunächst das »Ruhige« und »Bewegungslose« in Bewegung, es bricht auf und Spreu wird von Weizen getrennt, das Alte und alles, was nicht zu uns gehört. Blockaden, die sich in uns angesammelt haben, lösen sich auf wie morsches Holz und altes Laub.

Neben der Freiheit, die durch Jesus Christus und seinen Heiligen Geist in uns neu geboren wird, ist es eine größere Liebe, die uns geschenkt wird. Verlassen wir unsere Neigung zur Mittelmäßigkeit. Was werden die Leute von mir denken und sagen? Haben wir den Mut, das zu tun, was ich jetzt für richtig halte? Jesus Christus überschritt viele Grenzen und ging zu den Menschen, die er ausnahmslos geliebt hat; er hat sie einfach geliebt ohne Unterschied – obwohl sie oftmals schwere Schuld auf sich geladen hatten. Besitzen auch wir einen solchen Geist der Zuneigung oder urteilen wir eher erbarmungslos? Versuchen wir, dem Schuldigen zu helfen, wieder auf die Beine zu kommen? Heiliger Geist ist da, wo Menschen sich die Hände reichen – und auch selbst dann, wenn uns keine Hand entgegenkommt.

Jesus hat sein Leben und sein Sterben vertrauensvoll in die Hände des Vaters gelegt. *Meine Speise ist es, den Willen dessen zu tun, der mich gesandt hat, und sein Werk zu vollenden* (Johannes 4,34). Jesus bezog sich immer auf seinen Vater und niemals auf sich selbst. Sein Lebensquell war die Liebe des Vaters, der Heilige Geist. Auf diese Geistsendung hin hat Jesus für uns gelebt und gelitten. Er ist in die Welt gekommen, um uns den Geist des Vaters und des Sohnes zu geben. Durch die völlige Hingabe an den Vater ist Jesus zum Transformator der göttlichen Liebesenergie geworden; er transformiert sie auf die menschliche Ebene, von der aus wir sie auch empfangen können. Damit schenkt er uns die göttliche Liebe neu, angepasst an unsere individuelle Lebenssituation.

Jesus schenkt uns unsere erste Liebe wieder, wenn wir uns neu für ihn entscheiden. Es fragt sich, ob wir diese seine Liebe im Heiligen Geist annehmen oder uns ihr gegenüber verschließen. Gibt es etwas, woran ich mich festhalte – vielleicht sogar an meinem Leben in dieser Welt? Wie gehe ich mit der Situation um, wenn mir etwas misslingt? Kann ich loslassen? Wo ich mich einfach in die Hand Gottes fallen lasse, da ist Heiliger Geist. Kann ich dieses kurze Gebet nachvollziehen: »Komm, Heiliger Geist, und störe mich, wo ich gestört werden muss.«

Wir können Pfingsten auch als Demonstration Gottes gegen den Egoismus der Welt ansehen.

Am Pfingsttag feiert die Kirche ihren ersten Geburtstag. Der Heilige Geist ist in die Welt gekommen und bleibt in ihr. Der neue und ewige Bund Gottes mit den Menschen ist der Bund im Heiligen Geist. Die Geistsendung wird zum messianischen Geschenk an uns, das wir aus der Hand Jesu Christi und seiner Liebe zu uns empfangen dürfen.

Das Kommen des Heiligen Geistes und die entsprechende Erfahrung mit ihm beschränkt sich nicht nur auf die Apostel, sondern dehnt sich auf alles Geschaffene aus. So wird Pfingsten zu einem Aufbruch in der Sprache der Liebe. Die Apostel machen sich auf den Weg zu einer Weltkirche, nachdem sie das Wort als neuen Anfang, als Begeisterung, erfahren haben. Gott schenkt allen, absolut allen, ohne Unterschied seinen Heiligen Geist. So wird Pfingsten zu einem Aufbruch der Endbewegung zu einer großen Liebesgemeinschaft in Gott. Selig derjenige, der diese Botschaft aufgegriffen hat und bereit ist, sie hinauszutragen, um mit der Liebe und der Kraft Gottes, dem Heiligen Geist, überall Einheit und Frieden zu stiften.

Wenn wir auf die Realität »Kirche« schauen, so dürfen wir erfahren, dass trotz vieler Schwierigkeiten und Übel in ihrer Geschichte und Gegenwart sie nicht zerstört und ausgelöscht wurde. In ihr brennt das unauslöschbare Feuer vom Himmel. Die Kirche der Zukunft kann daher nur eine Kirche des Geistes sein.

Pfingsten, das ist die große Gegenbewegung Gottes gegen alle »Atomisierungen« in der Welt und gegen alle falschen »Nationalismen«. Haben die weltlichen Unternehmen zum Ziel geführt? Wie gering sind die Bestrebungen und die Erfolge der Unternehmen; wenn der Geist Gottes nicht mitschwingt, ist all unser Tun vergeblich. Am Pfingsttag prallt das »göttliche Unternehmen« gegen die rein »weltlichen Unternehmen«. Der Pfingstgeist will ängstliche Gestalten in furchtlose Verkünder und feurige Bekenner Jesu Christi verwandeln. Was uns auf den Weg bringt und uns unendlich wach macht, ist eine Ahnung von diesem Abenteuer mit Gott, das uns fordert, zugleich aber auch unendlich glücklich macht.

Das Pfingstereignis

Nachdem der Herr in den Himmel aufgenommen wurde, kehrten seine Jünger vom Ölberg zurück nach Jerusalem. Hier bildeten sie eine betende Gemeinschaft. Sie, die für die gesamte Menschheit Stellvertretenden, werden eigens mit ihren Namen genannt.

> *Als sie in die Stadt kamen, gingen sie in das Obergemach hinauf, wo sie nun ständig blieben: Petrus und Johannes, Jakobus und Andreas, Philippus und Thomas, Bartholomäus und Matthäus, Jakobus, der Sohn des Alphäus, und Simon, der Zelot, sowie Judas, der Sohn des Jakobus. Sie alle verharrten dort einmütig im Gebet, zusammen mit den Frauen und Maria, der Mutter Jesu, und seinen Brüdern* (Apostelgeschichte 1,13–14).

Diese wenigen Menschen haben stellvertretend für alle Menschen im Glauben und durch den Glauben an den auferstandenen Christus den Heiligen Geist erbeten und sich bereitet, ihn zu empfangen. Der Geist schenkt sich den Menschen, die durch Gottes Gnade an Jesus Christus glauben, dass er als Gekreuzigter und Auferstandener Gott, den Vater, offenbart hat. Christus hat uns gezeigt, wer und wie Gott wirklich ist und wie Gott sich den Menschen denkt. Er hat es uns gelehrt und endgültig offenbar gemacht, dass Gott uns durch seinen Liebestod die Augen geöffnet hat.

Das Lamm Gottes nahm unsere Schuld auf sich und sühnte unsere Sünden. Dadurch leitete er unsere Bekehrung ein, sodass die Decke von uns genommen wird, die uns Christus verbirgt. Die Decke über den Augen der Juden war das Gesetz, der Buchstabe des Gesetzes. Sie meinten, sich daran zu klammern sei das Gleiche, wie sich an Gott zu klammern. Der Herr nimmt uns die Decke weg, die unsere ichhaften Wünsche und Vorstellungen bilden. Da diese Decke durch Christus zerrissen wird, erkennen wir ihn als unser Leben, als unsere Zukunft und werden offen für ihn, den Auferstandenen, der uns vom Vater her den Heiligen Geist schenkt.

Dies ist seine Verheißung, sein letzter Auftrag an die Jünger:

> *Beim gemeinsamen Mahl gebot er ihnen: Geht nicht weg von Jerusalem, sondern wartet auf die Verheißung des Vaters, die ihr von mir vernommen habt! Denn Johannes hat mit Wasser getauft, ihr aber werdet schon in wenigen Tagen mit dem Heiligen Geist getauft werden* (Apostelgeschichte 1,4–5).

Die »Verheißung des Vaters«, so nennt der Evangelist Lukas den Geist als Inbegriff aller göttlichen Verheißung sowohl im Alten Testament als auch im Neuen Testament durch Jesus Christus selbst. »Jetzt will ich euch meinen Geist schenken, sodass ihr mich wiederlieben könnt mit der Liebe, die vom auferstandenen Christus in euer Herz eindringt – so hab ich es vorgesehen« – Spruch des Herrn.

Warum ist Jesus Mensch geworden? Er ist Mensch geworden, um uns Gottes Geist zu bringen und den Sinn unseres Menschseins überhaupt zu erfüllen. Wir sind aus Liebe erschaffen und Gott hat etwas unendlich Liebevolles mit uns vor. Wenn man zu Jesus Christus eine Beziehung hat, hat man gleichzeitig eine Beziehung zu dem, der ihn gesandt hat, zum Vater. Das alles miteinander Verbindende ist der Heilige Geist, der uns mit hineinführt in den innertrinitarischen Bereich. Immer greift Heiliger Geist auf uns über, wenn wir uns an Jesus Christus wenden, der uns immer neu einlädt, zu ihm zu kommen. Doch leider tragen wir noch die Tendenz in uns, in unser altes Wesen zurückzufallen.

Durch Jesus Christus und seinen Heiligen Geist haben wir einen Maßstab bekommen, wie wirkliches Menschsein sich gestalten kann und vor allem dafür, wie Gott wirklich ist. Im Tod und in der Auferstehung Jesu beginnt das Neue. Durch seinen Tod hindurch ist er wieder zum Vater gelangt. Und vom Vater her darf er nicht nur bestimmten und wenigen Menschen den Heiligen Geist schenken, sondern allen Menschen, die sich für Gottes Geistsendung öffnen. Das Fehlverhalten der Menschen ist wie eine Staumauer gegenüber dem Urmeer der göttlichen Liebe, die sich uns schenken möchte. Es sind viele, die sich diesem Liebeswillen Gottes immer wieder selbst verschließen.

Die Sünden und die Abkehr von Gott bilden diese Staumauer, die das Fließen des Urmeeres Gottes verhindert. Der Durchstoß durch die Seite Christi war der Stoß durch diese Staumauer. Und sofort begann das Wasser des Lebens sich in die Menschheit hinein zu verströmen. Pfingsten geschah noch einmal das Gleiche: Das Wehr einer solchen Staumauer wird hochgezogen. Das Wasser des Lebens, Gottes Heiliger Geist, beginnt zu fließen, zu rauschen und sich in die Tiefen der Menschheit hinein zu verströmen.

Jesus spricht jetzt nicht nur den Einzelnen an, indem er sagt: »Empfange des Heiligen Geist«, sondern alle, die Gottes Geist empfangen möchten. Es bildet sich die pfingstliche Gemeinschaft, zu der auch Maria, die Mutter Jesu, gehört. Aus dieser kleinen Jüngerschar, die die Fülle des Geistes erfährt und zu Zeugen des Pfingstereignisses wird, entsteht an dieser Stelle die heilige katholische Kirche, die sich sofort ausbreitet. Das Geschenk des Heiligen Geistes erfüllt nicht nur die kleine Gemeinschaft, die sich im Obergemach versammelt hat, sondern ergreift auch die Menschen draußen. Sie hören, was da gesprochen und gesungen wird. Die Schönheit Gottes wird jetzt auch in ihnen sichtbar, vor allem aber spürbar. Viele Menschen sind davon ergriffen und fragen sich: »Was ist da los?«

Petrus, vom Heiligen Geist erfüllt, erhebt sich und gibt allen eine Antwort in seiner Pfingstpredigt (vgl.

Apostelgeschichte 2,14–36). Er spricht von dem, was er gesehen und gehört hat und dass Jesus, der Auferstandene, dieses wunderbare Geschehen gewirkt hat.

Als sie das hörten, traf es sie mitten ins Herz und sie sagten zu Petrus und den übrigen Aposteln: Was sollen wir tun, Brüder? Petrus antwortete ihnen: Kehrt um und jeder von euch lasse sich auf den Namen Jesu

Christi taufen zur Vergebung eurer Sünden; dann werdet ihr die Gabe des Heiligen Geistes empfangen (Apostelgeschichte 2,37–38).

Die Sehnsucht Jesu ist mit dem Pfingstereignis in Erfüllung gegangen. Wie die Sonne eins ist mit dem Licht, das sie sendet, so ist nun er, der zum Vater Erhöhte, eins mit dem Verströmen des Heiligen Geistes. *Ich bin das Licht der Welt. Wer mir nachfolgt, wird nicht in der Finsternis umhergehen, sondern wird das Licht des Lebens haben* (Johannes 8,12). Wie das Licht der Sonne durch jeden Spalt eines verschlossenen Fensters oder durch das Schlüsselloch einer Tür versucht, nach Innen zu dringen, so möchte auch die Liebe Gottes und sein Heiliger Geist in ein verdunkeltes und verschlossenes Menschenherz dringen. Ein Strahl von Güte und Wahrheit erreicht unsere Innerlichkeit und es tut sich eine Sehnsucht nach diesem Licht auf, das wir so lange entbehren mussten.

Wir empfangen den Heiligen Geist als Geist Jesu Christi, unseres Bruders und Herrn. Das bedeutet, in einer Anpassung an unsere menschliche Natur. Durch den Empfang des Heiligen Geistes werden die wertvollsten Anlagen von uns zur Entfaltung und zum Fruchten gebracht. In seiner vollen Kraft und Dynamik könnten wir den Geist nicht ertragen und aushalten. Wenn wir in die Glut, die die Sonne in sich selbst hat, hineinversenkt würden, so würden wir unmittelbar verbrennen. Wenn uns jedoch die Sonne so leuchtet, wie es geschieht – angepasst an unsere irdische Natur –, dann tun sich alle Keime auf und es gibt ein Grünen, Blühen und Fruchten. Das Licht wird uns so geschenkt, dass es unserem menschlichen Wesen entspricht.

Jesus ist Mensch geworden, damit wir – an unser menschliches Wesen angepasst – den Heiligen Geist empfangen können, den Geist, der in der Lage ist, uns Menschen zu verklären. Dies geschieht auf die Weise, dass wir Menschen bleiben und als Menschen in die Herrlichkeit Gottes gelangen. *Es ist gut für euch, dass ich fortgehe. Denn wenn ich nicht fortgehe, wird der Beistand nicht zu euch kommen; gehe ich aber, so werde ich ihn zu euch senden* (Johannes 16,7). In der ewigen Dreifaltigkeit geht der Geist vom Vater aus zum Sohn; und der Mensch gewordene Jesus Christus ist dazu bestimmt, ihn an uns weiterzuschenken. »Die Sehnsucht Gottes ist der Mensch« (Augustinus). Das Verlangen, der »Durst« und der »Hunger« werden gestillt, wenn er uns sein Heil schenken darf.

Die kleine Schar der Jünger und Jüngerinnen Jesu, die von ihm ausersehen war, auf das Pfingstereignis zu warten, empfängt stellvertretend für uns und die gesamte Welt den Heiligen Geist. Vorher haben sie im Gebet und im Lobpreis ausgeharrt und gewartet, bis sich die Verheißung erfüllt, die ihnen der Verheißene, Jesus Christus, versprochen hat. Seit der Himmelfahrt erfüllte die Jünger eine ganz besondere Freude, denn die Himmelfahrt war kein Abschied, wie Menschen sich voneinander verabschieden, sondern sie zeigte sich zugleich als eine noch tiefere Vereinigung. Was sie am Pfingsttag erlebten, das strömte unmittelbar in ihr Herz.

Diese Bewegung »hin zu Gott« dürfen auch wir erleben, wenn wir unser Herz öffnen und uns zusammen mit Christus zum Vater hinbewegen. Die kommende Wirklichkeit im Glauben beginnt bereits jetzt in unseren Herzen zu wohnen. Die Himmelfahrt Christi bedeutet keine Trennung für uns, denn selbst wenn wir Christus nicht sehen, so spüren wir doch, dass er seit dem Pfingstereignis nicht nur für uns da ist, sondern für alle Menschen in der Welt. Die Verheißung gilt zunächst Einzelnen, wie der kleinen Jüngerschar, die sich betend und voll der Freude darauf vorbereiten. Durch sie, die Zeugen sind, findet eine Entgrenzung statt, die alle Grenzen und Begrenzungen sprengt. Der Verheißene schenkt die Verheißung, den Heiligen Geist.

Jesus löst die Verheißung ein und schenkt vom Vater her allen Menschen den Heiligen Geist. Das ist das größte und schönste Segensgeschenk, das der

Vater durch Jesus Christus uns bereiten kann. Größeres können wir nicht bekommen als den Heiligen Geist, in dem sich Gott selbst uns schenkt und der uns hineinnimmt in die innertrinitarische Wirklichkeit. Der segnende Christus kommt uns entgegen – das ist Heiliger Geist. Am Ende der Zeiten wird er uns als die Gesegneten vom Vater begrüßen. Dieser göttliche Segen, das Geschenk im Heiligen Geist, geht vorab bei der Himmelfahrt Jesu Christi auf alle Anwesenden über.

> *Dann führte er sie hinaus in die Nähe von Betanien. Dort erhob er seine Hände und segnete sie. Und es geschah, während er sie segnete, verließ er sie und wurde zum Himmel emporgehoben* (Lukas 24,50–51).

Segen bedeutet mitgehende Liebe, eine Liebe, die bleibt. Selbst wenn wir uns nicht sehen, geht meine Liebe mit dir. Geheimnisvoll vorgezeichnet ist dieser Segen im Alten Testament durch Abraham: *Segnen werden sich mit deinen Nachkommen alle Völker der Erde, weil du auf meine Stimme gehört hast* (Genesis 22,18). Dieser geheimnisvolle Hinweis auf den Heiligen Geist hat eine einigende Kraft, die im Pfingstgeschehen erneuert wird. Wir können den verheißenen Jesus zwar nicht mit unseren eigenen Augen sehen, doch erreichen wir ihn in der Kraft des Heiligen Geistes in jedem Mitmenschen und in jedem Hingabegebet; und er erreicht uns in seiner uns umgebenden Liebe und ganz besonders in der heiligen Eucharistie.

Die Frucht dieses Segens wird der Herr am Jüngsten Tag noch einmal zur Sprache bringen: *Kommt her, die ihr von meinem Vater gesegnet seid, empfangt das Reich als Erbe, das seit der Erschaffung der Welt für euch bestimmt ist!* (Matthäus 25,34).

Doch zunächst ist es die kleine Jüngerschar, die auf die Kraft aus der Höhe wartet. Die Jünger und Jüngerinnen sind zunächst Stellvertreter für die gesamte Menschheit. Was Pfingsten geschieht, dehnt sich aber sehr schnell auf alle Völker aus. Hier wird deutlich, dass auch wir als Christen einen Stellvertretungsdienst haben. Wir glauben an den auferstandenen Christus und dieser Glaube sollte unser Leben bestimmen. Eine gelungene und stimmige Gemeinschaft ist ein Zeichen dafür, dass der Geist Christi schon zu wirken begonnen hat – in der Gemeinsamkeit der Liebe, die der Geist stiftet.

Es ist wichtig, dass wir Wege finden, uns dem Geist Christi gegenüber zu öffnen – hier und jetzt für uns selbst und für die von Katastrophen, Kriegen und Krankheiten bedrohte Menschheit. Es sei noch einmal daran erinnert, dass betenden Christen der Stellvertreterdienst eigen ist. Ihn zu erkennen und ihn zu pflegen, ist wichtiger als alles andere.

Der heilige Benedikt mahnt: »Dem Gebet ist nichts vorzuziehen.« Durch unser Lobgebet sagt stellvertretend die gesamte Menschheit Lob und Dank. Auch unser Bittgebet, in dem wir um den Geist der Versöhnung bitten und um die Befreiung von kaum zu ertragener Last, um Liebe und den Frieden in der Welt, hat eine eminente Bedeutung für die Menschheit. Wir beten gemeinsam wie auch jeder Einzelne für sich um den Frieden, um die Befreiung von allem Übel und immer und immer wieder, dass durch uns der Wille und die Liebe Gottes in die Welt gebracht wird. Beten wir darum, dass Gottes Geist die Verantwortlichen dieser Welt bekehre und lenke. Denken wir doch nicht, es läuft doch alles, wie es soll – die Mächtigen dieser Welt haben ja doch das Sagen.

Nein, das wäre Kleinglaube! Wir müssen wissen, dass unser vollmächtiges Gebet auch Bekehrungen wirken kann, auch in den Herzen der Mächtigsten. Saulus war ein Verfolger der Christen, ein Agent, der die Jünger Jesu gefangen nahm und Schuld war am Tod des Stephanus. Dieser hielt, erfüllt vom Heiligen Geist, seine große Rede (vgl. Apostelgeschichte 7,1–53) und schaffte sich erneut damit eine Menge Feinde.

Sie trieben ihn zur Stadt hinaus und steinigten ihn. Die Zeugen legten ihre Kleider zu Füßen eines jungen Mannes nieder, der Saulus hieß. So steinigten sie Ste-

phanus; er aber betete und rief: Herr Jesus, nimm meinen Geist auf! Dann sank er in die Knie und schrie laut: Herr, rechne ihnen diese Sünde nicht an! Nach diesen Worten starb er (Apostelgeschichte 7,58–60).

Für Saulus als Ersten und dann für die anderen Verfolger opferte sich Stephanus auf. Sein Letztes ist das Gebet für die anderen, die den Krieg führen. Und dann erhört ihn Gott: Aus Saulus wird ein Paulus – wird der strahlendste Bote Jesu Christi. Gebet war es, dass diese Bekehrung bewirkt hat. Die Worte des Stephanus: Siehe, *ich sehe den Himmel offen und den Menschensohn zur Rechten Gottes stehen* (Apostelgeschichte 7,58) lassen Saulus nicht mehr los, bis es ihn auf dem Weg nach Damaskus umwirft.

Unser Gebet aus reinem Herzen ist wirkmächtig. Entsprechen wir diesem Vertrauen, das Gott in uns setzt, dürfen wir Erhörung erfahren.

Herr Jesus Christus,
du hast für uns dein Leben hingegeben
und schenkst uns jetzt vom Vater her
deinen Heiligen Geist, dass er uns mit Gott
und untereinander versöhne
und der Welt den Frieden gebe.
Lass nicht zu, dass sich Kriege,
Katastrophen und Krankheiten ausbreiten.

Schenk Frieden in unseren Tagen
in allen Teilen der bedrohten Welt;
auch da, wo unser Zuhause ist.
Du hast uns die Vollmacht gegeben,
dich darum bitten zu dürfen.
Du wirst alle erhören, die an dich glauben.
So vertrauen wir uns dir an mit den Worten:
»Herr, gib uns deinen Heiligen Geist.« Amen.

Die glorreichen Geheimnisse

Jesus, der dich, o Jungfrau, in den Himmel aufgenommen hat

Tod und Verherrlichung Mariens

Die Heiligenverehrung und in ihr zentral die Marienverehrung wird von vielen Menschen als einer der biblisch nicht begründeten Seitentriebe angesehen, mit dem die katholische Kirche sich im Lauf der Jahrhunderte angereichert habe. Dem ist nicht so, denn bereits zur Zeit der Apostel wurde Maria, die Mutter Jesu, von ihnen auf besondere Weise verehrt, was sich dann in der Kirchengeschichte entsprechend bis heute fortsetzte. Weitaus mehr noch als in der katholischen Kirche werden in den orthodoxen Kirchen Maria und die Heiligen in die Liturgie einbezogen. Die Bilderwand oder Ikonostase trennt den Altarraum von dem Kirchenraum, in dem sich die Gläubigen befinden. In das Holz der Trennwand – drei Türen führen durch sie in den Altarraum – sind die kostbaren Ikonen eingefasst.

Die Ikonenwand soll der Gemeinde verdeutlichen, dass wir Christus und den in ihm uns zugewandten dreieinigen Gott nicht anders begegnen als in und mit der Gottesmutter Maria und der Gemeinschaft der Heiligen. Vielleicht hilft dieser Gedanke zu verstehen, dass die Kirche unsere Mutter ist und diese Mütterlichkeit anschaulich wird durch Maria, der Mutter Jesu. In der katholischen Kirche gibt es drei Hochfeste zu Ehren Marias:

- »Hochfest der Gottesmutter Maria«. Dieses Marienfest, das am 1. Januar gefeiert wird, gehört zur Weihnachtsoktav und ist das älteste römische Mariengedächtnis.
- »Hochfest der ohne Erbsünde empfangenen Jungfrau und Gottesmutter Maria«. Dieses Marienfest am 8. Dezember feiert den Glauben der Kirche, dass Maria vom ersten Augenblick ihres Daseins im Schoß ihrer Mutter »vor jeglichem Makel der Urschuld unversehrt bewahrt wurde«.
- »Aufnahme Marias in den Himmel«. Dieses Fest, auch »Mariä Himmelfahrt« genannt, wird am 15. August gefeiert. Von diesem Marienfest soll im Folgenden die Rede sein.

Bald nach dem Konzil von Ephesus (431) kam ein Marienfest auf, das das Hinscheiden der seligsten

Jungfrau und ihre Aufnahme in den Himmel zum Inhalt hatte. Obwohl vorher Ungewissheit über Marias Lebensende herrschte, wurde ihre Verherrlichung bereits erwogen. So schreibt Epiphanios von Salamis (um 320–403), Bischof und Förderer des Mönchtums:

- »Mag sein, die heilige Jungfrau ist gestorben und wurde begraben; dann ist ihr Tod mit Ehre verbunden, ihr Ende mit Reinheit; dann hat sie die Krone der Jungfräulichkeit erreicht.
- Mag sein, sie wurde getötet und begraben, wie die Schrift sagt: *Und ihre Seele wird ein Schwert durchdringen* (Lukas 2,25); dann ist ihr Los die Gemeinschaft und Ehre der Märtyrer und ihr heiliger Leib mit Seligkeit überhäuft; denn durch ihn hat Gott Licht in die Welt gebracht.
- Mag sein, dass sie am Leben blieb; denn Gottes Willen ist nichts unmöglich. Ihr Ende aber kennt niemand.«

Der oströmische Kaiser Mauritius (582–602) führte das Marienfest per Gesetz dann allgemein verbindlich unter dem Namen »Marias Entschlafung« ein – im Griechischen »Koimesis« und im Lateinischen »Dormitio Mariae« genannt. In der orthodoxen Kirche findet vor dem Fest das zweiwöchige Marienfasten statt, in dem nach Möglichkeit auf Fleisch, Fisch, Milchprodukte und auf Wein und Öl verzichtet werden soll. Die älteste apokryphe Schrift, auf die dieses Fest zurückgeht, soll um 400 unter dem Namen »Transitus Mariae« (Hinübergang Mariens) entstanden sein – einzelne Motive reichen sogar bis ins zweite Jahrhundert zurück. Diese Texte wurden für die Liturgie der byzantinischen Kirche und das Schreiben von Ikonen besonders wichtig.

In der Zeit zwischen dem fünften und dem siebten Jahrhundert kamen mehrere »Transitus-Mariae-Berichte« auf, die Marias Heimgang legendenhaft schildern. Sowohl im Osten als auch im Westen schöpften Theologen, Prediger und Künstler daraus.

Das bekannteste Sterbeprotokoll »De transitu beatae Mariae virginis« berichtet ausführlich über den Tod und die Himmelfahrt Marias. Noch vor der Passion habe Maria ihrem Sohn das Versprechen abgenommen, ihr drei Tage vorher mitzuteilen, wann sie sterben werde. Jesus habe es ihr zugesagt und ihr darüber hinaus versprochen, dass in ihrer Todesstunde alle Apostel zugegen sein würden und dass er ihre Seele, wenn sie sich vom Leib getrennt habe, in den Himmel tragen würde.

Nach dieser Legende erschien drei Tage vor Marias Tod ein Engel bei ihr und kündigte an, dass ihr Leben zu Ende gehe und sie von Gott in den Him-

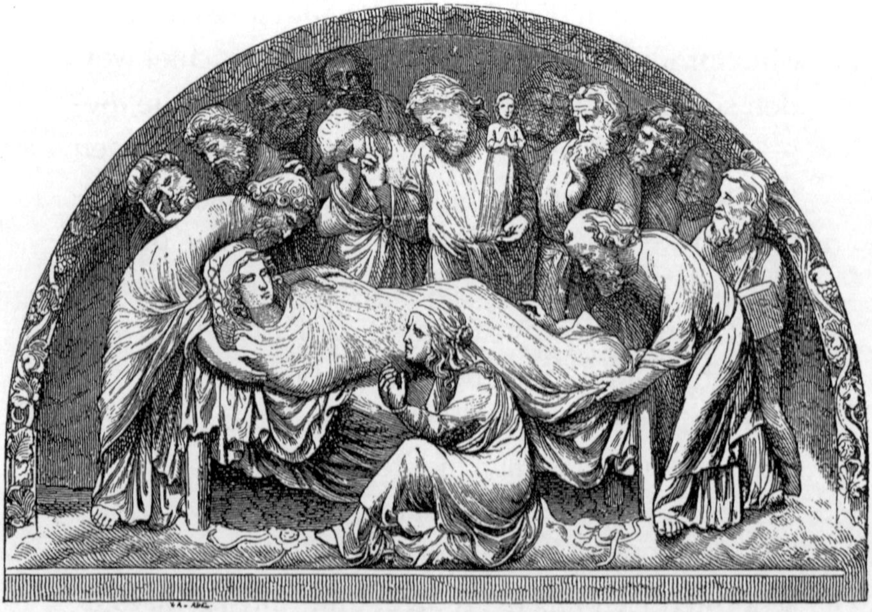

mel aufgenommen werde. Maria bat ihre Verwandten und Bekannten zu sich und verabschiedete sich von ihnen. Auf wunderbare Weise kamen auch alle Apostel, ohne dass sie jemand benachrichtigt hatte, zu ihr nach Jerusalem. Maria sagte zu ihnen: »Betet und wachet mit mir, dass euch der Herr wachend findet, wenn er kommt, um meine Seele in Empfang zu nehmen.« Die Apostel erfüllten selbstverständlich die Bitte Marias, zündeten große Kerzen an, beteten und sangen Psalmen und Hymnen. Von Dämonen, die sich gern bei Sterbenden versammeln, blieb Marias Sterben verschont. Zur angegebenen

Stunde kam Christus, von Engeln begleitet, und empfing die Seele Marias, nahm sie in seine Hände und geleitete sie in den Himmel.

Der Bericht über die Entschlafung Marias (Transitus Mariae) wurde viel gelesen, häufig abgeschrieben und in Form von Bildern und Ikonen gestaltet. Im Mittelalter gehörte dieser Bericht zum Glaubensgut der Kirche. Zu wissen, dass man in absehbarer Zeit sterben muss und in der Todesstunde nicht allein ist, sondern von lieben Menschen betend und fürsorgend begleitet wird, gehörte zu den besonderen Gnadenzuwendungen Gottes, die einem Sterbenden zuteilwurden. Maria, voll der Gnade, durfte in ihrem Sterben und in ihrem Tod diese Gnade erfahren.

Die Kerzen, die die Apostel angezündet hatten, repräsentieren für alle Zeit die Gegenwart Jesu Christi und vertreiben alle bösen Mächte. Aus dem Heimgang Marias entstand eine Anleitung zu wissendem Sterben. Maria hatte den sehnlichen Wunsch, nicht allein zu sterben – Verwandte, Bekannte und vor allem die Apostel waren in ihrer Todesstunde bei ihr. In einer strahlenden Aura von Licht und von Engeln umgeben, führte Jesus Christus die Seele seiner Mutter Maria vor den Augen der umstehenden Apostel in den Himmel.

Einer anderen Überlieferung folgend, begruben die Apostel und die Jünger den Leichnam der Gottesmutter. Doch bald darauf schon bat sie eine Stimme, zum Grab zu eilen und es zu öffnen. Sie wälzten den Stein vom Grabmal und öffneten es. An der Stelle, wo der Leichnam gelegen hatte, fanden sie wunderbar duftende Blüten und Kräuter. In der katholischen Kirche werden daher seit Jahrhunderten am Fest der Aufnahme Marias in den Himmel Heilkräuter gesegnet. Zu dieser Kräuterweihe werden aus jeweils sieben verschiedenen Kräutern, die die sieben Sakramente und die sieben Schmerzen Marias symbolisieren, viele Sträuße gebunden. Wie die Kräuter Heilung bringen, so bringt auch der Glaube an Jesus Christus den Menschen Heilung und Heil.

Die geweihten Kräuter werden von den Gläubigen mit nach Hause genommen und in der Wohnung oder auf dem Dachboden eines Hauses aufgehängt, um die Bewohner vor Blitzschlag, Krankheiten und vor allem vor einem plötzlichen Tod zu schützen.

Am Ende des »Transitus-Mariae-Berichtes« folgt noch ein kurzer Blick auf die beeindruckenden Entschlafungs- oder Koimesis-Ikonen. Ihr Aufbau ist über die Jahrhunderte gleich geblieben. Im Vordergrund steht das oftmals reich verzierte Sterbebett, auf dem Maria liegt. Alle Apostel sind von ihren Missionsarbeiten und Missionsreisen nach Jerusalem zurückgekehrt, um zu ihrer letzten Stunde bei Maria zu sein. Maria geht in ihrem Sterben den Weg nach innen. Auf vielen Ikonen tragen die Apostel eine brennende Kerze in ihren Händen. In einer Mandorla, in der verschiedene Stufen der Engel abgebildet sind, erscheint Christus hinter dem Sterbebett, der die kleine, mit Tüchern umhüllte Seele seiner Mutter empfängt. Die Seele Marias ist wie ein kleiner Mensch dargestellt, den der Herr behutsam auf seinen Armen trägt.

In Jerusalem gibt es die berühmte »Dormitio-Abtei« auf dem Berg Zion, auf dem deutsche Benediktiner leben. Der Tradition nach ist das der Ort, an dem Maria »entschlafen« ist.

Die westliche Kirche, die seit der Mainzer Synode von 813 das Fest übernommen hat, benutzt nicht mehr den Namen »Marias Entschlafung« (Transitus Mariae), sondern »Aufnahme Mariens in den Himmel« (Assumptio Beatae Mariae Virginis). Vom Christusereignis her wird die Verherrlichung Marias bestimmt. Als seine Mutter bleibt sie für immer mit ihrem geliebten Sohn verbunden. Aus dieser endgültigen Christusgemeinschaft heraus tritt Maria fürbittend für die Kirche ein. Schon früh setzte sich die Glaubensüberzeugung durch, dass die Gottesmutter zwar gestorben sei, aber nicht durch die Bande des Todes festgehalten werden konnte.

Auf die folgenden Bibelstellen weisen viele Kirchenväter und spätere Theologen hin, wenn sie die Verherrlichung Marias zum Ausdruck bringen möchten:

- *Die er aber vorausbestimmt hat, die hat er auch berufen, und die er berufen hat, hat er auch gerecht gemacht; die er aber gerecht gemacht hat, die hat er auch verherrlicht* (Römerbrief 8,30).
- *Denn in ihm* (Christus) *hat er uns erwählt vor der Grundlegung der Welt, damit wir heilig und untadelig leben vor ihm. Er hat uns aus Liebe im Voraus dazu bestimmt, seine Söhne zu werden durch Jesus Christus und zu ihm zu gelangen nach seinem gnädigen Willen* (Epheserbrief 1,4–5).
- *Er* (Gott) *hat uns mit Christus Jesus auferweckt und uns zusammen mit ihm einen Platz in den himmlischen Bereichen gegeben, um in den kommenden Zeiten den überfließenden Reichtum seiner Gnade zu zeigen, in Güte an uns durch Christus Jesus.* (Epheserbrief 2,6–7).
- *Ihr seid gestorben und euer Leben ist mit Christus verborgen in Gott. Wenn Christus, unser Leben, offenbar wird, dann werdet auch ihr mit ihm offenbar werden in Herrlichkeit* (Kolosserbrief 3,3–4).
- *Jetzt schauen wir in einen Spiegel und sehen nur rätselhafte Umrisse, dann aber schauen wir von Ange-*

sicht zu Angesicht. Jetzt ist mein Erkennen Stückwerk, dann aber werde ich durch und durch erkennen, so wie ich auch durch und durch erkannt worden bin (1. Korintherbrief 13,12).

- *Dann erschien ein großes Zeichen am Himmel: eine Frau, mit der Sonne bekleidet; der Mond war unter ihren Füßen und ein Kranz von zwölf Sternen auf ihrem Haupt* (Offenbarung 12,1).

Der Kirchenlehrer Bonaventura (um 1217–1274) argumentiert zu Marias Verherrlichung: »Weil die im Tod vom Leib getrennte Seele keine Person ist, wäre Marias Vollendung apersonal und nicht in vollem Maß beseligend, würde man sie nur als Seele fassen.« Der tiefe Glaube an Marias vollkommene Vollendung und das positive Echo der Bischöfe ermutigte Papst Pius XII. (1939–1958), im Jahr 1950 die Dogmatisierung durch das Apostolische Schreiben »Minificentissimus Deus« zu vollziehen:

> »Wir verkünden, erklären und definieren es als ein von Gott geoffenbartes Dogma, dass die unbefleckte, allzeit jungfräuliche Gottesmutter Maria nach Ablauf ihres irdischen Lebens mit Leib und Seele in die himmlische Herrlichkeit aufgenommen wurde.«

Jesus wäre kein Mensch geworden, wenn er sich nicht einem Menschen, seiner Mutter, zu verdanken hätte und im gleichen Akt seinem himmlischen Vater, der ihm »erlaubt« hat, Mensch zu werden, um die Welt zum Vater zurückzuholen. Durch die Gnade ist Maria ebenso erlöst wie alle anderen, nur auf eine besondere Art, die in ihrer Sendung begründet ist, die Mutter Jesu zu werden und zu sein. Sie ist »voraus erlöst«, um den Erlöser empfangen und gebären zu können. Niemand hat so wie sie das Wort Gottes gehört und befolgt. Ihr Glaube war erfüllende Inkarnation des göttlichen Verheißungswortes.

Das Geheimnis Marias und das Geheimnis der Kirche durchdringen und erhellen sich wechselseitig, und jedes bedarf des anderen, um den richtigen Platz zu erhalten und um richtig beleuchtet zu werden. Daher ist es wichtig, wenn wir über Maria nachdenken, dies immer mit dem Blick auf Christus und die Kirche tun. Maria und nach ihr die Gemeinschaft der Heiligen und die der Gläubigen bilden eine zusammenhängende Kette, die in Gottvater ihren Anfang nimmt und sich durch, mit und in Christus im Heiligen Geist wieder schließt.

Ohne Maria gäbe es eine Verarmung des Christentums, denn durch sie ist die Möglichkeit gegeben, dass der Glaube direkt ins Herz fällt. Die Kirche hat ihr Ziel – im Gegensatz zu Maria – noch nicht erreicht. Maria ist durch ihre Aufnahme in den Himmel nicht nur vorerlöst, sondern auch vollendet umgestaltet zur bleibenden Herrlichkeit.

Ein Wort Jesu aus der Bergpredigt enthält das Geheimnis des Festes der »Aufnahme Marias in den Himmel«: *Die Leuchte des Leibes ist das Auge. Wenn dein Auge gesund ist, dann wird dein ganzer Leib hell sein* (Matthäus 6,22). Jesus meint mit dem »Auge« den innersten Wesensgrund des Menschen. Wenn dieser ganz Gott zugewandt ist, nicht verschattet durch Ichsüchtiges im Menschen, das ihm den wirklichen Gott verbirgt, dann ist auch leibhaftig der Mensch in Gott, er bewegt sich und lebt in Gott – und Gott ist in ihm. *Selig, die rein sind im Herzen; denn sie werden Gott schauen* (Matthäus 5,8). Das »Auge« steht, wie auch in dieser Seligpreisung, für den Wesensgrund des Menschen, für die Seele und ihre innerste Würde.

In Maria als Tochter des Alten Bundes war anfangs noch ein leiser Schleier über ihrem Wesensgrund, der das reine Durchdringen des Lichtes hinderte. Vielleicht war es noch ein Hängen an Altem! Dieser Schleier hebt sich jedoch in dem Augenblick, als Maria die Kreuzigung Jesu miterlebt, als sie das mitleidet, was er leidet, und durch Gott eingeweiht wird in den Sinn dieses Geschehens. Maria ist fest davon überzeugt, dass sich alles wandeln wird: Der Tod geht über in die Auferstehung in Herrlichkeit. Jetzt ist sie zu einem reinen Spiegel der göttlichen Wesenheit geworden.

Von hier aus dürfen wir die feste Zuversicht haben, dass Maria mit Leib und Seele in den Himmel aufgenommen worden ist. Nicht der alternde Leib wurde in den Himmel aufgenommen, sondern der Leib des Wesens, der Wesensleib Marias. Von ihrem innersten Wesen her kommt sie durch ihr Sterben hindurch zu diesem Leib-Neuaufbau, der ganz ihrem Wesen entspricht. Es ist ein zeitloser Leib, ein Leib, der ganz von der Lichtherrlichkeit Gottes durchdrungen ist. Maria ist zum reinsten und schönsten Ebenbild Gottes geworden.

Maria hat alle Züge des Wesens Jesu wahrgenommen und dadurch haben sich mehr und mehr die göttlichen Züge in ihrem Wesen geformt. Ihren Leib, diese ganz reine, gute Erde, durfte sie Jesus zur Verfügung stellen. Alle göttlichen Worte, alles, was Jesus tat, sagte und wie er sich verhielt, waren wie eine Saat, die in ihr aufging und die ihr Wesen durch und durch prägte.

Wir ergänzen gern das »Vaterunser« mit dem »Gegrüßet seist du, Maria«, das Gott selbst durch den Engel zu ihr sagt. Sollten wir nicht auch die Seligpreisung, die Elisabet auf Maria hin sprach, aufgreifen und in unserem Gebet zu Maria diese seligpreisen? *Und selig, die geglaubt hat, dass sich erfüllt, was der Herr ihr sagen ließ* (Lukas 1,45).

Die glorreichen Geheimnisse

Jesus, der dich, o Jungfrau, im Himmel gekrönt hat

Salve Regina
Sei gegrüßt, o Königin,
Mutter der Barmherzigkeit,
unser Leben, unsere Wonne
und unsere Hoffnung, sei gegrüßt!
Zu dir rufen wir verbannte Kinder Evas;
zu die seufzen wir
trauernd und weinend in diesem Tal der Tränen.
Wohlan denn, unsere Fürsprecherin,
wende deine barmherzigen Augen uns zu
und nach diesem Elend zeige uns Jesus,
die gebenedeite Frucht deines Leibes.
O gütige, o milde, o süße Jungfrau Maria.

Hermann von Reichenau (1013–1054) zugeschrieben

Maria Königin

Auf die Aufnahme Mariens in den Himmel folgt dort ihre Krönung durch den Herrn. Papst Pius XII. hat am 1. November 1954 zum Abschluss des »Marianischen Jahres« den Gedenktag »Maria Königin« eingeführt und auf den letzten Tag des Marienmonats Mai (am 31. Mai) festgesetzt. Das geschah bei der Krönung des Gnadenbildes in der Basilika »Maria Maggiore«, der größten Marienkirche Roms.

Durch Papst Paul VI. hat bei der Reform des »Römischen Kalenders« im Jahr 1969 das Fest »Maria Königin« als Gedenktag auf den 22. August festgelegt. Der 22. August ist der Oktavtag des Hochfestes »Mariä Aufnahme in den Himmel«. Der Kommentar zum »Römischen Kalender« betont die Absicht dieser Verlegung, »damit die Verbindung zwischen der königlichen Würde Mariens und ihrer Aufnahme in den Himmel deutlicher wird«. Es soll das Königtum Mariens nicht am letzten Tag des Marienmonats gefeiert werden, sondern es soll die Erhebung Mariens zur Königin des Himmels und zur Königin der Engel und Heiligen, als Vollendung ihrer glorreichen Aufnahme in den Himmel verstanden werden.

Von der Bezeichnung »Maria Krönung« sollte man absehen, denn die Krönung ist ein einmaliger

Vorgang, das Königtum dagegen ist ein dauernder Zustand. »Mariä Himmelfahrt« ist der Abschluss des irdischen Lebens der Gottesmutter und bildet die Brücke zu ihrem Leben in der Vollendung, in der Herrlichkeit des Himmels. Sie ist jetzt nicht nur mehr die Mutter Jesu, sondern die Königin des Himmels, der Engel und der Heiligen für ewige Zeiten. Maria dagegen wollte nur die Magd des Herrn sein, mit Gott verbunden und seinen Willen erfüllen. *Siehe, ich*

bin die Magd des Herrn; mir geschehe, wie du es gesagt hast (Lukas 1,38).

Die Muttergottes war immer bestrebt, den Willen Gottes zu tun und ihr Leben nach ihm zu gestalten. Nur so war es möglich, dass Gott durch Maria Mensch wurde, um sein Heilswerk in Jesus Christus durchzuführen und zu vollenden. Weil die Mutter Gottes nach dem göttlichen Willen und im Gleichklang mit der gesamten Schöpfung gelebt hat, ist alles, was sie betrifft, immer gültig und von bleibendem Wert.

Das Tagesgebet am 22. August, dem Gedenktag »Maria Königin«, lautet:

Gott,
du hast die Mutter deines Sohnes
auch uns zur Mutter gegeben.
Wir ehren sie als unsere Königin
und vertrauen auf ihre Fürsprache.
Lass uns im himmlischen Reich
an der Herrlichkeit deiner Kinder teilhaben.
Darum bitten wir dich durch Jesus Christus.

»Mariens Krönung«, besser gesagt, ihre Segnung und Erhebung zur Königin des Himmels, der Engel und der Heiligen, gründet in ihrer Gottesmutterschaft, denn sie ist die Mutter des menschgewordenen göttlichen Wortes. Als Mutter des Erlösers hat sie Anteil an seinem Heilswerk, am Sieg Christi über Sünde und Tod, über den Widersacher und seine Herrschaft. Sie ist vor aller Sünde bewahrt und hat jetzt im Himmel, wo sie durch den Vater und den Sohn im Heiligen Geist zur Königin gekrönt wurde, Anteil am Sieg ihres Sohnes über die widergöttlichen Mächte.

Wie Christus im Himmel nimmt auch jetzt seine göttliche Mutter eine kosmische Stellung ein. Im Tagesgebet beten wir um Teilhabe an dieser Herrlichkeit. Wir dürfen uns glücklich schätzen, dass uns durch Paulus ein Lichtstrahl dieser göttlichen Herrlichkeit, in der auch die Gottesmutter lebt und wirkt, wahrnehmbar gemacht wird.

- *Dankt dem Vater mit Freude! Er hat euch fähig gemacht, Anteil zu haben am Los der Heiligen, die im Licht sind. Er hat uns der Macht der Finsternis entrissen und aufgenommen in das Reich seines geliebten Sohnes. Durch ihn haben wir die Erlösung, die Vergebung der Sünden* (Kolosserbrief 1,12–14).
- *Er war gehorsam bis zum Tod, bis zum Tod am Kreuz. Darum hat ihn Gott über alle erhöht und ihm den Namen verliehen, der größer ist als alle Namen, damit alle im Himmel, auf der Erde und unter der Erde ihr Knie beugen vor dem Namen Jesu und jeder Mund bekennt: Jesus Christus ist der Herr zur Ehre Gottes, des Vaters* (Philipperbrief 2,8–11).

- *Denn wie in Adam alle sterben, so werden in Christus alle lebendig gemacht werden. Es gibt aber eine bestimmte Reihenfolge; Erster ist Christus; dann folgen, wenn Christus kommt, alle, die zu ihm gehören. Danach kommt das Ende, wenn er jede Macht, Gewalt und Kraft entmachtet hat und seine Herrschaft Gott, dem Vater, übergibt* (1. Korintherbrief 15,22–24).
- *Gepriesen sei der Gott und Vater unseres Herrn Jesus Christus. Er hat uns mit allem Segen seines Geistes gesegnet durch unsere Gemeinschaft mit Christus im Himmel. Denn in ihm hat er uns erwählt vor der Grundlegung der Welt, damit wir heilig und untadelig leben vor ihm* (Epheserbrief 1,3–4).
- *Gott aber, der reich ist an Erbarmen, hat uns, die wir infolge unserer Sünden tot waren, in seiner großen Liebe, mit der er uns geliebt hat, zusammen mit Christus lebendig gemacht. Aus Gnade seid ihr gerettet. Er hat uns mit Christus Jesus auferweckt und uns zusammen mit ihn einen Platz in den himmlischen Bereichen gegeben* (Epheserbrief 2,5–7).

An alldem hat auch Maria als Mutter des Gottessohnes und Erlösers ihren Anteil. Wir sehen auf den vielen Marienbildern Tausende von Kronen, die der Mutter Jesu von den Malern zugedacht werden. Sie alle werden am Tag »Maria Königin« zu einer einzigen großen Krone zusammengefasst.

Gegrüßet seist du, Königin, o Maria,
erhabne Frau und Herrscherin, o Maria!
Freut euch, ihr Kerubim, lob-singt, ihr Serafim,
grüßet eure Königin: Salve, salve, salve Regina.

(Gotteslob 536,1)

Es folgt ein Text der heiligen Therese von Lisieux (1873–1897), den sie als große Marienverehrerin verfasst hat. Die Tiefe ihres Glaubens ist der Grund für ihre Erwählung zur »Himmelskönigin«.

Wenn ich dein Leben betrachte, wie es das Evangelium beschreibt, wage ich es, dich anzuschauen und mich dir zu nähern; dann fällt es mir nicht schwer, mich als dein Kind anzusehen, denn hier sehe ich dich sterblich und hinfällig wie mich selbst.
Ich liebe dich und ich nenne dich die kleine Magd dieses Gottes, den du durch deine Demut entzückst. Diese große Tugend macht dich allmächtig; sie zieht die heilige Dreifaltigkeit in dein Herz. Der Geist der Liebe überschattet dich und der Sohn, dem Vater wesensgleich, nimmt in dir Fleisch an …
O Maria, du weißt es: Trotz meiner Kleinheit besitze ich wie du in mir den Allmächtigen. Doch wenn ich meine Schwäche sehe, zittere ich nicht, denn der Reichtum der Mutter gehört auch dem Kind …

Ich bin dein Kind, o viel geliebte Mutter! Deine Tugenden, deine Liebe, gehören sie nicht auch mir? Du zeigst mir, dass es nicht möglich ist, auf deinen Spuren zu wandeln, du Königin der Auserwählten! Du hast uns den schmalen Weg zum Himmel gezeigt, indem du stets die schlichten Tugenden übtest. Maria, wenn ich bei dir bin, freut es mich, klein zu bleiben, denn ich sehe die Eitelkeit der großen Dinge.
Im Himmel werde ich dich schauen. Die du am Morgen meines Lebens kamst, um mir zuzulächeln, kommst du auch an seinem Abend. Ich fürchte nicht den Glanz deiner Herrlichkeit, nimmst du mich doch in diesen hinein. Nunmehr werde ich es auf den Knien singen, warum ich dich liebe, und auf immer wiederholen, dass ich dein Kind bin.

Alle Tage sing und sage
Lob der Himmelskönigin;
ihre Gnaden, ihre Taten
ehr, o Christ, mit Herz und Sinn.

Auserlesen ist ihr Wesen,
Mutter sie und Jungfrau war.
Preis sie selig, überselig;
groß ist sie und wunderbar.

(Gotteslob 526,1–2)

Das Ende dieses Gesätzes des Rosenkranzes »Jesus, der dich, o Jungfrau, im Himmel gekrönt hat« bildet ein Wort von Romano Guardini (1885–1968) zur Krönung Mariens aus seinem Werk »Die Mutter des Herrn«. Guardinis Anliegen war die wechselseitige Erhellung von Glaube und Welt im Dienst der Wahrheit. Er trug entscheidend zur theologischen Erneuerung im 20. Jahrhundert bei.

Zum tiefsten Wesen Marias gehört die Demut; eine andere Erscheinungsform dessen, was ihre Reinheit genannt worden ist. Sie bildete die Voraussetzung dafür, dass sie zur Gottesmutterschaft berufen werden konnte, welche ja letzte Selbstlosigkeit ist; für sie selbst aber bedeutete sie Schutz und Halt im Ungeheuren dieser Berufung.

Zugleich aber lebte in Maria ein tiefes Bewusstsein ihrer Auserwählung; das kommt schon im Magnifikat zum Ausdruck und hat sich nach Pfingsten sicher immer wieder vertieft. Und nun denken wir, sie müsse in der Zeit nach dem Weggang Jesu gefühlt haben, dass sie einer Erhöhung entgegenwuchs, für die sie keinen Namen hatte.

Damit ist jenes Strahlende, jene Einheit von Demut und Hoheit gemeint, welche die Kirche mit dem Symbol der Krönung Mariens meint. Die »Krone« ist das Zeichen des Königtums; und im Königtum bedeutet die Königin wieder etwas Besonderes. Wieder hat Maria, so denkt man, einem Letzten entgegengeharrt, in welchem Demut und Hoheit eins werden sollten, ohne ausdrücklich zu wissen, worauf sie wartete; sodass auch hier, als es in der Ewigkeit geschah, ihr Innerstes gesprochen haben muss: DAS WAR ES ALSO!

Die trostreichen Geheimnisse

Jesus, der als König herrscht

Christus Sieger, Christus König,
Christus Herr in Ewigkeit

Am letzten Sonntag des Kirchenjahres feiert die Kirche das Hochfest »Christkönig«. Das Christkönigsfest wurde 1925 von Papst Pius XI. eingeführt. Ursprünglich wurde es am Sonntag vor Allerheiligen gefeiert, ab 1970 jedoch als Hochfest am letzten Sonntag des Kirchenjahres. Die Aussagen über das Königtum Christi stehen in den Evangelien, vornehmlich in der Leidensgeschichte. Jedes Evangelium der drei Kirchenjahre (A, B und C) beinhaltet einen anderen Aspekt des Königseins Jesu.

- Lesejahr A: *Dann wird der König denen auf der rechten Seite sagen: Kommt her, die ihr von meinem Vater gesegnet seid, nehmt das Reich in Besitz* (Matthäus 25,34).
  Als König, Hirt und Richter wird der Menschensohn die Völker versammeln. Quer durch alle Völker und Gruppierungen hindurch wird er scheiden zwischen Guten und Bösen. Nach nichts anderem wird der Richter fragen als nach den Taten der barmherzigen Liebe. Nur die Taten zählen, nicht Worte und Gefühle. Der Menschensohn steht auf der Seite der Armen und Schwachen (Schott A, 635).
- Lesejahr B: *Mein Königtum ist nicht von dieser Welt* (Johannes 18,36).
  Jesus ist gekommen, um in der Welt die Wahrheit Gottes zu bezeugen. Gott ist Wahrheit, Licht und Leben: Alle unsere großen Worte könnten nur von Weitem andeuten, wer Gott wirklich ist. In Jesus aber ist die Wahrheit Gottes sichtbar geworden. Die Welt hat sich dem Licht versperrt, die Wahrheit ist gekreuzigt worden. Vom Kreuz aus hat Jesus die Königsherrschaft angetreten (Schott B, 629).
- Lesejahr C: *Wenn du der König der Juden bist, dann hilf dir selbst!* (Lukas 23,37).
  Die Aussagen über das Königtum Christi stehen in den Evangelien vor allem in der Kindheitsgeschichte und in der Leidensgeschichte. Die großen Worte des Engels

bei der Verkündigung an Maria werden scheinbar vom Kreuz Lügen gestraft. Der Messias, der König der Juden: aus den hohen Titeln sind Spottworte geworden. Die Verbrecher rechts und links sind der verkörperte Hohn auf den Anspruch Jesu. Aber da sagt einer: Herr, denk an mich …! So haben die Beter in Israel seit Jahrhunderten zu Gott gerufen. Jesus nimmt das Glaubensbekenntnis an und antwortet ihm als König, der Macht hat (Schott C, 639).

Was ist mit dem Königtum Christi gemeint? Alles ist durch den allmächtigen Vater und auf ihn hin geschaffen. Jesus Christus, sein eingeborener Sohn, ist unsere Sinnmitte und dazu gehört alles, was wir sehen und was wir hören und darüber hinaus wahrnehmen. Er ist die Sinnmitte der gesamten Schöpfung. Auf Gott hin ist alles geschaffen. Er, der Vater, der Urgrund Liebe, hat die Sinnmitte seinem menschlichen und göttlichen Sohn übertragen. Liebe kann nur schenken.

In und für die unerlöste Welt wird der Sohn Gottes ein Mensch wie wir. Auf ihn hin ist die Welt geschaffen. Auf ihn hin ist die Welt geschaffen. Er ist der Einzige, der dieser Schöpfung Sinn gibt. Wir sind ihm, Christus, einverleibt und durch den Glauben so mit ihm verbunden wie der Weinstock mit den Reben. Wir gehören zu ihm, er sorgt sich um uns, er

liebt uns und er leidet mit uns. Was wir tun oder lassen – es geht ihn unmittelbar an. Das Christkönigsfest soll uns erinnern, dass wir uns neu und mit ganzem Herzen seiner Herrschaft und seiner Liebe unterwerfen.

Nur Liebende wissen, was es heißt, uns der Liebe zu unterwerfen, dass sie in uns herrsche; wir unterwerfen uns der menschgewordenen Liebe. Dazu ist es notwendig, dem Herrn nicht nur unser Herz zu öffnen, sondern es ihm auch zu schenken, sonst vollzieht sich nichts Wesentliches in unserem Leben. Der Herr möchte uns seine Liebe so schenken, das daraus Seligkeit wird. Der Kirchenvater Kyrill von Alexandrien (376–444) schreibt:

> *Christus besitzt die Herrschaft über alle Geschöpfe nicht infolge gewaltsamer Aneignung, nicht aus fremder Hand, sondern aufgrund seines Wesens und seiner Natur.*

Mit dem Königtum Christi ist der absolute Vorrang Christi, des ewigen Sohnes Gottes, in der gesamten Schöpfung gemeint. Wie oben bereits gesagt: Alles wurde durch ihn geschaffen, er ist die Kraft, die in allem Geschaffenen wirkt, das Herz und die Mitte von allem. Das Königtum Christi bedeutet für den Menschen nicht nur eine Art Naturgesetz, sondern es ist weitaus mehr: Durch die Menschwerdung Jesu Christi, seine Lehre, sein Sterben und seine Auferstehung offenbart sich das Königtum Gottes. Es besteht nicht nur aus rettenden und erlösenden Elementen, sondern tritt auch fordernd an den Menschen und seine Welt heran.

Die eigentliche Wahrheit ist mehr als die Summe aller Wahrheiten zusammen. So ist zum Beispiel ein Wald mehr als die Summe der Bäume und ein Haus mehr als die Summe der Zimmer. So ist auch die Wahrheit größer als wir selbst. Sie gewährt uns nur Teilhabe, wenn wir in sie betend und hingebend eintreten und Erfahrung mit dieser göttlichen Wahrheit machen. Der Herr, der von sich sagt, ich bin der Weg, die Wahrheit und das Leben, ist für uns die Wirklichkeit, die alle Grenzen sprengt. In dieser Wahrheit erfahren wir eine immer größer werdende Wirklichkeit, die uns frei macht. Wenn wir in diesem Wachstum bleiben, erfahren wir in Jesus Christus eine immer größere Liebe und durch ihn das Licht seiner Heiligkeit und die Macht seiner Treue.

Durch Jesus Christus haben wir die Erfahrung gemacht, dass es nicht nur irdische Königreiche gibt, die kommen und gehen, sondern vor allem das Königreich Gottes und seines Sohnes im Heiligen Geist. Jesus Christus hat uns gezeigt, dass es ein Königreich des Himmels gibt, und er wünscht sich, dass wir unser Leben so gestalten, dass wir darin aufgenommen werden – es ist die tiefste Sehnsucht unserer Seele. Jesus Christus ist der König, der in dieser Welt misshandelt und ans Kreuz geschlagen wurde – und durch jede Sünde immer wieder ans Kreuz geschlagen wird, bis die Erlösung sich vollendet hat. Durch seine Hingabe am Kreuz für die vielen ist er der wahre König, dessen Königreich in Ewigkeit währt.

- *Halleluja! Denn König geworden ist der Herr, unser Gott, der Herrscher über die ganze Schöpfung* (Offenbarung 19,6b).
- *Er erniedrigte sich und war gehorsam bis zum Tod, bis zum Tod am Kreuz. Darum hat ihn Gott über alle erhöht und ihm den Namen verliehen, der größer ist als alle Namen* (Philipperbrief 2,8–9).
- *Dankt dem Vater mit Freude! Er hat euch fähig gemacht, Anteil zu haben am Los der Heiligen, die im Licht sind. Er hat uns der Macht der Finsternis entrissen und aufgenommen in das Reich seines geliebten Sohnes … Denn Gott wollte in seiner ganzen Fülle in ihm wohnen, um durch ihn alles auf ihn hin zu versöhnen* (Kolosserbrief 1,12–23.19–20a).
- *Ihm, der auf dem Thron sitzt, und dem Lamm gebührt Lob und Ehre und Herrlichkeit und Kraft in alle Ewigkeit* (Offenbarung 5,13b).

- *Denn das Lamm in der Mitte vor dem Thron wird sie weiden und zu den Quellen führen, aus denen das Wasser des Lebens strömt, und Gott wird alle Tränen von ihren Augen abwischen* (Offenbarung 7,17).
- *Gerecht und zuverlässig sind deine Wege, du König der Völker* (Offenbarung 15,3b).
- *Er, der auf dem Thron saß, sprach: Seht, ich mache alles neu* (Offenbarung 21,5a).

Die trostreichen Geheimnisse

Jesus, der in seiner Kirche lebt und wirkt

Die sieben Sakramente

Alle, die ein Sakrament empfangen, begegnen darin Jesus Christus selbst. Er ist das »Ursakrament«, in dem die Gnade Gottes in ihrer ganzen Fülle lebt und erschienen ist. Die Taufe, die in Form und Ritus an die Johannestaufe anknüpft, wird zum Initiationssakrament, das von den Sünden befreit, den Heiligen Geist verleiht und mit dem gekreuzigten und auferweckten Herrn verbindet. Das göttliche Gnadenangebot und die Glaubenszustimmung müssen zusammenhängend gesehen werden.

Der Sakramentsbegriff kann Jesus Christus selbst, die Kirche, den Glauben und das Glaubensbekenntnis bezeichnen. Die Kirche ist Sakrament, das heißt, Zeichen und Werkzeug Gottes, um die Menschen mit Gott zu versöhnen und sie untereinander zur

Einheit zu führen. Gottes Liebesgeschichte mit den Menschen wird als das Geheimnis menschlichen Lebens im Geheimnis des Glaubens offenbart und in der sakramentalen Feier dieses Geheimnisses gegenwärtig.

Die sieben Sakramente sind wirksame Zeichen der Gnade und Liebe Gottes. Sie setzen den Glauben voraus, doch gleichzeitig nähren und stärken sie ihn. Taufe, Firmung und Eucharistie sind die Sakramente, die den Menschen in die Kirche eingliedern und von der Macht des Bösen befreien. Durch die Taufe wird der Täufling aus dem Wasser und dem Heiligen Geist als Kind Gottes neu geboren, in der Firmung durch die Gabe desselben Geistes besiegelt und im eucharistischen Mahl erhält der Kommunizierende Anteil an Christi Leib und Blut, an seiner Lehre, seinem Leben und an seinem Tod und seiner Auferstehung.

Die Sakramente der Buße und der Krankensalbung beziehen sich auf die menschlichen Grundsituationen von Schuld, Krankheit und Sterben. Die Ehe stellt das Zusammenleben von Mann und Frau unter die Gnade Gottes. Das Weihesakrament beinhaltet drei Stufen: die Bevollmächtigung zum Dienst in der Kirche als Diakon, Priester und Bischof. Die Sakramente begleiten alle, die sie empfangen, durch ihr ganzes Leben.

Als aber die Güte und die Menschenfreundlichkeit Gottes, unseres Retters, erschien, hat er uns gerettet – nicht aufgrund von Werken der Gerechtigkeit, die wir vollbracht haben, sondern nach seinem Erbarmen – durch das Bad der Wiedergeburt und die Erneuerung im Heiligen Geist (Titus 3,4–5).

Mit der Taufgnade dürfen wir immer wieder neu die Auferstehung des Herrn feiern. Dieser Vorgang des Heils ist sehr erfüllend, wenn diese Gnade durch uns durchdringt. Wenn wir an der Eucharistie teilnehmen, bedeutet das gleichzeitig für uns alle eine ganz eigene Tauferneuerung. Was mit der Taufe vollzogen wurde, das ereignet sich immer neu mit jedem Sakrament, das wir empfangen. Wir müssen Gottes eigenes Leben in uns entdecken, um an Gottes ewiger Seligkeit teilnehmen zu können. Gott ist anders, als es Menschen sind; Gott ist der heilige Gott und wir Menschen suchen ihn. Infolge unserer schwachen Natur brauchen wir es, dass Gott ganz neu in uns anfängt, sodass er unser Herz erfüllt.

Wir dürfen sicher sein: Der Herr öffnet unser Herz im Sakrament, das wir empfangen. Es vollzieht sich eine Geburt von oben mit der Öffnung des Herzens, mit dem inneren Licht. Der Herr möchte, dass wir

zeichenhaft geschenkt bekommen, was er an uns wirkt. In der Taufe, die ein Nachvollzug der Taufe Jesu selbst ist, werden wir hineingetaucht in die ganze Wirklichkeit Jesu Christi und das bedeutet zugleich in die Wirklichkeit seiner Kirche. Wir werden ein Glied mit ihm; so wie die Zweige zum Baum gehören und die Glieder zum Leib, so gehören wir zu

Christus aufgrund unserer Eingliederung in ihn, die die Taufe wirkt.

Die Taufe eines kleinen Kindes ist das Grundgeschenk seines kommenden Lebens. Der Keim des ewigen Lebens wird in den Täufling eingesenkt, wenn er getauft wird. Dieser Keim darf sich entfalten durch gläubige Eltern, die für dieses Kind da sind und es lehren, was das Christsein bedeutet und was Nachfolge Jesu ist. Es liegt sehr viel an der Einstellung und an der Erziehung der Eltern, ob im Kind ein christliches Bewusstsein und ein entsprechendes Wachstum entsteht. Wir wollen, wenn wir an einer Taufe teilnehmen, diesen sakramentalen Vorgang mitvollziehen als einen, den wir einmal selbst erfahren haben, ohne dass unser Bewusstsein dabei war.

Jesus ist in eine kranke Menschheit hineingekommen, um durch seine Liebe die Risse im Fundament zu heilen, die es in uns Menschen seit dem Sündenfall gibt. Uns hat er beauftragt, ihm dabei zu helfen, dass diese Risse sich nicht mehr erweitern, sondern geheilt werden.

Wir sehnen uns alle danach, in einem Raum der Geborgenheit und der Liebe zu leben. Darin besteht auch – für Kinder und viele Erwachsene noch unbewusst – eine ungestillte Sehnsucht des Herzens. Die echte Geborgenheit, die Frieden schenkt, ist immer zugleich auch Freiheit, eine innere Freiheit. Von dieser Geborgenheit bin ich gekommen und ich gehe – oft nach vielen Umwegen – zu ihr zurück. Vor allem macht die Geborgenheit den ersehnten Raum der Liebe aus. Christus ist dieser Raum der Liebe, in den hineinzugehen, bewusst oder unbewusst, unsere Sehnsucht ist. Wenn wir das Ziel unserer Sehnsucht aus den Augen und dem Herzen verlieren, so müssen wir es immer wieder erneut suchen, damit wir bleibende Geborgenheit und Liebe erfahren.

Durch unser Leben und in unserem Leben – besonders in unserem Alltag – erfahren wir wiederholt Risse im Fundament unseres Seins. Im Sakrament jedoch schenkt uns der Herr die Kraft, die die Risse heilt. Wir alle sind dazu berufen, durch Christus, mit Christus und in Christus die Risse zu heilen, die wir uns selbst oder anderen zugefügt haben. Wenn wir Liebende sind, verfügen wir ganz von selbst über heilende Kräfte. Dazu benötigen wir keine Charismatiker, sondern einen festen Glauben an den Herrn.

O Seligkeit, getauft zu sein,
in Christus neu geboren;
von Adams Schuld bin ich befreit,
erlöst ist, was verloren.
Wer kann ermessen, welche Gnad
mir Gott, der Herr, erwiesen hat?
Mein Leben soll es danken.

O Seligkeit, getauft zu sein,
in Christus eingesenket!
Am Leben der Dreifaltigkeit
ward Anteil mir geschenket.
Ich bin der Kirche Christi Glied.
Ein Wunder ists, wie das geschieht.
Ich bete an und glaube.

(Gotteslob 847,1–2)

Die Firmung

Komm, Heiliger Geist,
erfülle die Herzen deiner Gläubigen
und entzünde in ihnen
das Feuer deiner Liebe.
Sende aus deinen Geist
und alles wird neu geschaffen werden
und du wirst das Angesicht
der Erde erneuern.

Wie an Pfingsten wird im Sakrament der Firmung der Heilige Geist in Fülle ausgeteilt. Was in der Taufe grundgelegt wurde, wird in der Firmung noch einmal gestärkt. Man kann das Sakrament der Firmung als Fortführung der Taufe ansehen. Taufe, Erstkommunion und Firmung bilden die Sakramente der christlichen Initiation. Das bedeutet, dass man mit allen drei Sakramenten immer tiefer in die christliche Glaubensgemeinschaft eingeführt wird.

Im Sakrament der Firmung empfangen die Getauften den Heiligen Geist, der am Pfingstfest über die Apostel ausgegossen wurde.

> *Als sie gebetet hatten, bebte der Ort, an dem sie versammelt waren, und alle wurden mit den Heiligen Geist erfüllt und sie verkündeten freimütig das Wort Gottes* (Apostelgeschichte 4,31).

Wir werden gestärkt, unsere Aufgabe zu erfüllen, um für Christus Zeugnis abzulegen. Durch die Salbung mit Öl empfängt der Getaufte ein unauslöschliches Siegel, sodass die Firmung nur einmal gespendet werden kann. Der Empfang des Heiligen Geistes bestärkt uns, den Auftrag Christi in der Welt erfolgreich auszuführen. Der Geist schenkt sich in Menschen hinein, die durch Gottes Gnade zu Glaubenden geworden sind, dass Christus, der für uns Gekreuzigte und Auferstandene, Gott für uns geoffenbart hat.

Warum ist Jesus Mensch geworden? Um uns Gottes Geist zu bringen. Damit erfüllt er den Sinn unseres Menschseins. Wir sind aus Liebe erschaffen und Gott hat etwas unendlich Liebevolles mit uns vor: Er will, dass wir einmal teilnehmen an seinem eigenen unerschaffenen Leben, ewig, mit ihm und in ihm.

Der Geist des Herrn erfüllt das All
mit Sturm und Feuersgluten,
er krönt mit Jubel Berg und Tal,
er lässt die Wasser fluten.
Ganz überströmt von Glanz und Licht,
erhebt die Schöpfung ihr Gesicht,
frohlockend: Halleluja!

Der Geist des Herrn treibt Gottes Sohn
hin in der Zeiten Fülle,
dass er, erhöht am Kreuzesthron,
des Vaters Lieb enthülle.
Als Sieger fährt er jauchzend heim
und ruft den Geist, dass jeder Keim
aufbreche: Halleluja!

(Gotteslob 785,1–2)

Die Eucharistie

Am »ersten Tag der Woche« kamen die Gläubigen zusammen, um »das Brot zu brechen«, das heißt, Eucharistie zu feiern. *Als wir am ersten Tag der Woche versammelt waren, um das Brot zu brechen …*, so steht es in der Apostelgeschichte (20,7). Ignatius von Antiochien (um 35 bis 117) nennt die Eucharistie die »Arznei der Unsterblichkeit«, ohne die man nicht Christ sein kann. Durch die heilige Messe hat Gott uns seinen Sohn gegeben und dadurch uns das Tor zum ewigen Leben aufgetan. Jesus Christus, der der Weg die Wahrheit und das Leben ist, führt uns diesen Weg in die Ewigkeit.

In der Hingabe seines Sohnes wird Hass und Gewalt überwunden. Gott wandelt Tod in Leben und versöhnt die Welt mit sich. In jeder Messfeier ist

Christus mit seiner entgegenkommenden Liebe gegenwärtig und schenkt sich in den Gaben von Brot und Wein. Ebenso ist er gegenwärtig in der versammelten Gemeinde und im Wort der Heiligen Schrift.

Christus will uns durch dieses Mahl nicht nur zur Einheit mit Gott, dem Vater, führen, sondern er möchte uns auch untereinander einen. Beides gehört zusammen; es ist unzertrennlich eins. Wenn man zur Kommunion geht, ist es ganz besonders wichtig, die Mitmenschen positiv zu sehen und sich freundlich ihnen gegenüber zu verhalten.

> *Die Eucharistie ist unser tägliches Brot. Seine innere Kraft ist die Einheit: Wir werden aufgenommen in seinen Leib, werden seine Glieder und sind so das, war wir empfangen (Augustinus).*

Uns ist der eine Tisch gedeckt, der eine Herr schenkt sich uns, die eine Liebe zieht in unser Herz ein und will uns durchdringen. Das Wichtigste von allem besteht in unserer Herzenseinheit und, dass wir einander lieben bzw. lieben wollen, wenn wir das heilige Brot und den heiligen Kelch empfangen.

- *Ich bin das lebendige Brot, das vom Himmel herabgekommen ist. Wer von diesem Brot isst, wird in Ewigkeit leben* (Johannes 6,51).

- *Ist der Kelch des Segens, über den wir den Segen sprechen, nicht Teilhabe am Blut Christi? Ist das Brot, das wir brechen, nicht Teilhabe am Leib Christi?* (1. Korinther 10,16).
- *Denn sooft ihr von diesem Brot esst und aus dem Kelch trinkt, verkündet ihr den Tod des Herrn, bis er kommt* (1. Korinther 11,26).

Zwei bekannte Diktatoren wuchsen in einem streng christlichen Umfeld auf und wurden zeitweilig gezwungen, täglich die heilige Kommunion zu empfangen. Joseph Goebbels, der 1897 geboren wurde und sein Leben 1945 durch Selbstmord beendete, wuchs in einem äußerst strengen katholischen Elternhaus in Rheydt auf. Der katholische »Albertus-Magnus-Verein« finanzierte sein Studium der Germanistik. Aus familiären Gründen wie auch aus Gründen der Ausbildung sah sich Goebbels zeitweilig gezwungen, täglich zur Kommunion zu gehen. (Dass dieses bei Jesuiten geschah, die ihn ausbildeten, ist eine Fehlinformation.)

Als Joseph Goebbels seine politische Laufbahn einschlug, wurde er unter Einfluss Oswald Spenglers zum Atheisten, doch trat er niemals aus der katholischen Kirche aus. Als Reichsminister für Volksaufklärung und Propaganda richtete er den gesamten Kulturbereich im Sinne des Nationalsozialismus aus. Er war für die Progrome des 9. November 1938 verantwortlich und forderte die Deportation der Juden im Wissen, dass diese in die Vernichtungslager führte.

Bevor Josef Stalin (1878–1953) zum Diktator der Sowjetunion aufstieg, war er von 1941 bis 1945 oberster Befehlshaber der Roten Armee. Als Heranwachsender besuchte er das orthodoxe Tifliser Priesterseminar, die damals bedeutendste höhere Bildungsanstalt Georgiens. Es war Pflicht, täglich den Gottes-

dienst zu besuchen und zum Mahl des Herrn zu gehen.

Unter Stalins Regierung als Diktator wurde die Sowjetunion zur Weltmacht. Stalin ließ Millionen Sowjetbürger und Volksgruppen in Gulag-Strafarbeitslager deportieren. Viele wurden ermordet oder kamen durch unmenschliche Bedingungen ums Leben.

Die christliche Religion hat diesen beiden Männern, Goebbels und Stalin, das »tägliche Brot« in jeglicher Form eingebläut. Und später haben sie beide auf ihre individuelle machtvolle Weise satanische Praktiken initiiert.

Auch heute gibt es Beispiele – die natürlich nicht so gravierend sind –, in denen die Kommunion gedankenlos oder gewohnheitsmäßig empfangen wird.

Das Sakrament der Versöhnung

Der Glaube an Gott, der barmherzig ist und Schuld vergibt, kommt uns in beiden Testamenten entgegen. Es bleibt nicht aus, dass wir aus Nachlässigkeit. Trägheit oder aus Absicht anderen und uns selbst schaden. Damit entfernen wir uns von Gott, seiner Liebe und seinem Heilswillen. Andererseits wird uns auch eine Möglichkeit geschenkt, persönliches Versagen zu erkennen und einzugestehen. Durch das Wirken des Heiligen Geistes und den Dienst der Kirche bleibt Gottes Versöhnung gegenwärtig und erfahrbar.

Wo das Gebot, Gott und die Menschen zu lieben, nicht beachtet wird, spricht die Bibel von Sünde. Die Vergebung dieser Sünden wird uns von Gott durch Zeichen der Reue und Umkehr geschenkt, durch den Besuch der heiligen Messe, das Hören des Wortes Gottes und ganz besonders im Sakrament der Versöhnung, das früher Bußsakrament genannt wurde.

- *Denn Gott wollte mit seiner ganzen Fülle in ihm* (Christus) *wohnen, um durch ihn alles auf ihn hin zu versöhnen. Alles im Himmel und auf Erden wollte er zu Christus führen, der Frieden gestiftet hat am Kreuz durch sein Blut* (Kolosserbrief 1,19–22).
- *Aber das alles kommt von Gott, der uns durch Christus mit sich versöhnt und uns den Dienst der Versöhnung aufgetragen hat* (2. Korintherbrief 5,16).
- Nach seiner Auferstehung hat Christus den Aposteln den Heiligen Geist gesandt, um ihnen die Vollmacht zu geben, Sünden zu erlassen oder nicht zu erlassen. *Empfangt den Heiligen Geist! Denen ihr die Sünden erlasst, denen sind sie erlassen; denen ihr sie behaltet, sind sie behalten* (Johannes 20,22–23).
- Den Auftrag des Herrn hat Petrus erfüllt: *Ich werde dir die Schlüssel des Himmelreichs geben; was du auf Erden binden wirst, das wird im Himmel gebunden sein, und was du auf Erden lösen wirst, das wird im Himmel gelöst sein* (Matthäus 16,19).

Im Sakrament der Versöhnung steckt eine heiligende Kraft. Wenn sie wirksam werden soll, ist es notwendig, dass ich mich durch Erkennen und Bereuen mit einbringe. Nach einiger Zeit jedoch, wenn die Geisteskraft nachlässt, benötige ich wieder einen neuen Impuls. *Der Beistand aber, der Heilige Geist, den der Vater in meinem Namen senden wird, der wird euch alles lehren und euch an alles erinnern, was ich euch gesagt habe* (Johannes 14,26). Der Geist macht uns lebendig und wir hören das Wort Gottes, als sei es jetzt gesprochen und in mein Ohr und in mein Herz hineingedrungen.

Wenn man mit dem Sakrament der Versöhnung eine gute und befreiende Erfahrung macht, dann sollte man sie auch auswerten. In jedem Sakrament schenkt sich uns die ganze Fülle Gottes. Und Gott nimmt alle an, die zu ihm rufen. Jedes Sakrament hat viele Entfaltungsmöglichkeiten – und das gilt auch für das Sakrament der Versöhnung. In der persönlichen Beichte geschieht eine ganz unmittelbare und ehrliche Öffnung für die Gnade, die ich benötige, um ganz neu anzufangen. Der Herr schenkt mir Einsicht, meine Misere einzusehen.

Es ist bereits eine Wirkung der Gnade, dass ich den Mut habe, ganz ehrlich zu sein und ein Bekenntnis abzulegen. Das ist nur möglich, wenn Heiliger Geist in mir wirkt. Voraussetzung für Vergebung und Wandlung ist, dass ich mich öffne und so eine Disposition schaffe, in der die erneuernde und vergebende Gnade mein Inneres erreichen kann. Wir dürfen sicher sein, dass diese Gnade in unserem Leben reiche Frucht bringt.

Es kommt noch für das Sakrament der Versöhnung ein entscheidendes Motiv hinzu, das für viele

Menschen sehr einleuchtend ist: Wir wissen heute, wie sehr Schuld mit anderen Elementen verflochten sein kann. Schuld ist nicht mehr allein etwas Privates.

Mein Versagen besteht zum Beispiel darin, dass ich nicht so für einen anderen da bin, wie ich es sein sollte. Ich kann schuld daran sein, dass derjenige, demgegenüber ich rücksichtslos war, jetzt in diesem oder jenem versagt.

> *Denn seine Geschöpfe sind wir, in Christus Jesus zu guten Werken erschaffen, die Gott für uns im Voraus bestimmt hat, damit wir mit ihnen unser Leben gestalten* (Epheserbrief 2,10).

Gott hat für mein Leben, für meinen Tag, ganz bestimmte Situationen vorgesehen, in denen ich gefragt bin, damit sein Heiliger Geist durch mich hindurch in die Welt dringen kann. Wenn ich jedoch in Selbstverschlossenheit lebe, wenn ich mich nicht um mein eigentliches Christsein kümmere, dann fällt etwas Wesentliches aus und es kann sein, dass sich in den Leerraum, der dann entsteht, die Dämonen stürzen.

In der Menschheit wächst die Suche nach einem universellen Frieden. Doch aus eigener Anstrengung heraus kann die Menschheit den Frieden nicht herbeiführen. Auf diese Weise wird Unausweichliches offenbar und man erkennt es. Durch den Glauben an Jesus Christus wird uns bewusst, dass der erhoffte Frieden nur als Frucht der Versöhnung mit Gott uns von ihm geschenkt wird. Diese Versöhnung mit Gott hat uns Jesus Christus nach dem Willen des Vaters am Kreuz erwirkt.

Wie schon gesagt, ist es wichtig, dass der einzelne Christ die Verflochtenheit seines eigenen Versagens mit der Weltschuld erkennt und sie mit einbringt, wenn es um Vergebung geht. Ich bin unter Umständen schon durch meinen Lebensaufwand, den ich nicht zu ändern bereit war oder zu schwach dazu, mit Schuld am Sterben ungezählter Lazarusse vor der Tür des reichen Mannes, der wir hier im Westen sind. Durch meine Steuern bin ich beteiligt am Rüstungswettbewerb der Großmächte und durch meine Krankenkassenbeiträge an »legalen« Abtreibungen.

Der Herr wird niemanden abweisen, der bittend zu ihm kommt und im Sinne der Vaterunserbitte »Vergib uns unsere Schuld« um Vergebung bittet. Im Sakrament der Versöhnung wird er sie erhalten. Und das gilt nicht nur für ihn, den Bittenden, sondern auch für alle, deren Schuld er mitverschuldet hat. So bekommt mit dem Schrei der Welt nach Frieden und der Sehnsucht nach Frieden im eigenen Herzen für den Christen jetzt auch das Sakrament der Versöhnung einen ganz neuen Stellenwert. Ich

brauche dieses Sakrament schon allein deswegen, weil ich mitverschuldet bin in der Schuld meiner Brüder und Schwestern, ja, der ganzen Welt.

Das Sakrament der Versöhnung schenkt dem Beichtenden in der Regel – vorausgesetzt, er ist bereit, zu seinem Versagen zu stehen – Befreiung und eine Kraft des Neuanfangs. Die sakramentale Versöhnung fegt den alten Sauerteig weg und lässt den Heiligen Geist wieder durchdringen.

Die Krankensalbung

Das Sakrament der Krankensalbung wurde durch Jesus Christus eingesetzt. Der Evangelist Markus deutet die Krankensalbung an und durch den Apostel Jakobus wird sie empfohlen und verkündet.

- *Und sie zogen aus und verkündeten die Umkehr. Sie trieben viele Dämonen aus und salbten viele Kranke mit Öl und heilten sie* (Markus 6,12–13).
- *Ist einer unter euch krank, dann rufe er die Ältesten der Gemeinde zu sich; sie sollen Gebete über ihn sprechen und ihn im Namen des Herrn mit Öl salben. Das gläubige Gebet wird den Kranken retten und der Herr wird ihn aufrichten; und wenn er Sünden begangen hat, werden sie ihm vergeben* (Jakobusbrief 5,14–15).

In der Krankheit erfahren wir alle, wie wenig wir das Leben in unserer Hand haben und wie ohnmächtig wir im Grunde sind. Alten Menschen, deren Kräftezustand sehr geschwächt ist, kann die heilige Salbung gespendet werden, auch wenn keine ernsthafte Erkrankung vorliegt, Das Sakrament der

Krankensalbung kann wiederholt empfangen werden, wenn der Kranke gesundet und dann von Neuem erkrankt oder während einer langen Krankheitsphase der Zustand sich verschlimmert.

In den Krankenheilungen Jesu offenbart sich Gott als das Heil der Menschen und sagt die Wiederherstellung seiner Schöpfung an. Jesus hat mit dem Auftrag *Heilt Kranke!* (Matthäus 10,8) seine Sorge für die Kranken seinen Jüngern übertragen. Die Kirche hat diesen Auftrag übernommen und bemüht sich, ihn zu erfüllen. Mit dem Sakrament der Krankensalbung ist uns ein wunderbares Heilmittel geschenkt, ein Ja zu Gott zu sagen und letztlich von ihm allein Hilfe und Heil zu erwarten.

Der Höhepunkt der Feier des Krankensakramentes: Der Priester salbt den Kranken auf der Stirn und an den Händen mit dem geweihten Öl. Dabei spricht er die oben stehenden bekannten Worte aus dem Jakobusbrief. Durch die Salbung der Stirn wird der Kranke als denkende Person angesprochen; durch die Salbung der Hände als handelnde Person. Im Sakrament der Versöhnung (Bußsakrament) und im Sakrament der Krankensalbung kommt Jesus den Kranken als Arzt der Seele entgegen. Er hört einen jeden an, der zu ihm ruft, richtet ihn auf, verzeiht ihm und stärkt ihn.

Vernachlässige die Gnade nicht, die in dir ist und die dir verliehen wurde, als dir die Ältesten aufgrund prophetischer Worte gemeinsam die Hände auflegten (Timotheusbrief 4,14).

Die Feier des Krankensakramentes darf unter keinen Umständen als Sakrament des Sterbenden oder als »Letzte Ölung« einseitig gesehen und verkürzt werden. Dieses Sakrament darf nicht als Vorbote des Todes erscheinen und nicht nur beim herannahenden Ende des Sterbenden gespendet werden. Christus lädt den Kranken ein, an seinem Leiden für das Heil der Welt teilzunehmen. Bis zur Spendung des Krankensakramentes muss also nicht gewartet werden, bis die Anzeichen des herannahenden Todes auftreten.

Das Evangelium und damit auch die katholische Kirche lehnt die Einstellung ab, in der Krankheit des Einzelnen ein Maß seiner Sündhaftigkeit zu sehen (vgl. Lukas 13,1–5).

- *Unterwegs sah Jesus einen Mann, der seit seiner Geburt blind war. Da fragten ihn seine Jünger: Rabbi, wer hat gesündigt? Er selbst oder seine Eltern, sodass er blind geboren wurde? Jesus antwortete: Weder er noch seine Eltern haben gesündigt, sondern die Werke Gottes sollen an ihm offenbar werden* (Johannes 9,1–3).

- *In jenen Tagen sagt man nicht mehr: Die Väter haben saure Trauben gegessen und den Söhnen werden die Zähne stumpf. Nein, jeder stirbt für seine eigene Schuld; jedem Menschen, der saure Trauben isst, werden die Zähne stumpf* (Jeremia 31,29–30).

Der Priester salbt die Stirn des Kranken und spricht dabei: *Durch diese heilige Salbung helfe dir der Herr in seinem reichen erbarmen, er stehe dir bei mit der Kraft des Heiligen Geistes. Amen.* Bei der Salbung auf den Händen betet er: *Der Herr, der dich von Sünden befreit, rette dich, in seiner Gnade richte er dich auf. Amen.*

Nach der Salbung spricht der Priester das folgende Gebet: *Herr Jesus Christus, du hast unsere gebrechliche Natur angenommen, um die Menschen zu erlösen und die Kranken zu heilen. Blicke gnädig auf deinen Diener, der krank darniederliegt und Heilung erhofft für Leib und Seele.*

In deinem Namen haben wir ihn mit dem heiligen Öl gesalbt; tröste ihn durch deine Gegenwart und stelle ihn wieder her durch deine Macht. Gib, dass er alle Anfechtung überwinde und sich zu neuer Kraft erhebe. Du lässt ihn teilhaben an deinem Leiden. Erfülle ihn mit der Hoffnung, dass auch aus seinen Schmerzen Heil erwächst. Der du lebst und liebst in alle Ewigkeit. Amen.

Es folgen noch einige Gedanken zum Sakrament der Krankensalbung.

Bis zur karolingischen Zeit, bis zum 8. Jahrhundert also, hat man die Weisung des Apostels Jakobus auf die Presbyter, die Ältesten der Gemeinde, bezogen. Die Eingrenzung, dass es nur Priester sein dürfen, die dieses Sakrament spenden, ist erst im Laufe der Jahrhunderte erfolgt.

Ist einer unter euch krank, dann rufe er die Ältesten der Gemeinde zu sich; sie sollen Gebete über ihn sprechen und ihn im Namen des Herrn mit Öl salben. Das gläubige Gebet wird den Kranken retten und der Herr wird ihn aufrichten; und wenn er Sünden begangen hat, werden sie ihm vergeben (Jakobusbrief 5,14–15).

Bis zum 8. Jahrhundert haben die Ältesten einer Gemeinde in Krankheitsfällen die Kranken mit dem heiligen Öl gesalbt. Das Öl wurde konsekriert und durch Gebet diesem heiligen Vorgang zugeordnet. Erst allmählich – wie gesagt – übernahmen die Priester die Spendung dieses Sakramentes. Unter ihnen gab es die eigenartige Entwicklung, dass es allmählich zu einem Sakrament für die Sterbenden wurde. Die Pestzeiten und die Zeiten der Seuchen mögen dazu beigetragen haben, dass eine häufige Krankensalbung schwierig wurde. Dies führte dazu, dass das Sakrament der Krankensalbung mehr und mehr zu einem Sakrament für die unheilbar Kranken wurde. Es hieß: »Ihr müsst dies empfangen, um auf euren Tod vorbereitet zu werden.«

In Wirklichkeit ist die Eucharistie das Sakrament des Hinübergangs in Gottes ewige Welt und nicht die Krankensalbung. Das hat das Zweite Vaticanum in eigenen Dokumenten klargestellt. Viele sind heute bereit – ohne gleich zu denken, jetzt muss ich sterben –, sich dieses heilende und stärkende Sakrament schenken zu lassen.

Es ist heute durchaus möglich, siechen, alten und kranken Menschen gemeinsam in der versammelten Gemeinde die Krankensalbung zu spenden. Gelegentlich wird auch dazu eingeladen, dieses Sakrament während der heiligen Messe zu empfangen. Das kann zu einem großen Trost werden und eine neue Zuversicht in Hinblick auf das Sterben schenken. Der Priester muss den Gläubigen vermitteln, dass die Krankensalbung ein stärkendes und heilendes Sakrament ist, zu dem jeder Zugang hat.

Das Weihesakrament

Einige Menschen zieht es auf eine ganz besondere Weise zu Jesus Christus, weil uns in ihm der Ursprung unseres Lebens durchscheinend wird und aufleuchtet. Jesus hat etwas wunderbar Sonnenhaftes. Aus der Weise, wie Jesus Beziehung zu Menschen aufnimmt und Menschen Beziehung zu ihm gewinnen, können vor allem die Priesteramtskandidaten für ihren priesterlichen Dienst Entscheidendes lernen. Ihnen wird zum Vorbild, wie Jesus Menschen in seine Beziehung zum Vater hineinholt, indem er Beziehung zu ihnen aufnimmt bzw. die Anziehung, die sie ihm gegenüber empfinden, beantwortet.

Paulus versteht seine Berufung zum Apostel als Bevollmächtigung und Beauftragung zum Dienst der Verkündigung des Evangeliums.

- *Aber das alles kommt von Gott, der uns durch Christus mit sich versöhnt und uns den Dienst der Versöhnung aufgetragen hat … Wir sind also Gesandte an Christi statt* (2. Korintherbrief 5,18.20).
- *Brüder, wählt aus eurer Mitte sieben Männer von gutem Ruf und voll Geist und Weisheit; ihnen werden wir diese Aufgabe übertragen* (Apostelgeschichte 6,3).
- *Sie setzten für sie in jeder Gemeinde Älteste ein und empfahlen sie unter Gebet und Fasten dem Herrn, an den sie nun glauben* (Apostelgeschichte 14,23).
- Timotheus beschreibt von den Qualifikationen, die ein Bischof haben muss, um Gemeinden glaubwürdig zu begleiten (vgl. 1. Timotheusbrief 3,1–7). Ebenso beschreibt er den Dienst der Diakone (vgl. 1. Timotheusbrief 3,8–12). *Denn wer seinen Dienst gut versieht, erlangt einen hohen Rang und große Zuversicht im Glauben an Jesus Christus* (1. Timotheusbrief 3,13).

Der Anwärter empfängt mit der Weihe ein dauerndes Charisma und damit eine herausgehobene Verantwortung für das Evangelium. Durch Handauflegung und Gebet geschieht die Aufnahme des Gewählten in das Amt der Verkündigung, der Heilung und der Leitung der Kirche in der Vollmacht Christi.

Seit ungefähr 1150 wird das Weihesakrament zu den »sieben« Sakramenten gerechnet. Der Weihekandidat empfängt den hohepriesterlichen Geist und somit die Vollmacht der Apostel. Das Vaticanum II erklärt, dass eine Weihe in drei verschiedenen Ordnungen ausgeübt wird: Diakonat (Diakon), Presbyterat (Priester) und Episkopat (Bischof). Die in der Weihe geschenkte Gnade dient nicht vornehmlich der persönlichen Heiligung, sondern dem Aufbau der Kirche durch den Dienst an Wort und Sakrament. Die Kirche als Ganze ist Sakrament des Heils für die Welt.

Die vorbereitenden Riten sind einander angeglichen und finden vor dem Tagesgebet der Eucharistiefeier statt: Vorstellung des Kandidaten und die Bitte an den Bischof, die Weihe zu spenden. Nach dem Wortgottesdienst folgt die Predigt des Bischofs. Die Allerheiligenlitanei leitet zur eigentlichen Weihe über, die durch Handauflegung geschieht. Es folgt das Weihegebet des weihenden Bischofs. Die sich anschließenden Riten sind das Bekleiden mit dem Amtsgewand und die Salbung mit Chrisam. Dem Priester wird bei seiner Weihe Patene und Kelch überreicht, dem Diakon das Evangeliar.

Die Kirche unterscheidet zwischen dem gemeinsamen Priestertum aller Gläubigen durch Taufe und Firmung und dem besonderen Priestertum des Dienstes, das dem Diakon, dem Priester und dem Bischof zuteilwird. Noch im ersten Jahrhundert nach Christus teilt die Kirche das Amt in diese drei Stufen ein.

- *Vernachlässige die Gnade nicht, die in dir ist und die dir verliehen wurde, als dir die Ältesten aufgrund prophetischer Worte gemeinsam die Hände auflegten! Dafür sollst du sorgen, darin sollst du leben, damit allen deine Fortschritte offenbar werden. Achte auf dich selbst und auf die Lehre; halte daran fest! Wenn du das tust, rettest du dich und alle, die auf dich hören* (1. Timotheusbrief 4,14–16).
- *Darum rufe ich dir ins Gedächtnis: Entfache die Gnade Gottes wieder, die dir durch die Auflegung meiner Hände zuteilgeworden ist! Denn Gott hat uns nicht einen Geist der Verzagtheit gegeben, sondern den Geist der Kraft, der Liebe und der Besonnenheit* (2. Timotheusbrief 1,6–7).

Die Weihe ist die sakramentale Einsetzung in das Amt des Diakons, des Priesters und des Bischofs. Damit verbunden ist eine spezifische Bevollmächtigung in der Kraft des Heiligen Geistes. So wie das Sakramente der Taufe und der Firmung nicht wiederholbar sind, kann das Weihesakrament auch nur einmal gespendet werden. Jede Weihe findet in einer Messfeier statt und nimmt den Kandidaten ganz für Christus und die Kirche in den Dienst.

Zwei Menschen, die zueinander gefunden haben, stehen am Beginn ihres gemeinsamen Weges, den sie im Bund mit Gott beschreiten wollen. Mögen sie besonders am Tag ihrer Trauung alles Unangenehme, das hinter ihnen liegt, vergessen und der Freude Raum geben. Das sakramentale Geheimnis darf in dieser Stunde und an diesem Tag einmal ganz im Mittelpunkt stehen. Es ist wirklich und im Letzten ein Geheimnis und etwas ganz Großes, wenn zwei Menschen für ein Leben lang Ja zueinander sagen. Dieses Ja ist eines der schönsten Worte, die man überhaupt sprechen kann.

Vieles, was wir sagen, ist oft nicht der Rede wert: Wir sprechen über das Wetter, über die schlechten Zeiten oder über die anderen. Dagegen gibt es Worte, die man auf die Goldwaage legen muss. So ein Wort ist auch das Ja, das die Eheleute zueinander sagen. Es ist gefüllt mit ihrem einmaligen Leben, mit ihren Fähigkeiten und vor allem mit der Liebe der Herzen, die den Goldwert mit Ja ausdrückt. Die Brautleute sind bereit. sich gegenseitig ganz anzuvertrauen, sodass sie sich getrauen, sich trauen zu lassen. Jeder nimmt den anderen an und mit ihm nicht nur das Gute und Schöne, sondern auch die Grenzen und Fehler des anderen. Indem sie sich einander aushändigen, wissen sie nicht, was sie sich damit einhandeln.

Das Ja zueinander sagen bedeutet auch, das Ja zu neuem Leben zu bekunden. Viele sagen das Ja zu einander, doch in diesem Punkt sagen sie Nein. Auch später muss das Ja immer wieder von beiden von Neuem gesagt werden. Die Liebe offenbart sich nicht in vielen großen Worten, sondern in jeder Zärtlichkeit, in jedem guten Wort und in jeder Ermutigung und in den kleinen und großen Zeichen der Liebe. Diese Liebe hat dann etwas von dem, was Paulus über sie sagt: *Sie erträgt alles, glaubt alles, hofft alles, hält allem stand* (1. Korintherbrief 13,7). Liebe kann man nicht verlangen, man kann sie nur empfangen, indem man sie gibt.

Und trotzdem gibt es Dinge in dieser Welt, die selbst der liebste Mensch nicht versteht. Es gibt Augenbliche, in denen man zum anderen spricht und er hört nicht; man zeigt sich dem anderen und er sieht es nicht; man klammert sich an den anderen und er fühlt es nicht. Und es wird einmal der Augenblick kommen, in dem der Eine dem Anderen weggerissen wird. All das sind Grenzen menschlicher Liebe. Es ist daher sehr tröstlich, dass die Eheleute mit ihrer Liebe nicht alleingelassen sind, denn eine dritte Liebe ist mit im Spiel: Gott. Er wartet mit seiner Liebe immer hinter unseren Grenzen. Ganz

gleich, wie es uns geht: Von seiner Liebe sind wir immer getragen. Gerade im Sakrament der Trauung schenkt der Herr seine Hilfe und seinen Segen.

Das Sakrament, das die Eheleute sich einander spenden, ist nichts anderes als ein Zeichen, dass der Herr die Liebenden mit seiner Liebe ganz umfängt und trägt. Das Brautpaar steht vor einem neuen Anfang, der Entscheidungen verlangt. Wenn die Ehe mit Gott beginnt, hat sie in Krisensituationen die beste Chance, zu überleben, ja, sogar reif und schön zu werden. Ein Sinnbild der Liebe, die niemals aufhört, sind die Ringe: Sie hat kein Ende.

Im Ehesakrament stellen Frau und Mann ihren Wunsch nach Unverbrüchlichkeit und Ausschließlichkeit ihrer Liebe unter den Schutz der Liebe Gottes. Wie ein Ehemann hat der Herr unabweislich um die Liebe seines Volkes gerungen und sich auf die Menschen eingelassen.

> *Ich verlobe dich mir auf ewig; ich verlobe dich mir um den Brautpreis von Gerechtigkeit und Recht, von Liebe und Erbarmen, ich verlobe dich mir um den Brautpreis der Treue: Dann wirst du den Herrn erkennen* (Hosea 2,21–22).

Gott hat sich immer wieder in seiner Liebe auf die Menschen eingelassen, ja, bis zum Kreuzestod seines Sohnes. So begleitet der Herr auch mit seinem Beistand den Bund des Lebens, den die beiden Eheleute eingehen möchten. Das Sakrament der Ehe eröffnet mit seinem Segen für das Paar auch den Leibes- und Lebensraum, in dem Kinder ihren Platz finden können. Der Ehebund ist ein Abbild der Liebe Gottes mit den Menschen und des Bundes Christi mit seiner Kirche. *Vor allem behaltet beharrlich fest an der Liebe zueinander* (1. Petrusbrief 4,8).

Der Ehebund wird durch die unwiderrufliche Willenserklärung von Mann und Frau begründet, die sie sich einander in Freiheit schenken.

Das einzigartige Einswerden von Mann und Frau und das Wohl ihrer Kinder verlangen nach dem Willen Gottes die uneingeschränkte Treue beider Partner und damit die Unauflöslichkeit der Ehe. Um dies deutlicher zum Ausdruck zu bringen und um Mann und Frau bei der Verwirklichung ihrer Aufgabe zu helfen, hat Christus, der Herr, den unauflöslichen Bund der Ehe als Zeichen seiner Verbundenheit mit der Kirche zur Würde eines Sakramentes erhoben (Die Feier der Trauung, Pastorale Einführung, 1975, 9–10).

Im Sakrament der Ehe kommt in einzigartiger Weise das Geheimnis der Einheit und Liebe zwischen Christus und der Kirche zum Ausdruck. *Darum wird der Mann Vater und Mutter verlassen und sich an seine Frau binden und die zwei werden ein Fleisch sein. Dies ist ein tiefes Geheimnis; ich beziehe es auf Christus und die Kirche* (Epheserbrief 5,31–32).

In der Feier der kirchlichen Trauung spenden sich die Eheleute dieses Sakrament, das damit vor Gott und vor der Gemeinschaft der Kirche bekundet und rechtswirksam wird. Die Eheschließung sollte – wenn es eben möglich ist – innerhalb der heiligen Messe stattfinden. Dadurch verbindet sich das Sakrament der Ehe mit der heiligen Eucharistie.

Die Eheerklärung der Brautleute ist der Höhepunkt der Trauung. Der Priester oder Diakon erbittet sie und nimmt sie entgegen. Anschließend wird Gottes Segen über das Brautpaar und speziell über den Ehebund, den sie geschlossen haben, herabgerufen. Die Kommunion der Brautleute und der Gläubigen wird die Liebe stärken und die Gemeinschaft mit Christus vertiefen.

Die trostreichen Geheimnisse

Jesus, der wiederkommen wird in Herrlichkeit

Die biblischen Texte möchten in uns die Hoffnung wecken und stärken, dass die Wiederkunft Jesu Christi in Herrlichkeit zu einem festen Bestandteil wird, auf den wir uns verlassen können. Daher wird dieses Gesätz des Rosenkranzes von Bibelzitaten begleitet mit nur kurzen Kommentaren. Wir können wesentlich dazu beitragen, dass Gottes Erlösungswerk in Jesus Christus auch in unserer Seele stattfindet, sodass wir bei seiner Wiederkehr gleich an der vollen Herrlichkeit des Herrn teilhaben.

Die Wiederkehr Jesu Christi in Herrlichkeit – das zukünftige Eintreten eines göttlichen Besuches – wird auch Parusie genannt. Damit ist der endzeitliche »Tag Gottes« gemeint.

Die Wiederkunft Christi in den Evangelien

- *Als er* (Jesus) *auf dem Ölberg saß, wandten sich die Jünger, die mit ihm allein waren, an ihn und fragten: Sag uns, wann wird das geschehen und was ist das Zeichen für deine Ankunft und das Ende der Welt?* (Matthäus 24,3).

  Die Zurückgezogenheit Jesu und der Jünger entspricht ihrer Frage, denn es geht um eine Antwort, die ein besonderes Offenbarungsgeschehen betrifft. Die Jünger fragen nach den Zeichen, die die Parusie Christi, seine Ankunft und die Vollendung der raumzeitlichen Welt, anzeigen sollen. Die Ankunft des Menschensohnes und die Vollendung der Welt fallen zusammen.

  Die Frage der Jünger schwingt nach: »Was wird das Zeichen deines Kommens und der Vollendung des Weltalls sein?« Auf die Frage nach dem Zeitpunkt gibt Jesus keine Antwort. Später sagt er ausdrücklich zum Zeitpunkt des Endes: *Doch jenen Tag und jene Stunde kennt niemand, auch nicht die Engel im Himmel, nicht einmal der Sohn, sondern nur der Vater* (Matthäus 24,36).

  Die Parusie, die wunderbare Erscheinung Jesu Christi, wird eine Ankunft in Herrlichkeit sein, die dem Empfang eines Kaisers in einer Stadt an festlichem Glanz bei Weitem übertrifft und kaum vorstellbar ist. Nach dieser zweiten kommenden Ankunft Jesu Christi ist keine andere mehr zu erwarten. Die erste Ankunft Jesu Christi stand im Zeichen der Verhüllung des Göttlichen und musste gesucht und erkannt werden. Die zweite Ankunft wird dagegen eine reine Enthüllung sein.

- *Denn wie der Blitz im Osten aufflammt und bis zum Westen hin leuchtet, so wird die Ankunft des Menschensohnes sein* (Matthäus 24,27).

Die Ankunft des Menschensohnes betrifft alle Menschen weltweit. Der aufleuchtende Blitz kann von niemandem übersehen werden. Der Blitz ist hier zum Symbol des Messias und seines Reiches geworden. So wird die Gegenwart Jesu Christi an »seinem Tag« sichtbar werden. *Denn wie der Blitz von einem Ende des Himmels bis zum anderen leuchtet, so wird der Menschensohn an seinem Tag erscheinen* (Lukas 17,24).

Gottes Herrschaft wird jetzt weltweit, weltumfassend und Welt neu schaffend sein. Die Herrlichkeit des Herrn wird ganz plötzlich kommen.

- *Bis zu dem Tag, an dem Noach in die Arche ging und nichts ahnend, bis die Flut hereinbrach und alle wegraffte, so wird auch die Ankunft des Menschensohnes sein* (Matthäus 24,38b–39).

Die große Gefahr besteht darin, dass die Jünger auf die Ankunft des Menschensohnes nicht vorbereitet sind. Wie zur Zeit des Noach waren die Menschen damals ebenso wenig vorbereitet; die Flut raffte sie dahin. Diese Generation ist ebenfalls bedroht – selbst wenn das Leben seinen normalen Gang nimmt. Aber gerade der normale und nicht der verdorbene Lebenswandel der Menschen soll hier betont und angesprochen werden. Man soll nicht an ein Strafgericht denken, sondern an die Überraschung, mit der dieses »normale Leben« plötzlich unterbrochen wird.

- *Euer Herz lasse sich nicht verwirren. Glaubt an Gott und glaubt an mich! Im Haus meines Vaters gibt es viele Wohnungen. Wenn es nicht so wäre, hätte ich euch dann gesagt: Ich gehe, um einen Platz für euch vorzubereiten? Wenn ich gegangen bin und einen Platz für euch vorbereitet habe, komme ich wieder und werde euch zu mir holen, damit auch ihr dort seid, wo ich bin* (Johannes 14,1–3).

Jesus gibt den Jüngern mit seinem Weggehen und Wiederkommen eine beglückende Verheißung. Die Absicht Jesu besteht darin, die Jünger mit sich zu vereinen – jetzt und bis er wiederkommt in Herrlichkeit. Jesus nimmt seine Jünger in den Raum der Liebe auf, idem er sie zu sich nimmt. Das letzte Ziel wird dann erreicht, wenn die Jünger dort sind, wo Jesus ist – in der Herrlichkeit des Vaters. Dazu bedarf es des Wiederkommens Jesu in Herrlichkeit. Hier spricht der Evangelist Johannes die Parusieerwartung an, die er auf Jesus Christus und sein geistiges Kommen nach der Auferstehung bezieht.

Jesus wird wiederkommen und alle, die dazu bereit sind, zu sich holen. Der Erlöser kann und will nicht ohne die Erlösten sein, seine Freunde, seine Brüder und Schwestern. Jesus wird nicht in der Erscheinung des Auferstandenen wiederkehren, sondern eher im Geist-Beistand, indem er sich vor aller Welt als der lebendige Herr und Richter erweist. Er nimmt dann die Glaubenden in die himmlische Herrlichkeit auf. Damit dies geschehen kann, wird Jesus zur gegebenen Zeit wiederkehren, um die Seinen abzuholen.

- *Also kehrt um und tut Buße, damit eure Sünden getilgt werden und der Herr Zeiten des Aufatmens kommen lässt und Jesus sendet als den für euch bestimmten Christus! Ihn muss freilich der Himmel aufnehmen bis zu den Zeiten der Wiederherstellung von allem, die Gott von jeher durch den Mund seiner heiligen Propheten verkündet hat* (Apostelgeschichte 3,19–21).

Gemäß prophetischer Verkündigung wird angegeben, dass die Parusie gewiss erfolgen wird. Die messianische Sendung Jesu ist mit seinem Wirken auf der Erde noch nicht vollendet. Auch seine Aufnahme in den Himmel ist noch nicht die Vollendung der Heilsgeschichte. Er wird wiederkommen in Herrlichkeit. Vom Himmel her, dem Inbegriff der Herrlichkeit Gottes, wird der Herr kommen und alle Dinge wiederherstellen, das heißt, das All vollenden. *Und siehe, ich bin mit euch alle Tage bis zum Ende der Welt* (Matthäus 28,20b).

Die Wiederkehr Christi bei Paulus

- *Denn unsere Heimat ist im Himmel. Von dorther erwarten wir auch Jesus Christus, den Herrn als Retter* (Philipperbrief 3,20).
  Der Schritt zu dieser Vollendung steht noch aus; denn erst wenn Jesus Christus vom Himmel her erschienen ist, wird die Vollendung erreicht sein. In diesem Zusammenhang wird der Herr »Heiland« und »Retter« genannt. Das Charakteristikum des Heilands ist auf das Ende bezogen, auf die letzte Tat, die durch Erlösung zur Vollendung führt. Der Erlösungswunsch Christi vollendet sich dann, wenn der Mensch teilhat an seiner Auferstehungsherrlichkeit.
- Man erzählt sich, dass sich die Thessalonicher von den Götzen zu Gott bekehrt haben, um dem lebendigen und wahren Gott zu dienen *und seinen Sohn vom Himmel her zu erwarten, Jesus, den er von den Toten auferweckt hat und der uns dem kommenden Zorn entreißt* (1. Thessalonicherbrief 1,10).
  Durch Jesus Christus ist uns eine hoffnungsfrohe Zuversicht gegeben, die sich dem kommenden Strafgericht entzieht. Dieses Vertrauen geht von Jesus Christus aus und wird von uns als niemals endender Quellgrund der Liebe erfahren.

- *Denn es ist gerecht von Gott, denen mit Bedrängnis zu vergelten, die euch bedrängen, euch aber, den Bedrängten, zusammen mit uns Ruhe zu schenken, wenn Jesus, der Herr, sich vom Himmel her offenbart mit seinen mächtigen Engeln in loderndem Feuer* (2. Thessalonicherbrief 1,6–7).

Alle, die trotz Hoffnungslosigkeit Hoffnung aufrecht erhalten, werden die Erfüllung ihrer Hoffnung in ungeahnter Weise erfahren, wenn sie teilhaben dürfen an der Gemeinschaft mit Gott, an seiner Freude und an seiner Herrlichkeit. Die Offenbarung des Herrn am Jüngsten Tag wird die Erfüllung aller Hoffnung bringen. Der Herr wird mit Macht kommen und kein Mensch kann ihm widersprechen. Die Kreise der Engel werden sich offenbaren, indem sie die Macht und Herrlichkeit des Herrn zum Leuchten bringen.

Die trostreichen Geheimnisse

Jesus, der richten wird die Lebenden und die Toten

Gericht über die Völker

Das Gleichnis vom Gericht des Menschensohnes über die Völker (vgl. Matthäus 25,31–46) ist eine Zusammenfassung der Lehre und Forderung des gesamten Evangeliums im Blick auf das Gericht. Was das Evangelium bisher über den Menschen sagte und was es von ihm forderte, das wird hier endgültig besiegelt.

Die Endzeitrede Jesu, der Gerichtsdialog, besteht aus drei Teilen:

- Der ankommende Menschensohn richtet die Völker.
- Der Dialog mit denen zur Rechten
- Der Dialog mit denen zur Linken

Die Werke der Barmherzigkeit werden zum Kriterium des göttlichen Richterspruchs und gleichzeitig sind sie das Eingangstor, das die Ewigkeit eröffnet. Jesus weist darauf hin, dass die Barmherzigkeit nicht irgendeines Lohnes wegen geübt werden soll, sondern frei von Selbstsucht oder irgendeiner Anerkennung.

In diesem vorletzten Gesätz des Rosenkranzes, »Jesus, der richten wird die Lebenden und die Toten«, wie auch im Glaubensbekenntnis werden neben den Lebenden auch die Toten genannt. Sie, die in der Erde schlafen, bekommen durch Jesus Christus die Chance der Auferstehung.

Wir müssen immer wieder erfahren – sonst könnten wir es vergessen –, dass es ein Gericht gibt. Wir könnten einfach so dahin leben, als gäbe es kein Gericht. Wir sollten des Öfteren daran denken, wie schnell die Zeit vergeht und eine ewige Welt auf uns wartet, die Seligkeit sein wird. Doch dürfen wir sie nicht aus dem Auge und dem Herzen verlieren. Dazu ist es uns geschenkt, dass wir sie bereits – wenn auch bruchstückhaft – in dieser sich verändernden Welt erfahren dürfen. Gott sorgt dafür, indem er uns den Tisch des Lebens schon in dieser Welt und Zeit deckt. Wir dürfen unser Haupt erheben, weil unsere Erlösung naht.

IHS
XPS

Die Kräfte des Himmels werden erschüttert werden. Dann wird man den Menschensohn in einer Wolke kommen sehen, mit großer Kraft und Herrlichkeit. Wenn das beginnt, dann richtet euch auf und erhebt eure Häupter; denn eure Erlösung ist nahe (Lukas 21,26b–28).

Damit alles wieder gut wird

Gott hat das Weltall aus Liebe geschaffen und er hat es geliebt. Unter den unzähligen Sternen ist einer – ein ganz kleiner – die Erde und auf dieser Erde erschuf er den Menschen, ihm ähnlich und in der Lage, Gott wiederzulieben. Der Mensch ist ein Wesen, das zur Liebe geschaffen ist, und aus dem einmal Jesus, der Christus, der Messias, hervorgegangen ist. Er ist durch diese Welt und durch dieses Leben gegangen wie einer von uns. Nachdem er den Tod und den göttlichen Widersacher überwunden hatte, ist er in den Himmel aufgefahren, um am Tag des Jüngsten Gerichts in Herrlichkeit wiederzukommen, um über Lebende und Tote Gericht zu halten.

In Jesus Christus, seinem ewigen Sohn, der Mensch wurde, hat Gott von jeher jeden Menschen geliebt. Er hat die Menschen dazu befähigt, mit dieser Liebe, mit der er geliebt wird, Gott wiederzulieben. Zu dieser Liebe gehört die Freiheit, die Gott den Menschen schenkte. Der Mensch ist so herrlich und frei von Gott geschaffen, dass er in absoluter Freiheit seine Wahl treffen kann. Zu dieser Freiheit gehört auch, dass der Mensch sich denken kann, selbst wie Gott zu sein. Der Mensch meint, von sich aus alles zu wissen und alles machen zu können.

Da Freiheit auch eine gewisse Disziplin und einen Gehorsam voraussetzt, warnt Gott den Menschen: »Alles, was du hast, habe ich dir geschenkt. Alles Geschaffene kannst du als Geschenk erleben. All deine guten Anlagen und Fähigkeiten kommen von mir und sind dir geschenkt. Lass dich nicht dahingehend bringen, zu denken, weil du so wunderbar erschaffen bist, könntest du selbst wie Gott sein. Du verfügst über das Gottsein einzig und allein von dir aus und bestimmst, was richtig und was falsch ist.«

Der Mensch ist dennoch dieser außerordentlich einflussreichen Versuchung erlegen und merkte es vorher nicht, wie selbstsüchtig er wurde. Die Selbstsucht, die Folge der Erbschuld, durchdringt seitdem die gesamte Welt und das ganze Weltgeschehen. In dieser Welt schenkt uns Gott etwas sehr Kostbares, das wir Gewissen nennen. Es ist eine innere Stimme, die uns sagt, was böse und was gut ist. Selbst wenn der Mensch gefallen ist, so ist er doch nicht so verderbt, dass er wenigstens als Kind noch erkennt, was böse ist, was Lüge ist, was Diebstahl ist oder was Mord ist.

Das Gewissen eines Menschen kann durch seine Umgebung immer mehr verdunkelt werden, sodass er letztlich überhaupt nicht mehr nach seinem Gewissen fragt. Hemmungslos folgt er seinen Wünschen und Begierden, er benimmt sich, als gäbe es keinen Gott, die ihm geschenkten Gaben stellt er in den Dienst des Unguten und des Bösen und zu anderen Menschen ist er abweisend und in keiner Weise verbindlich.

In diese Welt kommt Christus und bringt einen neuen Anfang. Er sagt das Ja Gottes zu allen Menschen, besonders zu den Armen, die versagt haben, aber dennoch zum Ziel ihres Lebens gelangen wollen. Sie sind – wie wir alle – für ein ewiges Leben geschaffen. Einmal spürt jeder den Wunsch, mit der Liebe auf ewig geeint zu sein. Um nicht allein zu sein und den Weg nicht zu verfehlen, schickt der Herr uns seinen geliebten Sohn Jesus Christus. Dieser übernimmt all unsere Schuld und schenkt uns einen neuen Anfang. Er bewirkt die Bekehrung durch seinen Tod, den er uns zuliebe erlitten hat. Alles Böse in der Welt hat sich gegen ihn zusammengezogen und doch ist Christus in der Lage, es zu entmächtigen. Er allein hat die Kraft, alle Bosheit, die sich immer wieder bei uns einnistet und uns in den Untergang führen möchte, zu tilgen.

Jetzt aber noch einmal zum Jüngsten Gericht. Jesus Christus wird einmal der Richter sein, das bedeutet, alles kommt ans Licht der Wahrheit, die er ist. In dieser Wahrheit hat er zu uns gesprochen und er hat sie uns vorgelebt. Er ist die Wahrheit, der Weg und das Leben. Diese Wahrheit wird der Maßstab des Gerichtes sein. Und wenn wir diesen Maßstab weiter belichten, werden wir feststellen, dass der Maßstab im Eigentlichen die Liebe ist, die in Jesus Christus Gestalt angenommen hat, ja, die sich für uns kreuzigen ließ. Die Liebe wird der Maßstab des Jüngsten Tages sein.

Unser aller Leben wird an diesem Tag offenbar und nichts und rein gar nichts bleibt verborgen. Ob ich geliebt habe oder ob ich nicht geliebt habe, das entscheidet über mein ewiges Leben. Wir dürfen uns allerdings nicht in der Unterscheidung irren, was wahre Liebe und was nicht Liebe ist. Die Gerechten, die die Gnade und die Liebe in sich eindringen ließen, weil sie sie ersehnten und immer wieder neu zu erwidern suchten, fragen erstaunt:

Herr, wann haben wir dich hungrig gesehen und dir zu essen gegeben oder durstig und dir zu trinken gegeben? Und wann haben wir dich fremd gesehen und aufgenommen oder nackt und dir Kleidung gegeben? Und

1570
FM

wann haben wir dich krank oder im Gefängnis gesehen und sind zu dir gekommen? (Matthäus 25,37–39).

Diejenigen, die diese Fragen stellen, sind die Menschen, bei denen die Rechte nicht weiß, was die Linke tut; es sind die Menschen, die, wenn sie etwas Gutes tun dürfen, es alsbald wieder vergessen. Ja, man sollte es bald wieder vergessen, wenn man jemandem etwas Liebes tun darf. Wir behalten es nicht, weil wir lieben. Liebe ist selbstvergessen; sie zählt das Gute nicht auf, aber der Herr registriert es und behält alles. Ihm entgeht kein Hauch von Liebe, die von uns ausgeht. Bei Gott ist alle Liebe aufgehoben.

Was macht der Herr mit dem Bösen, von dem wir uns verabschieden, wenn wir uns durchdringen lassen von der göttlichen Wahrheit, die uns durch Jesu Fleisch und Blut geschenkt wird? Es fällt von uns ab und löst sich auf, weil das Böse vor Gott keinen Bestand hat. Wer jedoch nur an sich selbst gedacht hat, wird vom Herrn hören:

Ich war hungrig und ihr habt mir nichts zu essen gegeben; ich war durstig und ihr habt mir nichts zu trinken gegeben; ich war fremd und ihr habt mich nicht aufgenommen; ich war nackt und ihr habt mir keine Kleidung gegeben; ich war krank und im Gefängnis und ihr habt mich nicht besucht …

Was ihr für einen dieser Geringsten nicht getan habt, das habt ihr auch mir nicht getan. Und diese werden weggehen zur Strafe, die Gerechten aber zum ewigen Leben (Matthäus 25,42–43.45–46).

Diese Worte Jesu sind sowohl körperlich als auch geistig zu verstehen. Wer bei sich selbst aufzuzählen beginnt, was er an Gutem getan hat und tut, wer vor sich selbst und vor Gott eine Rechnung daraus macht und auf die eigene Leistung setzt, der will selbst sein wie Gott. Jesus wird sagen: »Nein, das hast du mir nicht getan, das hast du für dich selbst getan! In dem, was du getan hast, war keine Liebe enthalten und nur die Liebe zählt.« Wir sollten alles dafür tun – das Ruhegebet und der Empfang der heiligen Eucharistie sind vorzugsweise zu nennen –, damit die göttliche Liebe in Jesus Christus uns durchdringt und in uns bleibt. Sein liebender Blick wird uns treffen und dann werden wir ganz Liebe sein.

Die trostreichen Geheimnisse

Jesus, der alles vollenden wird

Wenn das Vollendete kommt, vergeht alles Stückwerk

Der Christ hat von Gott die Berufung zur Vollkommenheit erhalten. Aus der anfälligen menschlichen Seele wächst langsam durch das ständige Mit-Gott-unterwegs-Sein das immer stabiler und lichtvoller werdende Fundament seines Seins. Jesus ist der Anführer und Vollender des Glaubens (vgl. Hebräerbrief 12,2). Er fordert uns auf und hilft uns, auf dem Weg zu ihm vollkommen zu werden. Ist der Gläubige in der Lage, sein Leben vom Gebot der Liebe her zu gestalten, darf er auf die Teilhabe an der Einheit von Vater und Sohn hoffen.

- *Ich vertraue darauf, dass er, der bei euch das gute Werk begonnen hat, es auch vollenden wird bis zum Tag Christi Jesu* (Philipperbrief 1,6).
  Gottes Name wird nicht genannt, aber mit seinem Wirken umschrieben. Was Gott schuf, führt er auch zur Vollendung, denn er steht nicht nur am Anfang der Geschichte der Schöpfung, sondern auch an deren Ende.
- *Denn durch ein einziges Opfer hat er die, die geheiligt werden, für immer zur Vollendung geführt* (Hebräerbrief 10,14).
  Jesus nachfolgend befinden wir uns auf dem Weg zur Vollendung. Der Weg in das Allerheiligste Gottes steht uns offen, doch Platz genommen – so wie Christus – haben wir noch nicht, denn wir sind noch unterwegs.
- *Niemand hat Gott je geschaut; wenn wir einander lieben, bleibt Gott in uns und seine Liebe ist in uns vollendet* (1. Johannesbrief 4,12).
  Wenn wir einander lieben, ist Gottes Liebe zu uns »vollendet«. Gottes Liebe ist in uns vollendet, wenn die Kraft der »vollendeten Liebe in uns bleibt«. Es gehört zu unserem Glauben, dass Gott die hingebende Liebe nur durch die Lebenshingabe Christi in diese Welt gebracht hat und dass er selbst als vollendete Liebe offenbar wird.